シリーズ
ニッポン再発見
12

日本の鉄道路線

国鉄在来線の栄枯盛衰

山崎宏之［著］

Series
NIPPON Re-discovery
Railway Route in Japan

ミネルヴァ書房

はじめに

今から30年以上も昔のことですが、ＥＦ62形という電気機関車が旅客列車や貨物列車を牽引していたころ、よく信越本線へ撮影に出かけました。その際に、そこはかとなく醸し出される歴史の重みを感じ、不思議に思ったものです。その後、信越本線の直江津〜上田間が、明治時代初頭に決定した東西幹線鉄道（中山道鉄道）の建設を進めるにあたり、資材運搬が目的の路線として、１８８６（明治19）年から１８８８（明治21）年にかけて開業したことを知り、そういうことだったのかと納得した次第です。

神奈川県南西部の国府津と静岡県東部の沼津を結ぶ御殿場線が、最初は東海道本線であったということは、広く知られています。しかし、宮崎県南西部の都城と鹿児島県北東部の吉松を結ぶ吉都線が、かつては日豊本線であったことや、現在の日豊本線の鹿児島湾沿いの区間である鹿児島〜隼人間の線路名称が4回も変更されていることは、あまり知られていないのではないでしょうか。

東京の中心部を一周する山手線で、起点が品川、終点が田端となっているのは、日本初の私鉄として１８８１（明治14）年に誕生した日本鉄道が、品川から新宿を経由して群馬県の高崎に至る鉄道を計画したものの、工事の都合で起点を上野に変更したという歴史を知れば、理解できるかもしれません。ただし、その鉄道が、「東京より上州高崎に達し、その中間より陸奥青森に至る鉄道」となっていたことを考えると、現在の高崎線の起点が大宮で、東京〜大宮間が東北本線となっていることへの疑問が湧いてきます。

このように、最初の開業から１５０年近くを経た国鉄在来線*が、どのような目的で建設され、どのような経緯を辿ってきたのかなど、その歴史を知ることで、全国各地の国鉄在来線を乗り歩いたり廃線跡を歩いたりするときの視点が、より一層深まるのではないでしょうか。

また、本書では、国鉄在来線の歴史を通して、今は亡き「国有鉄道」の存在意義を検証することも、テーマのひとつとしています。

現在、官営を悪とし、民営を善とする風潮は、水道事業にまで及ぼうとしていますが、赤字を出さないことと利潤を追求することは、似て非なるものなのではないでしょうか。かつて、運輸交通政策の重鎮であった田中角栄は、世間から批判を浴びていた国鉄の赤字問題に対して、「儲けることが国有鉄道の使命ではない。儲からないことをやるところに国有鉄道の意義がある」と主張しました。

ＪＲ東海の運賃収入の９割ほどが東海道新幹線によるものであるように、他の本州２社でも、新幹線と大都市およびその近郊の通勤・通学路線の収益が、その他の路線を賄っているのが現状です。そこには、依然として公共交通機関を担う事業者としての矜《きょう》持《じ》が感じられますが、常に成長を求められる株式会社組織である以上、こうした状況がいつまでも続く保証はありません。実際に、２０００年度以降、我が国では、41路線８９５キロメートルの鉄道路線が廃止されています。国鉄分割・民営化に伴い、経営安定基金として受け取った支度金が底をつきそうなＪＲ北海道とともに、国鉄の末期などに廃止となった赤字ローカル線や整備新幹線の開業で並行在来線を引き継いだ第三セクター鉄道の経営が、今後ますます厳しくなることは確かです。

人口減少と都市への一極集中によって過疎化が進行する地方において、鉄道の存続が困難なことを、地元の自治体や住民も納得せざるを得ない状況になりつつあります。そうしたなか、国（政府）として本気で地方創生に取り組むのであれば、このまま国鉄在来線の運営をＪＲ各社や地方自治体に委ねてしまってよいのか、立ち止まって考える時期を迎えているのではないでしょうか。そうした意味でも、温故知新という諺もあるように、国鉄在来線の繁栄から衰退への歴史を知ることは、有意義なのではないでしょうか。

本シリーズの名称にある「再発見」とは、今まで見過ごしてきたことに気付き、認識し直すことです。本書を通じて、鉄道の魅力を「再発見」していただければ幸いです。

＊ここでいう国鉄在来線の「国鉄」は、日本国有鉄道法に基づき、１９４９（昭和24）年に発足した国鉄ではなく、明治時代以降に、国が建設または買収して運営した鉄道（官設鉄道または国有鉄道）を指しています。

目次

第一部

時代に見る国鉄在来線の栄枯盛衰

（鉄道創成期から今日に至る国鉄在来線の歴史）

日本で最初の鉄道が開業したときの新橋停車場の跡地に復元された駅舎。内部には鉄道歴史展示室などがあり、「旧新橋停車場」として公開されているが、鉄道発祥の地の証でもある「0哩《マイル》標識」も復元されている（写真右上）。

第一部は、鉄道創成期から今日に至る国鉄在来線の歴史を、「鉄道創成期から終戦まで」と「戦後から今日まで」の2つの章で紹介します。第1章は、日本の鉄道路線網が形成されていく過程を中心に、明治時代の初頭から第二次世界大戦が終わるまでのできごとを取り上げます。第2章は、赤字ローカル線問題や国鉄分割・民営化などを中心に、第二次世界大戦後の復興期と高度経済成長期とともに、近年のできごとを紹介します。

1 鉄道創成期から終戦まで

——全国に鉄道路線網が形成された経緯とその背景——

明治維新に伴い、1872（明治5）年に新橋～横浜間で開業した鉄道は、日本の近代化の旗印として、全国で建設が進められます。その後、主要幹線の国有化や地方路線の建設を経て、現在の日本の鉄道路線網の骨格が形成されていきます。その後、時代が昭和となり、日本が戦争への道を歩み始めると、軍事上、鉄道は重要な存在となります。

関連年表

年	ここで紹介する鉄道関係の主要事項	その他の主要事項
1869（明治 2 ）年	鉄道建設の廟議決定（1幹線と3支線）	版籍奉還
1870（明治 3 ）年	工部省の創設と鉄道掛の設置	
1871（明治 4 ）年	工部省に鉄道寮を設置	廃藩置県
1872（明治 5 ）年	新橋～横浜間に最初の鉄道が開業	
1877（明治 10）年	工部省に鉄道局を設置	西南戦争
1881（明治 14）年	日本鉄道（日本初の私鉄）の設立	
1887（明治 20）年	私設鉄道条例公布	
1889（明治 22）年	東海道線全通（新橋～神戸間）	大日本帝国憲法発布
1890（明治 23）年	鉄道局が鉄道庁となる（内務大臣直轄）	第一回帝国議会開会
1892（明治 25）年	鉄道敷設法公布	
1893（明治 26）年	鉄道庁が鉄道局となる（逓信省の内局）	
1894（明治 27）年		日清戦争（～ 1895）
1895（明治 28）年	官設鉄道線路名称の制定	
1896（明治 29）年	北海道鉄道敷設法公布	
1900（明治 33）年	私設鉄道法公布	治安警察法公布
1904（明治 37）年		日露戦争（～ 1905）
1906（明治 39）年	鉄道国有法公布	
1908（明治 41）年	鉄道院の設置（内閣直属）	
1909（明治 42）年	国有鉄道線路名称の制定	
1910（明治 43）年	軽便鉄道法公布	日韓併合
1919（大正 8 ）年	地方鉄道法公布	
1920（大正 9 ）年	鉄道省の設置	
1922（大正 11）年	改正鉄道敷設法公布	
1923（大正 12）年		関東大震災
1931（昭和 6 ）年		満州事変
1937（昭和 12）年		日中戦争（～ 1945）
1940（昭和 15）年	陸運統制令公布	
1941（昭和 16）年	陸運統制令の改正（戦時私鉄買収の実施へ）	太平洋戦争（～ 1945）
1945（昭和 20）年		終戦

●江戸時代までの交通・物流手段は

古来、我が国の交通・物流手段としては、島国という特性から、海や河川を利用した水運が主流で、諸外国との交易も、大型船によって行なわれてきました。ところが、江戸時代になると、幕府が鎖国政策をとったため、用途を失った大型船は、国内輸送に転用されました。その結果、北前船などによる「西廻り航路」と「東廻り航路」に代表される、内航（国内）海運輸送システムが確立することになりました。今日、日本の主要都市やそれに付随する産業集積地の多くが沿岸部に集中しているのは、地形上の問題だけではなく、こうした歴史の流れを踏まえた必然性に基づいているのです。

一方、陸運では、日本海側の海産物を畿内へ輸送する短絡ルートとして、若狭湾に面する敦賀から琵琶湖と淀川水系の水運を併用した輸送ルートなどが有名です。ただし、人馬しか輸送手段がなかったことに加え、物損事故や盗賊などのリスクのほか、手数料や通行料などの経費上の問題もあり、主流にはなりませんでした。

ところで、内航海運は、江戸時代までの貨物輸送手段と思われがちですが、実は今日でも、日本国内の貨物輸送量のうち、30パーセント弱を占めています（鉄道は5パーセント以下）。世界では、やはり島国であるイギリスに同じ傾向が見られますが、比率的には日本が突出しており、我が国の貨物輸送の大きな特徴となっています。

昨今、環境に与える影響やドライバー不足の問題から、トラック輸送を鉄道輸送に転換する

「モーダル・シフト」が提唱されていますが、鉄道貨物輸送が主要幹線・主要都市間でのコンテナ方式になっている現状では、同じくコンテナ方式となっている内航海運への転換を進める方が道理にかなっていると言えそうです。

●鉄道導入までの経緯

世界最初の鉄道は、1825（文政8）年にイギリスのストックトン・オン・ディーズ〜ダーリントン間（約40キロメートル）に敷設された「ストックトン・アンド・ダーリントン鉄道」だといわれています。この鉄道は、ジョージ・スチーブンソンが発明した蒸気機関車を使用した石炭輸送を目的としていましたが、鉄道が貨物輸送からスタートしたという事実は、重要なポイントです。

我が国では、明治維新で新政府が発足すると、富国強兵と殖産興業の政策を推進するための具体的な方策として、1869（明治2）年11月に、東京と京都を結ぶ幹線とともに、東京〜横浜間、京都〜神戸間および琵琶湖畔から敦賀までの3支線の鉄道建設を決定しました。東京と京都を結ぶ幹線の建設は当然かもしれませんが、ここで選ばれた3支線は、横浜港と東京間、神戸港および敦賀港と京都間との連絡を目的としており、鉄道が海運輸送の補完的手段としてとらえられていたことがうかがえます。

しかし、明治政府は、廃藩置県に伴う各藩の負債の肩代わりなどが原因で財政窮乏状態にあったうえ、限られた予算をめぐっては、軍備増強を最優先にすべきと主張する軍部や、国内の治安安定と生活向上をまず図るべきと主張する弾正台（警察機関）などから、鉄道建設は時期尚早との指摘を受けました。また、鉄道建設には、線路や車両など一式を外国から購入する必要があり、当時は外貨の持ち合わせがなかったため、外国に多額の借金をすることへの反対意見が政府内にもありました。

こうした逆風のなか、日本が近代国家となるためには鉄道建設が急務と説いた大隈重信や伊藤博文らの尽力により、まずは、東京～横浜間と京都～神戸間の2路線が建設されることになりました。当時の日本は、鉄道を建設する技術も資金もなかったため、外国に建設を委任するしか方策がありませんでしたが、経営権まで移譲する「外国管轄方式」を要求してきたアメリカに対して、日本が経営権を有する「自国管轄方式」を提案したイギリスに、全面的に支援を要請することになります。そして、1870（明治3）年、イギリスからエドモンド・モレルが来日して建築師長に着任し、4月には、東京の汐留からの測量調査が始まりました。

翌年の9月には、工部省内に鉄道寮が設置され、鉱山頭であった井上勝が、鉄道頭を兼務して工事に携わることになります。これが、後に「日本の鉄道の父」とよばれた井上の鉄道人生のスタートでした。

ところで、鉱山と鉄道とは、一見するとあまり関係

井上勝（1843～1910年）の肖像。

写真提供：国立国会図書館

ないように思えますが、北海道の茅沼《かやぬま》炭鉱では、すでに1869（明治2）年には牛馬による炭鉱軌道が運行されたといわれています。さらに、工部省も1880（明治13）年には、岩手県の釜石桟橋〜大橋間の約18キロメートルと支線を合計した約26キロメートルの鉱山専用の工部省釜石鉄道を開通させています。ほかにも、栃木県の足尾銅山では、かなり早い時期から電気を利用した坑内軌道を運行しており、鉱山と鉄道とは、深い繋がりがあることがわかります。

なお、1921（大正10）年に編纂された『日本鉄道史』によると、我が国の鉄道路線の開業順位は、東京（新橋）〜横浜（桜木町）間の鉄道が1位、京都〜神戸間の鉄道が2位で、3位は、1880（明治13）年11月に開業した官営幌内鉄道（手宮〜札幌間）とされていますが、工部省釜石鉄道が同じ年の2月に開業しており、これを3位とする説もあります。

●鉄道開業

ここまでに記したような経緯により、まずは、東京〜横浜間と京都〜神戸間の2路線が建設されることになりました。ところが、わが国初の鉄道建設には、技術的な問題だけではなく、鉄道を敷設する用地の確保という問題が立ちはだかりました。とくに、東京〜横浜間の沿岸には軍用地が多く、鉄道建設を快く思わない軍部が（→P10）、用地の明け渡しを拒否したばかりでなく、機密保持を理由に、軍用地周辺の調査すら禁止したのです。また、同区間には、東海道の宿場町があり、そこに住む人々からは、鉄道開業によって宿場が廃れるとの思惑から建設に反対され、農家からも、得体の知れない事業のために先祖代々の土地を譲り渡すことはできないと言われたのです。

そこで、東京～横浜間の路線では、海沿いの路線という利点を活かし、防波堤を海岸に築き、その上に線路を敷設するなどして、できるだけ用地買収をせずに建設することになりました。さらに、距離を短縮するために横浜港付近の海を埋め立てることが計画され、大隈重信から懇願された高島《たかしま》嘉《か》右《え》衛門《もん》が、その事業に取り組みました。高島は、後に「横浜の父」とよばれた人物ですが、現在の横浜駅東口付近に残る「高島」の地名は、この事業の功績を讃え、つけられたといわれています。

こうして、東京（新橋）～横浜間は1872（明治5）年10月14日に開業し、京都～神戸間は1877（明治10）年2月5日に開業しましたが、実は、1872（明治5）年5月7日には品川～横浜間で、1874（明治7）年5月11日には大阪～神戸間で、それぞれ営業を開始しています。品川～横浜間と大阪～神戸間があくまで暫定開業と見なされた理由は、1869（明治2）年に明治政府が建設を決定した4路線（→P10）が、東京と京都を結ぶ幹線のほか、東京～横浜間、京都～神戸間および琵琶湖畔から敦賀までと、区間を定めていたことに由来します。

開業したころの新橋～横浜間の鉄道を描いた錦絵（東京八ツ山下海岸蒸気車鉄道之図）。海岸に築いた防波堤の上を、列車が走っている。　都立中央図書館特別文庫室所蔵

なお、東京と京都を結ぶ幹線は別として、他の3支線は、海運と接続した貨物輸送が建設目的であったにもかかわらず、いざ開業してみると、もの珍しさもあったのか、旅客輸送が予想以上に好調でした。そのため、鉄道収入の大半を旅客収入が占めるという状況でした。

今日では、日本の新幹線のような大都市間を結ぶ高速鉄道が世界的に注目されていますが、歴史を遡ると、鉄道は、大きく2種類のスタイルで発展してきた経緯があります。ひとつは、路面電車や地下鉄など、旅客の大量輸送に特化した都市鉄道で、もうひとつは、アメリカやヨーロッパなどの広大な大陸での長距離大量貨物輸送を主目的とした鉄道です。日本の鉄道は、東京（新橋）～横浜間、京都～神戸間という都市鉄道的な性格の路線からスタートしたことで、貨物輸送よりも旅客輸送を重視する今日

日本初の鉄道が開業したときに、新橋～横浜間を走った蒸気機関車。一号機関車として、国の重要文化財に指定されている。
写真提供：鉄道博物館

の姿になっていったと考えられます。

ところで、東京と京都を結ぶ幹線鉄道は、最短ルートである東海道筋とともに、中山道筋が候補にあがりました。そのときには、せっかく国家の近代化のために鉄道を敷設するのであれば、すでに海運によって栄えている東海道筋よりも、険峻で村々の交通が不便な中山道筋に鉄道を通して流通を発達させた方が経済発展に繋がるという政府特使の進言により、中山道筋のルートが有力視されました。

歴代開業順位3位の官営幌内鉄道（↓P12）も、幌内炭鉱で採掘した石炭の小樽港への運搬が目的でしたが、それ以上に、鉄道によって沿線の開拓を進める狙いがあったことは確かです。

このように、本来であれば輸送需要に応えるための交通機関である鉄道は、我が国では、未開の地を開拓して国家の近代化を図る「文明開化の伝道師」としての役割も担うことになります。その結果、鉄道に収益性を求めない土壌が、早くも築かれていきます。

こうした伝統から、後に全国津々浦々まで鉄道路線が敷設されていきますが、それは、国営事業だからこそなせる業でした。そして、その皺寄せは、国の財政悪化を招いたことで一気に顕在化し、ついに国鉄（日本国有鉄道）は解体されてしまいます。国鉄を引き継いだJR各社にとっても、そうした路線は経営のお荷物となり、昨今、赤字ローカル線問題が再びクローズアップされています。

こうして見ると、当初から収益性を度外視して建設した鉄道路線を、赤字を理由に廃止するというのは、国として、政策の一貫性を問われるのではないでしょうか。

日本鉄道の誕生

東京（新橋）～横浜間および京都～神戸間以外の2つの建設予定路線は、西南戦争をはじめ、各地で勃発した士族の反乱の鎮圧に多額の費用を要し、政府が財政難に陥ったため、京都～琵琶湖畔～敦賀間の建設には着手したものの、肝心な東京と京都を結ぶ幹線鉄道の建設は困難な状況になりました。政府が、厳しい財政状況にもかかわらず、京都～琵琶湖畔～敦賀間の鉄道建設を進めたことには、「越前方面ヨリ京都ヲ経テ鉄道ヲ敷設シ北海ノ産物ヲ南海ニ輸送スルノ国益ナルコトヲ提言」とした京都府からの上申書が大きな影響を及ぼしたといわれています。明治維新により、首都を京都から東京に移した政府が、京都府のご機嫌を取るため、政治的な配慮を行なったものと考えられます。

こうしたなか、東京（新橋）～横浜間および京都～神戸間の鉄道が予想以上の成功を収めたことにより、国内で大勢を占めていた鉄道反対論は次第に鎮静化し、逆に、鉄道建設を望む声が強くなりました。それにもかかわらず、政府による鉄道建設は、財政難を理由に、停滞していました。

鉄道の国有を主義とする工部省の井上勝らは、あくまで官（政府）による鉄道建設に固執していましたが、この状況に業を煮やした伊藤博文や岩倉具視らの鉄道推進派は、私（民間）による鉄道建設を提唱します。そして、有利な投資先を探していた旧大名華族の思惑とも相まって、1881（明治14）年、日本鉄道会社（以下、日本鉄道とする）が設立されました。

背に腹は代えられない政府は、日本鉄道を積極的に支援し、さまざまな優遇措置と手厚い援助を行なう一方で、非常事態時の政府による占有使用、政府による買上げ権の留保（50年後）などの制約を課しました。そのため、日本鉄道は、実質的には「半官半民」の鉄道会社でした。

日本鉄道の鉄道路線計画には、「①東京より上州高崎に達し、その中間より陸奥青森に至る」「②高崎より中山道を通じ越前敦賀の線（官により建設中の京都〜敦賀間）に接続し、すなわち東京と京都の連絡をなす」が記載されており、日本鉄道は、まず東京〜高崎間の建設工事に着手することにしました。ところが、鉄道建設に関する知識も技術もなかったため、日本鉄道は、工事を工部省に委託せざるを得ませんでした。形の上では、工部省が日本鉄道からの請負業者でしたが、実際には、井上が全権を握ったため、建設資金の出どころが日本鉄道に代わっただけでした。

工事は順調に進展し、１８８３（明治16）年７月には上野〜熊谷間が開通し、翌１８８４（明治17）年５月には、高崎まで全通しました。それでも、かねてから東西幹線鉄道（東京と京都を結ぶ幹線鉄道）を自らの手で建設したいと考えていた井上が、前述の②にある高崎からの工事は相当困難であり、日本鉄道の手には負えないと政府に訴えます。そのため、高崎から先の建設は官（工部省）が行

日本鉄道の上野駅とその周辺を描いた「東京従上野山下中仙道往復蒸氣鐵道之圖」。

写真提供：北区飛鳥山博物館

なうことになり、資金は、鉄道公債を発行して賄うことになりました。

一方で、日本鉄道は、東京～高崎間の中間より陸奥青森に至る路線の建設に邁進し、早くも1891（明治24）年9月には、上野～青森間を全通させています。このとき、陸奥青森に至る路線の東京～高崎間からの分岐点を大宮に決定したのは、井上でした。また、政府の意向により、戊辰戦争で旧幕府軍側についた奥州と羽州地方を回避したルートとしたことからも、日本鉄道が国策会社であったことがうかがい知れます。

その後も、日本鉄道は、海岸線（現在の常磐線）など、路線の拡大を行ない、最終的には、総路線延長が1400キロメートルに及ぶ一大私鉄となりました。

日本鉄道が当初計画した鉄道路線のうち、最初に建設した「東京より上州高崎に達する」路線は、群馬県内の製糸産物を横浜港に輸送することが一番の目的でした。外貨獲得が喫緊の課題であった日本政府の国策的な色合いが強かったにしても、一定の輸送需要を前提としていたため、経営的な視点からも、建設する大義名分は立っていたのです（実際に、開業翌年度の収支決算は黒字）。しかし、次の「その中間より陸奥青森に至る」路線は、東北地方の開拓に主眼が置かれており、はなから赤字覚悟で建設されたことは明白です。その証拠に、日本鉄道は、建設費の補助金交付や国有地の無償提供といった建設に関わる優遇措置だけにとどまらず、開業後にも、収益の一定保証や租税免除など、補助や優遇を国から受けることになっていました。

こうして、私設鉄道に対しても、当初から収益をあげる見込みがない路線を建設させて国が赤字を補填するシステムが、早くもこのころに確立されたのです。

井上勝と私設鉄道条例

我が国初の鉄道路線となる東京（新橋）〜横浜間の建設で、日本側の責任者として携わった工部省鉄道寮の井上勝は、1877（明治10）年、鉄道を所轄する部署として工部省内に鉄道局が発足すると、初代局長に就任しました。その当時は、東京（新橋）〜横浜間に次いで、ようやく京都〜神戸間が開業したものの、他の2路線（東京と京都を結ぶ幹線と琵琶湖畔から敦賀までの支線）の建設を進められる状況ではありませんでした（→P16）。

しかし、井上は、かつての上司の伊藤博文などの人脈を活用し、この2路線の建設の承認を取り付けます。そして、路線のルートを決定する過程では、需要想定に基づく収益性をかなり重要視しました。たとえば、東京と京都を結ぶ幹線については、すでに発達していた海運と競合するよりも新たな需要を開拓した方が収益性は高いと判断して中山道ルートを推したものの、決定後に現地調査を自ら行なった結果、沿道

中山道と東海道

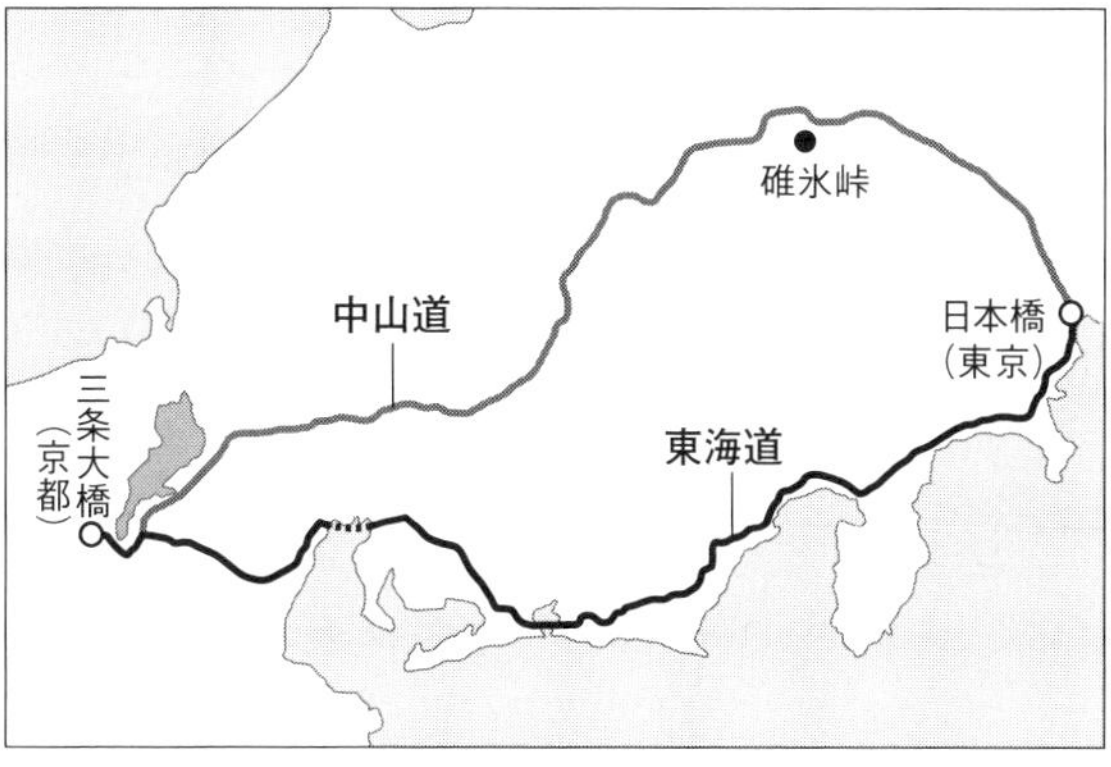

の人口密度が予想以下で、収益をあげるだけの需要が見込めないことがわかると、東海道ルートへの変更を決意しています（現在の群馬県と長野県の県境にある碓氷峠を越えられないという技術的に大きな問題もありましたが…）。国家財政が窮乏するなか、鉄道建設を進めたい井上にとって、反対派の意見を封じるために最も有効な手立ては、鉄道が収益をあげることだったのです。

一方で、民間資本を活用して鉄道建設を進めるべきという考えに対しては、真っ向から反対せず、日本鉄道からの東西幹線鉄道の一環となる東京〜高崎間の免許交付の要請には、工事を鉄道局が請け負うことや、政府が一定期間後に買収できる留保権を保持することなど、条件つきで容認する姿勢を取りました。さらに、日本鉄道に対しては、建設に関わる優遇措置に加え、租税の減免や補助金交付などの経営支援までも政府が行なうことで、厚く保護しました（→P16）。

こうした国の対応を見て、各地の有力者や資産家が、鉄道会社を設立して建設認可を申請する動きが続出しました。ところが、その多くが、地方への利益誘導しか考えていない安易な計画と実効性に乏しい内容であったため、鉄道行政のあり方に危機感を覚えた井上が中心となり、１８８７（明治20）年に鉄道会社の設立・運営に一定の障壁と制約を定めた「私設鉄道条例」を制定しました。

日本で最初の民営鉄道事業に対する法律となった「私設鉄道条例」は、路線敷設のために提出すべき書類の内容や手続き方法、運営における営業報告書の提出、所轄官庁の監督範囲など、実務的なことが細かく規定されています。そして、１９００（明治33）年の「私設鉄道法（→P52）」を介して、1919（大正8）年施行の「地方鉄道法（→P64）」に受け継がれていきます。

しかし、この私設鉄道条例の最大の特徴は、無謀・無策な鉄道計画を阻止するために、路線敷設免許取得を会社設立の条件としたことです。すなわち、本来は民間会社の設立に国の干渉が及ばないところを、鉄道会社については、その設立自体を、実質的に国の認可対象としたのです。

また、鉄道国有論者の井上の主張を反映し、免許取得から25年が経過した場合は、政府にその路線を買収する権利が発生するとの条項が盛り込まれました。驚くことに、この条項は、1987（昭和62）年まで効力があった「地方鉄道法」に、「公益上必要と認めた場合は政府が買収できる」という条文で引き継がれていたのです。さらに、この条例では、「軌道ノ幅員ハ特許ヲ得タル者ヲ除クノ外總テ三呎六吋（1067ミリメートル）トス」としています。これは、官設鉄道と同じ軌間（2本のレールの間隔）とすることによる相互直通運転の実施を考慮したわけではなく、将来の国有化を見据えた規定であったと思われます。

●五大私鉄の時代

私設鉄道条例が政府による強い干渉や将来の国有化を示唆する内容であったにもかかわらず、民営による鉄道事業が政府から公認されたと解釈され、条例の公布以降、各地で鉄道会社設立ブームが沸き起こる皮肉な結果を招きました。なかでも、1888（明治21）年に設立された山陽鉄道、関西鉄道、九州鉄道、1889（明治22）年に官営幌内鉄道を譲渡された北海道炭礦鉄道は、既存の日本鉄道を加え、「五大私鉄」とよばれました。

このうち、山陽鉄道は、沿線の開発が比較的進んでおり、開業後に相応の需要が見込まれるとの判断により、政府からの補助金が日本鉄道よりも大幅に減額されました。加えて、海運（瀬戸内海航路）と競合する路線であったため、積極的な営業施策を実施せざるを得ず、日本で初めて、急行列車の設定とともに、寝台車両や食堂車両の導入などを行ないました。さらに、1898（明治31）年の徳山延伸開業を機に、徳山～門司間に連絡船（門徳連絡船）の運航を開始し、その後、下関～門司間（関門連絡船）や下関～釜山間（関釜連絡船）でも運航を始めました。ただし、私設鉄道条例で鉄道会社の兼業が禁止されていたため、これらの連絡船の運営は、山陽鉄道の子会社の「山陽汽船商社」が行ないました。

1899（明治 32）年に誕生した、山陽鉄道の食堂車の内部。

九州鉄道も、山陽鉄道と同じ理由から補助金が減額されましたが、筑豊炭田からの石炭輸送が好調で、旅客収入を遥かに凌ぐ貨物収入により、経営は順調でした。

関西鉄道は、1886（明治19）年に東西幹線鉄道（現在の東海道本線）の名古屋～草津間が旧中山道沿いのルートに決まったことを受け、旧東海道沿いに路線を敷設した会社です。そうしたこともあり、東西幹線鉄道と競合する路線との理由で、政府からの補助は一切ありませんでした。こうした経緯もあり、関西鉄道は、後に鉄道院で工作局長を務める島安次郎らが優れた技術力で官営鉄道との競争に挑み、その伝統が、「私鉄王国」としての今日の関西鉄道界に引き継がれていくことになりました。

五大私鉄のなかで、1社だけ性格が異なるのが、もとは官営幌内鉄道の北海道炭礦鉄道です。官営鉄道が民間に払い下げられた理由は、北海道庁による行政改革の一環として事業の民営化が推進されたという見方が素直ですが、開拓使官有物払下げ事件と同じような「きな臭さ」も感じられます（↓P247）。なお、炭礦鉄道という名称であっても、総延長が200キロメートルを超える北海道随一の幹線鉄道が、井上勝の鉄道国有化の意向に逆行するように民営化できたのは、北海道庁が鉄道を管轄していたからでした（北海道以外は工部省の管轄）。

1892（明治25）年に北海道炭礦鉄道の手宮工場で製造された一等客車。い1号客車として、鉄道記念物に指定されている。　写真提供：小樽市総合博物館

北海道炭礦鉄道は、1906（明治39）年の鉄道国有法（↓P33）に基づき、鉄道部門を国に売却することになり、会社名を北海道炭礦汽船に変更して鉄道以外の事業を継続しました。その後、第二次世界大戦の戦時下の船舶供出によって海運業から撤退しましたが、戦後は、多くの炭鉱を運営する北海道有数の優良企業となり、不動産事業から放送事業にまで手を広げました。ところが、石炭需要の衰退

とともに炭鉱の閉山が相次ぎ、1995（平成7）年には、会社更生法の適用を受けました（会社は現在も存続）。
こうして、1889（明治22）年に全通した東京（新橋）～神戸間（現在の東海道本線）を除き、全国の主要な幹線は、私設鉄道が占めることになりました。

●鉄道敷設法

鉄道敷設法制定の経緯

1889（明治22）年7月に東西幹線鉄道（現在の東海道本線）が全通し、翌1890（明治23）年、井上勝は、その功績から勲一等に叙せられ、貴族院議員となります。さらに、鉄道を管轄する部署が工部省から内務省に移管され、初代鉄道庁長官に就任しました。

このころの井上は、建設が頓挫していた碓氷峠（横川～軽井沢間／↓P48）の問題解決や、日本鉄道の東京～青森間の工事の指揮・監督などの実務に携わる一方で、私設鉄道会社から雨後のタケノコのように出てくる新規路線の審査に追われていました。私設鉄道条例（↓P20）に基づく審査で、井上が最も重視した点を2つあげると、計画の実現性と開業後の収益性です。

計画の実現性については、急勾配では車両に鋼索*を取り付けて人力で上げ下げするなど、馬車鉄道に毛が生えた程度のものもあり、線形、車両の構造、運行形態などの技術基準もなかった時代背景を考えると、審査事項の柱となるのは当然でした。それよりも、井上が開業後の収益性を重視したことは、注目に値します。明治維新直後のころは、限られた国家予算のなかで鉄道建設を拡大するには、「鉄道は儲かる」という実績が必要だったので、路線のルートを選定する際にも、井上が需要想定に基づく収益性を重視したことは前述のとおりです(↓P20)。

しかし、今回、井上が収益性を重視したのは、それとは違う理由からでした。

当時の鉄道会社の乱立は、投機対象として過熱するバブルの様相を呈していて、五大私鉄(↓P21)のうち、関西鉄道を除く4社が政府から受けていた手厚い補助政策が、そのブームを助長していました。そのため、収支が赤字に陥っても国が何とかしてくれるという安易な気持ちと、ずさんな計画で、鉄道会社を設立しようという動きが散見されたのです。

鉄道が地域の経済発展や生活の向上に資することを望んだ井上にとって、収益性はその使命を果たせるのかを見通す重要な判断要素であり、未来永劫その鉄道が存続していくためには、必要な条件でした。そこで井上は、鉄道敷設の目的が売名行為や私利私欲といった不純な動機である場合や、収益性や技術力に問題がある鉄道路線の場合は、出願を却下しました。その一方で、甲武鉄

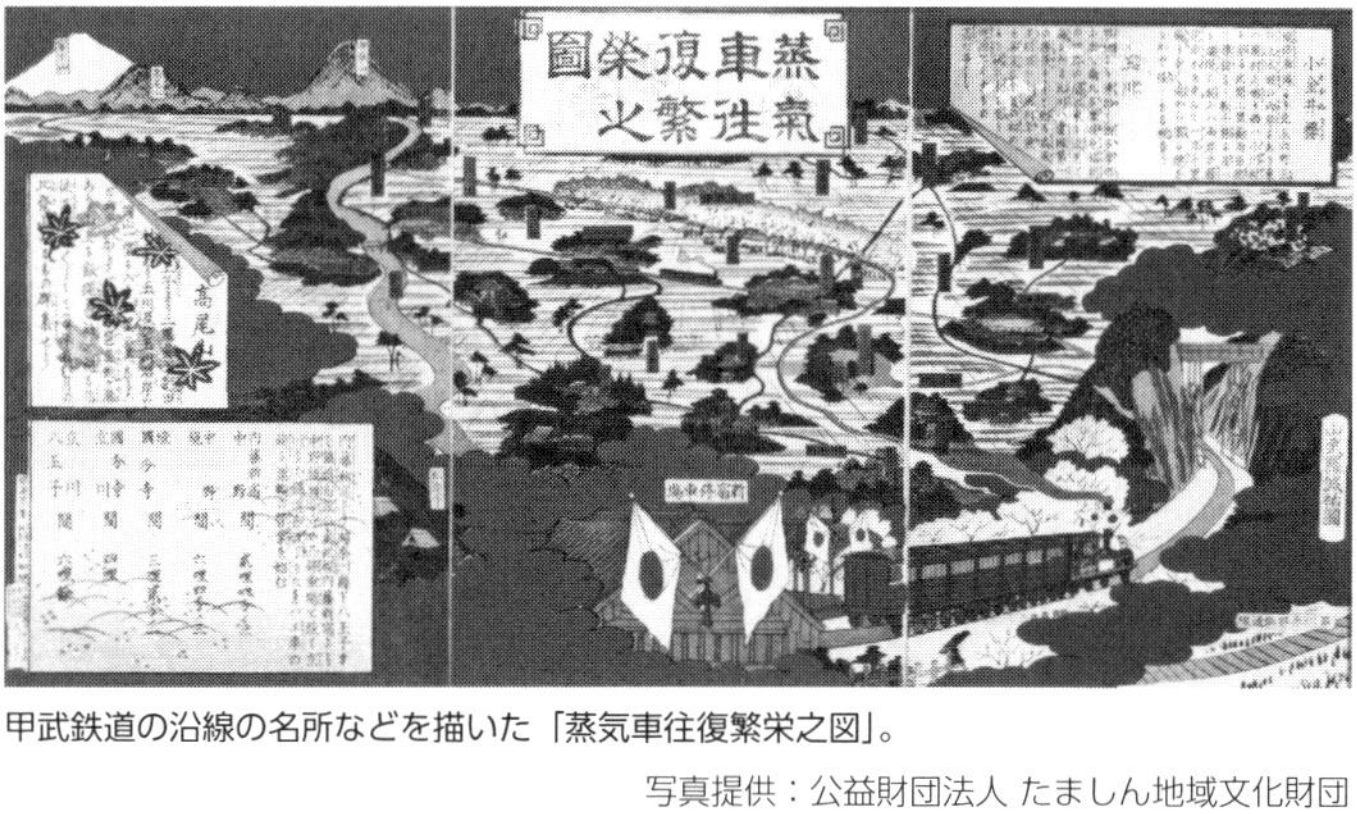

甲武鉄道の沿線の名所などを描いた「蒸気車往復繁栄之図」。

写真提供：公益財団法人 たましん地域文化財団

道（新宿～八王子間）や水戸鉄道（小山～水戸間）など、計画に問題がない会社に対しては、公平に認可を下しました。その結果、1890（明治23）年ごろには、全国各地に50社近い私設鉄道会社が誕生し、官設鉄道の総延長886キロメートルに対して、私設鉄道の総延長は1366キロメートルにも及びました。その反面、過熱した投機バブルが弾けて経済恐慌に陥ると、認可済みの敷設工事を投げ出したり、鉄道会社を解散したりする事態が散見されるようになりました。

こうした状況に対して、生粋の鉄道国有論者といわれた井上は、次第に違和感と危機感を覚えるようになり、かつては民間による技術力や運行に関する知識・経験の不足を鉄道国有の論拠としていたのに対し、経済の好不況に左右される経営の危うさという点で、鉄道事業を民間に委ねることへの弊害を唱えるようになりました。そして井上は、日本鉄道以外の私鉄路線を国が買収し、全国的な鉄道ネットワークの樹立を提唱するとともに、今後の鉄道路線の敷設に関しては、経済の好不況に左右されることなく、国自体が計画的かつ責任をもって推進すべきであると主張しました。

1891（明治24）年7月、井上は、こうした考えを「鉄道政略に関する議」として記し、首相の松方正義に提出し、それを受けた政府は、「鉄道公債法」および「私設鉄道買収法」を帝国議会に諮りました。ところが、多くの議員が、自らが私設鉄道の株主となっている華族や資本家、地方の有力者であったため、法案は通りませんでした。加えて、閣僚からも、日本鉄道だけを買収対象から除外するとした井上案には主義主張の一貫性がないとの批判が出ました。その背景には、内務省および鉄道庁をめぐる閣僚間の派閥抗争という政治的な裏事情があったようです。

このように、既存の私設鉄道を買収する案件に対しては、反対意見が噴出しました。それでも、今後の鉄道路線の敷設は、国が具体的な計画路線（予定鉄道線路）を定め、責任をもって推進するとした井上の主張には一理あると認められたため、法案の中身を修正のうえ、１８９２（明治25）年６月21日、「明治25年法律第４号」として、「鉄道敷設法」が公布されました。ただし、既存の私設鉄道の買収は鉄道敷設法に定める計画路線（予定鉄道線路／→P264〜270）と重複する場合に限っており、また、民間（私鉄）でも計画路線（予定鉄道線路）の敷設を可能とする（ただし国が将来買収する権利を留保する）など、井上の原案は完全に骨抜きにされました。あわせて、計画の実施にあたっては、議会が設置する「鉄道会議」の同意を必要として、井上の独断専行を許さない体制づくりがなされました。

こうした動きはその後も続き、鉄道敷設法が公布されてから1か月後、鉄道の管轄は、内務省鉄道庁から逓信省の外局に移管されました。これは、実質的な格下げ措置であり、井上の権限は低下し、これに反発した井上は、孤立していくことになります。そして、議会内で敵が多かった井上に対しての逆風は強くなり、最後まで井上をかばった松方が首相を辞任したことを契機に、井上は退官を決意します。それは、鉄道敷設法公布の翌年の１８９３（明治26）年３月のことでした。

＊鋼索…鋼鉄線をより合わせた綱（ワイヤロープ）。

鉄道敷設法の内容

鉄道敷設法の第1条は、「政府ハ帝国ニ必要ナル鉄道ヲ完成スル為漸次予定線ノ線路ヲ調査シ及敷設ス」と、その趣旨を記載しています。幾度もの改訂を経て、本法が廃止された1986（昭和61）年時点の第1条も、「本邦ニ必要ナル鉄道ヲ完成スル為日本国有鉄道ノ敷設スヘキ予定鉄道線路ハ全国新幹線鉄道整備法（昭和45年法律第71号）ノ規定ニ依リ建設スヘキモノノ外別表ニ掲クル所ニ依ル」となっていました。

第2条は、「選定鉄道線路ハ左ノ如シ」として、264ページ以降に掲載した予定鉄道線路33路線（区間）を列挙しています。ここで興味深いのは、当時は正式な路線名称が定められていなかったにもかかわらず、33路線を、「中央線」「中央線及北陸線ノ連絡線」「北陸線」「北陸線及北越線ノ連絡線」「奥羽線」「総武線及常磐線」「近畿線」「山陽線」「山陰線」「山陰及山陽連絡線」「四国線」「九州線」という名称で、12のグループに分けていることです。

第7条は、「選定線路中左ノ線路ハ第一期ニ於テ其ノ実測及敷設ニ着手ス」、続けて第八条では「第一期鉄道工事ハ起工ノ年ヨリ向フ十二箇年ヲ成効期限トス」として、優先して建設（敷設）すべき9路線（↓P264）を指定しています。そして、第10条で、「政府ハ第一期ニ敷設スヘキ鉄道線路ヲ実測シ毎線路ノ工費予算ヲ定メ帝国議会ノ協賛ヲ求ムヘシ」とし、着工には帝国議会の承認が必要としています。

第15条は、「政府ハ鉄道会議ニ諮詢シテ左ノ事項ヲ施行ス」として、鉄道工事に着手する順序などを決定する機関として「鉄道会議」の設置を定め、そのメンバーは、第16条で「鉄道会議ノ組織ハ勅令ヲ以テ定ム」としています。しかし、実際には、20～25名とされたメンバーは官僚と軍人が占め、しかも、議長を陸軍幹部（少将以上）が独占したことは、終戦までの我が国の鉄道政策に大きな影響を及ぼしました。

なお、鉄道敷設法で定められた33の予定鉄道線路は、264～270ページにまとめて掲載してありますが、それぞれの敷設実績も、あわせて記しました。

また、北海道については、前述のとおり、北海道庁が鉄道を民営とする方針であったため（→P23）、鉄道敷設法の対象から除外されました。その後、北海道庁が再び鉄道を建設・運営する意向を示したため（→P248）、1896（明治29）年に「北海道鉄道敷設法」が制定され、6つの予定鉄道線路が指定されました。それら6つの予定鉄道線路についても、敷設実績とともに、270～271ページにまとめて掲載してあります。

東京駅丸の内広場にある井上勝の銅像。丸の内のオフィス街を背景に、東京の玄関口とされる東京駅を見渡すように立っている。

鉄道敷設法と北海道鉄道敷設法で定められた予定鉄道線路39路線の特徴

264〜271ページに掲載の予定鉄道線路を見て、まず気づくのは、北海道を含めた39路線のうち、実現しなかったのがわずか2路線（鉄道敷設法の予定鉄道線路の24と33）だけであり、そのうちの1路線（24）は、途中までは建設されました。もっとも、「帝国ニ必要ナル鉄道」であると法律で規定された路線なので当然かもしれませんが、1922（大正11）年の「改正鉄道敷設法」によって追加された149路線（→P274〜301）の実績と比較してみると、この39路線の重みが感じられます。

それ以上に注目されることは、実際に建設された38路線の多くが、国鉄（日本国有鉄道）を経て、JR各社のまま、今日まで存続していることです（整備新幹線の取扱いについての政府与党合意による並行在来線の経営分離に伴う第三セクター化を除く／→P150）。

これらの「予定鉄道線路」は、井上勝の指示により、鉄道庁が全国津々浦々まで調査した結果に基づき、選び出されたといわれています。そのため、多くの路線が、1980（昭和55）年の日本国有鉄道経営再建促進特別措置法（国鉄再建法／→P123）が定めた「特定地方交通線（→P126）」の対象にはならず、当時の選出基準が的確であったことを証明しています。

そうしたなか、国鉄やJR各社の「本線」の名称を冠した路線で、久大本線（久留米〜大分間）、紀勢本線（和歌山市〜亀山間）、羽越本線（新津〜秋田間）、室蘭本線（長万部〜岩見沢間）、日高本線（苫小牧〜様似間）の5路線が、この39路線には含まれていません。これは、久大本線以外が海岸沿いの路線であり、当時の国内交通の主力が海運であったことや、洋上からの攻撃を警戒した軍部が海岸沿いの鉄道敷設に反対していたことが関係していたのではないかと考えられます。

次に気づくのは、「政府が敷設する」という原則にもかかわらず、実際には政府がそれほどの時を経ずして着工した路線（官設）が少ないことと、軍部の影響の大きさです。具体的に見ると、着工した官設の路線は、八王子～名古屋間、塩尻～長野間、敦賀～直江津間、福島～青森間、鹿児島～八代間という本線系の他は、福知山～東舞鶴間、海田市～呉間、米子～境間くらいです。当時の軍港が、横須賀、舞鶴、呉、佐世保の4か所であったことを考えると、すでに鉄道が開通していた横須賀を除く3つの軍港と連絡する鉄道の建設が急務であったことがわかります。加えて、佐賀～佐世保間は九州鉄道に任せたものの、福知山～東舞鶴間と海田市～呉間は、国が敷設して阪鶴鉄道と山陽鉄道に貸与するという変則的な方法をとったことからも、開通を急いだ実態がわかります。

また、八王子～名古屋間は、海岸沿いに敷設された東西幹線鉄道（現在の東海道本線）を嫌った軍部からの要請に基づくものです。さらに、八王子～塩尻間と塩尻～長野間については、急勾配が続く碓氷峠（横川～軽井沢間／↓P48）の輸送力の問題で、新潟からの石油輸送が滞っていることに憤慨した軍部が、建設を急がせた経緯があります（↓P44）。

なお、鹿児島～八代間は、鹿児島県内に鹿屋航空基地があったことが敷設を急いだ理由かもしれませんが、理由は別にしても、鹿児島本線も九州新幹線も、起点側（現在の門司港と博多）ではなく、鹿児島方より建設を開始したのは、何かの因縁でしょうか。

2つの戦争が潮目を変えた鉄道国有化

鉄道国有化に反対したのは、株主などの直接の利害関係者だけではありませんでした。このころになると、渋沢栄一などの実業家や三井、三菱など財界の有力者たちは、鉄道が経済に大きな影響力を及ぼすことを認識するようになります。そして、自由闊達な経済活動の一環として、鉄道も民営であることが望ましく、既存の官営鉄道も、官営工場と同じく、民間に払い下げるべきだと主張しました。

こうした自由主義的な流れの潮目を変えたのは、1894～1895（明治27～28）年の日清戦争と、その後に陥った経済不況の嵐でした。1892（明治25）年の鉄道敷設法の制定後は、戦時体制へ傾倒した国に代わって、大手を中心とした私鉄による鉄道建設が進んだ一方で、不況の影響から経営難に陥った中小私鉄のなかには、自ら国による買収を求める動きが出るなど、私鉄のなかでも、鉄道国有化に対する姿勢が分かれてきました。さらに、鉄道会議（↓P27）の議長職を独占するなど、影響力を強めてきた軍部（陸軍）は、日清戦争時の軍事輸送において、意のままにならない民営鉄道の存在や官民入り混じった複雑な輸送体制に不満を抱きます。あわせて、日清戦争後の三国干渉の経緯から、今後の対ロシア戦を意識するうえでも、国有化による鉄道運行管理の一元化を主張するようになりました。

こうした情勢により、1900（明治33）年には、「鉄道国有法案」および「私設鉄道買収法案」が帝国議会に諮られましたが、民主主義を唱える勢力からの根強い抵抗により、否決されました。しかし、１９０４〜１９０５（明治37〜38）年の日露戦争を経て、軍部からは外国人による民間企業の株式買い占めを危惧する声が上がり、国防上重要な鉄道の国有化は必須であるとして、この問題が再び取り上げられるようになりました。また、以前から鉄道の国有化に反対する姿勢をとってきた経済界でも、軍事需要で莫大な利益を得た財閥系企業が、軍部の意向を忖度《そんたく》して賛成に転じたことが、法案可決の追い風となりました。

一方、政府にとっても、日露戦争の勝利で目論んでいた賠償金が得られなかったため、外債を発行して国外からお金を調達せざるを得ない状況にあり、その際に必要な担保物件として、資産価値が高い鉄道を国の保有とすることが有効でした。

こうして、１９０６（明治39）年、再び「鉄道国有法案」が帝国議会に諮られます。そして、前回と同じく、民主主義を訴える井上馨や高橋是清らが反対派にまわり、激しい論戦となったものの、与党の立憲政友会が政界工作を駆使した結果、３月31日に成立し、鉄道国有法の公布となりました。ただし、国有化の対象は、路線単位ではなく会社単位とされ、法案では32社を対象としましたが、議会では、34ページ下の表の17社に修正されました。そこには、五代私鉄（→P21）が含まれていました。

なお、鉄道国有法が成立する直前に、関西地方では、関西鉄道と大阪鉄道、南和鉄道、紀和鉄道が合併していますが、これは、国有化を阻止するための抵抗でした。

これら17社からの総買収路線長については、専用線や未成区間の取り扱いなどの違いから、さまざまな数字が上がっていますが、『運輸省五十年史』には、4800キロメートルと記載されています。そのうちの80パーセント弱は、五大私鉄から買収した路線であり、五大私鉄以外で100キロメートルを超える路線を有していたのは、北海道鉄道、北越鉄道、総武鉄道、阪鶴鉄道の4社だけでした。

五大私鉄の他に買収の対象となったのは、1892（明治25）年の鉄道敷設法の公布以前に完成していた主要路線を有する私鉄、または、鉄道敷設法の公布後に「予定線（予定鉄道線路）」と重複する区間の路線を敷設した私鉄がほとんどです。そうしたなか、西成鉄道と房総鉄道の2社は、どちらにも該当せず、鉄道敷設法公布後に「予定線」と関係のない路線を敷設しながら、買収対象とされました。

一方で、鉄道敷設法の「予定線」と重複してい

鉄道国有法によって国有化された17の私鉄

私鉄名	設立年	おもな運行路線
北海道炭礦鉄道	1889（明治22）年	現在の函館本線や室蘭本線の一部区間など
北海道鉄道	1899（明治32）年＊1	現在の函館本線の一部区間
日本鉄道	1881（明治14）年	現在の高崎線や東北本線と、常磐線の一部区間など
岩越鉄道	1897（明治30）年	現在の磐越西線の一部区間
北越鉄道	1895（明治28）年	現在の信越本線の一部区間
七尾鉄道	1898（明治31）年＊2	現在の七尾線の一部区間
甲武鉄道	1888（明治21）年	現在の中央本線の一部区間
総武鉄道	1889（明治22）年	現在の総武本線の一部区間
房総鉄道	1896（明治29）年＊2	現在の外房線の一部区間
関西鉄道	1888（明治21）年	現在の関西本線、草津線、奈良線、和歌山線など
参宮鉄道	1890（明治23）年	現在の参宮線と紀勢本線の一部区間
京都鉄道	1895（明治28）年	現在の山陰本線の一部区間
山陽鉄道	1888（明治21）年	現在の山陰本線や播但線と、予讃線や土讃線の一部区間など
西成鉄道	1896（明治29）年	現在の大阪環状線の一部区間など
阪鶴鉄道	1895（明治28）年	現在の福知山線など
徳島鉄道	1899（明治32）年＊2	現在の徳島線など
九州鉄道	1888（明治21）年	現在の鹿児島本線、日豊本線、長崎本線、筑豊本線の一部区間など

＊1 函樽鉄道として設立。　＊2 最初の区間の開業年。

ながら、唯一買収対象とならなかったのが、岡山～津山間の路線を有していた中国鉄道でした。中国鉄道は、原案の32社には入っていたものの、理由は不明ですが、法案修正の際には除外されました。結果的には、１９４４（昭和19）年の戦時私鉄買収（→P86）により、中国鉄道は国有化されています。

17社の買収（国有化）は、一斉ではなく、１９０６（明治39）年10月1日から1年間をかけて、各社順次行なわれました。17社の買収総額は4・8億円にのぼり、政府は、資金を持ち合わせていなかったため、公債を発行して被買収会社に交付することにしました。ところが、私鉄側にかなり有利な買い取り価格が提示されたため、17社の買い取り総額は、株式評価総額の2倍程度であったといわれています。

鉄道国有法による国有化で、全国の鉄道総路線

中央線の多摩川橋梁を渡る列車。鉄道国有法により、甲武鉄道は中央線となったが、写真の蒸気機関車は、甲武鉄道がイギリスから輸入し、開業時から使用していたもの。　写真提供：日野市郷土資料館

延長キロの約90パーセントが官営鉄道となり、私鉄は、官営鉄道を補完する位置づけとなりました。

なお、当時の官営鉄道は、逓信省鉄道局が管轄していましたが、増大した路線に対応するため、1907（明治40）年に内閣直轄の帝国鉄道庁を発足させ、買収した17社の路線を管轄することにしました。しかし、二重行政による混乱が生じたため、翌1908（明治41）年には、2つの組織を統合し、鉄道院としました。

こうして、井上勝の悲願であった鉄道国有化は、皮肉にも井上が表舞台を去ってから実現しました。鉄道の健全な発展を目的として国有化を唱えた井上でしたが、国家統制の踏み台とされた鉄道国有化をどのように評価したのか、できることなら、尋ねてみたいものです。

●官設鉄道の線路名称

1872（明治5）年に東京（新橋）～横浜間に鉄道が開業して以降、公式な路線に対する名称（線路名称）はありませんでした。1892（明治25）年の鉄道敷設法の第二条（予定鉄道線路／→P28）には、「中央線」や「総武線」などの線路名称も見られますが、九州内の路線をまとめて「九州線」とするなど、その定義は曖昧でした。また、1893（明治26）年に全通した高崎～直江津間を「直江津線」とするなど、このあたりから、「沿線の特徴的な地名＋線」を線路名称とするケースも出てきました。

　このように、さまざまな名称が混在する状況となったため、1895（明治28）年2月23日、鉄道局は、次のような「局長達」を発行し、初めて官設鉄道の線路名称を正式に定めました。

来ル二十八年度ヨリ従来ノ営業区間ヲ廃シ更ニ左ノ通相定メ候条此旨相達候也

—東海道線
旧東京神戸間、大船横須賀間、大府武豊間及ヒ米原敦賀間（但シ敦賀ステーション迄）ヲ合併シテ本線ト称ス

—信越線
旧高崎直江津間ヲ本線ト称ス

—奥羽線
福島青森間ヲ本線ト称ス

—北陸線
敦賀富山間ヲ本線ト称ス（但シ敦賀ステーションヲ除ク）

　この時点で、奥羽線の福島～弘前間と北陸線は未開業でしたが、すでに着工していたので記載したものと思われます。

　逆に、記載のない開業区間は、深谷《ふかたに》～長浜間、馬場～大津間、敦賀～金ヶ崎間です。深谷～長浜間は、1889（明治22）年に一旦休線となり、1891（明治24）年には貨物専用線として復活しましたが、1899（明治32）年、関ケ原～近江長岡間のルート変更に伴い、廃止

されました（↓P170）。馬場（現在の膳所《ぜぜ》）〜大津（現在の浜大津）間は、1889（明治22）年に旅客営業が廃止されて貨物専用線になりましたが、1898（明治31）年に旅客営業を再開し、1909（明治42）年の国有鉄道線路名称（↓P40）の制定時には、「大津線」となりました。しかし、1913（大正2）年に再び旅客営業が廃止されたため、「大津線」の線名がはく奪され、東海道本線の支線となり、1969（昭和44）年に廃止されました。以上のことから、「本線ト称ス」とは、「○○本線」という意味ではなく、旅客営業線を指しており、深谷〜長浜間と馬場〜大津間の2線は、貨物専用線であったため、記載されていないと考えられます。

一方、この時点で旅客営業を行なっていた敦賀〜金ヶ崎間は、2年後の1897（明治30）年に同区間の旅客営業が廃止されているので、旅客営業の廃止が見えていたこともあり、記載されなかったとしか考えられません。なお、同区間は、1912（明治45）年に不定期ながら旅客営業を再開し、1940（昭和15）年に再び貨物専用線となりました。その後、1987（昭和62）年の国鉄分割・民営化によってJR貨物に継承され、数少ないJR貨物の第一種免許区間*となっていましたが、2009（平成21）年に休線となり、2019（平成31）年4月1日に廃止されました。

この「局長達」により、1869（明治2）年に決定された「東京〜横浜間、京都〜神戸間および琵琶湖畔から敦賀までの3支線」は「東海道線」に合併され、「支線」ではなくなります。代わりに、貨物専用線を「支線」と見なすようになりましたが、その後は、鶴見線の大川支線や函館本線の上砂川支線のように、いわゆる「枝線」を「支線」としたので、「支線」の定義は、時代によって異なるようです。

なお、北陸線を敦賀〜富山間としているのは、「富山ヨリ直江津ニ至ル鉄道」が早急に建設すべき「第一期線」の指定から除外されていたことと、北信鉄道から富山〜直江津間の敷設申請が出願されていたことが理由と考えられます。

＊第一種免許区間…第一種鉄道事業者（自社が保有する鉄道で旅客または貨物を運ぶ鉄道事業者）としての免許を取得している区間。

敦賀〜敦賀港（かつての金ヶ崎）間 2.7 キロメートルを結んでいた、北陸本線の支線（敦賀港線）の跡。

旧敦賀港駅舎。1912（明治 45）年に新橋〜金ヶ崎間で運行を開始した「欧亜国際連絡列車」の発着駅でもあった金ヶ崎駅を再現したもの。欧亜国際連絡列車は、ウラジオストク直行の船に連絡し、ウラジオストクからは、シベリア鉄道を経由してヨーロッパへと通じていた。

●国有鉄道線路名称の制定

1895（明治28）年に官設鉄道の線路名称を一旦定めたものの、その後、鉄道敷設法（→P27）を受けて、官設鉄道は全国各地に波及していきました。さらに、1906（明治39）年の鉄道国有法（→P33）に基づき、私鉄17社を買収した直後は、買収路線を、「旧日本鉄道線」「旧関西鉄道線」のように、一律でよびました。しかし、これでは収拾がつかない状況となったため、1909（明治42）年10月12日、鉄道院は、あらためて「国有鉄道線路名称」を告示し、左ページの表のとおり、鉄道院が管轄する72の路線を23部（ブロック）にグループ分けし、あわせて名称を定めました。

ここに記載された線路名称の多くは、JRになった現在でも、そのまま使われていますが、1909（明治42）年当時と現在とでは、路線の範囲や区間が大きく異なるケースがあります。たとえば、山陰本線といえば、今日では、京都から幡生《はたぶ》（下関の1つ手前）まで延々と続く673・8キロメートルの路線をいいますが、この時点の山陰本線は、鳥取〜米子〜松江間のことであり、京都〜園部間は京都線（東海道線の部）、綾部〜福知山間は阪鶴線（阪鶴線の部）、和田山〜香住間は播但線（山陽線の部）でした。

また、ここでの鹿児島線は、鹿児島〜国分（現在の隼人）〜吉松間のことで、現在は、鹿児島〜隼人間は日豊本線、隼人〜吉松間は肥薩線になっています。これは、線路名称を制定した直後の11月21日、人吉〜吉松間が開業し、門司〜鹿児島間が全通したことで、人吉本線が鹿児島本線となったからです（→P231）。しかし、制度上は、「人吉線の部」が名称変更によって「鹿児島線の部」となり、初代「鹿児島線の部」が廃止になっています。

余談になりますが、この時点で、現在の日豊本線に該当する区間は、豊州本線の小倉〜柳ケ浦間と前述の鹿児島線の鹿児島〜国分（現在の隼人）間だけです。ところがその後、区間ごとに独自の線名を冠して敷設されたため、１９３２（昭和７）年12月の国有鉄道線路名称に関する通達により誕生した日豊本線は、豊州本線の小倉〜重岡間、宮崎本線の重岡〜都城間、国都東線の都城〜霧島神宮間、国都西線の霧島神宮〜国分間、肥薩線（八代〜川内〜鹿児島間の全

23のブロックと各路線の名称

ブロック	路線数	ブロックに所属する路線の名称
東海道線の部	6	東海道本線、横須賀線、武豊線、大津線、京都線、西成線
北陸線の部	2	北陸本線、七尾線
中央東線の部	1	中央東線
中央西線の部	1	中央西線
阪鶴線の部	1	阪鶴線
山陽線の部	5	山陽本線、播但線、呉線、宇品線、大嶺線
山陰線の部	2	山陰本線、境線
関西線の部	9	関西本線、参宮線、草津線、奈良線、桜ノ宮線、桜井線、片町線、和歌山線、城東線
東北線の部	10	東北本線、山手線、常磐線、高崎線、両毛線、水戸線、日光線、岩越線、塩竈線、八戸線
奥羽線の部	2	奥羽本線、能代線
信越線の部	1	信越線
総武線の部	3	総武本線、外房線、東金線
讃岐線の部	1	讃岐線
徳島線の部	1	徳島線
人吉線の部	6	人吉本線、小倉裏線、大蔵線、室木線、篠栗線、三角線
長崎線の部	4	長崎本線、唐津線、佐世保線、伊万里線
豊州線の部	3	豊州本線、田川線、宮床線
筑豊線の部	4	筑豊本線、伊田線、幸袋線、長尾線
鹿児島線の部	1	鹿児島線
函館線の部	5	函館本線、幌内線、歌志内線、手宮線、岩内線
室蘭線の部	2	室蘭本線、夕張線
釧路線の部	1	釧路線
天塩線の部	1	天塩線

通によって鹿児島本線から肥薩線となる）の国分〜鹿児島間を統合した路線でした（↓Ｐ243）。

●国有鉄道線路名称の変遷

支線の扱いと本線の関係

国有鉄道路線名称の23部（↓Ｐ41）のうち、複数の路線から構成される14部には、筆頭の路線に「本線」の称号が与えられていますが、部の名称とされた路線でも、別の路線を持たなければ、「本線」を名乗れませんでした。こうした仕組みがよくわかる事例として、「信越線の部」があります。

１９０９（明治42）年の国有鉄道線路名称の制定時には、部に編入する路線がなかったため、高崎〜新潟間の線路名称は「信越線」でした。その後、１９１２（大正元）年には新津〜新発田間が、１９１３（大正２）年には新津〜津川間が開業しますが、両方とも「支線」扱いとしたため、線路名称は、そのままの「信越線」でした。ところが、１９１４（大正３）年に、新津〜新発田間を「村上線」として「信越線の部」の配下に置いたため、「信越線」は「信越本線」に変更されました。１９２４（大正13）年になると、新津〜秋田間の全通によって村上線が「羽越線の部」に移行したため、再び「信越線」に戻るところでしたが、それよりも以前の１９２０（大正９）年に、上越北線の宮内〜東小千谷間が「信越線の部」に編入され、配下に置かれたため、引き続き「信越本線」を名乗ることができました。

なお、このころ建設中の上越線は、上越南線（高崎〜水上間）が「東北線の部」となり、上越北線（宮内〜越後湯沢間）が「信越線の部」となりました。これは、上越南線の工事を東京建設事務所が、上越北線の工事を長岡建設事務所が担当したことに由来すると考えられます。１９３１（昭和６）年、群馬県と新潟県の県境を貫く清水トンネル（→P48）の開通によって高崎〜宮内間が全通したことにより、上越北線は上越線となって「東北線の部」に編入されましたが、鉄道敷設法の予定鉄道線路（→P28）で「直江津又ハ前橋若ハ豊野ヨリ新潟ニ至ル鉄道（表記一部省略）」としていることを考えると、上越線を信越線の別ルートとしてとらえ、「信越線の部」に編入した方が妥当であったような気がします。

また、明治初期にあった「中山道鉄道（中山道ルートによる東西幹線鉄道／→P19）」の構想を考えると、高崎線は信越線と一本化すべきであったのに、あえて「東北線の部」に編入したのは、かつての日本鉄道（→P16）の路線を一括りにしようとした結果です。規模的に独立させてもおかしくない常磐線を、「東北線の部」の配下としたのも、同じ理由であったのではないかと考えられます。

常磐線の三河島〜南千住間にある第３三ノ輪ガード。日本鉄道として開業した 1896（明治 29）年当時のレンガづくりの入口が残る。

鉄道敷設法の予定鉄道線路と一致していない路線

国有鉄道線路名称が示す区間を調べてみると、1892（明治25）年の鉄道敷設法に規定した予定鉄道線路と一致していない路線があります。たとえば、現在の中央本線*と篠ノ井線（塩尻～篠ノ井間）は、鉄道敷設法の予定鉄道線路では、「八王子ヨリ甲府及下諏訪ヲ経テ名古屋ニ至ル鉄道」と「長野若ハ篠ノ井ヨリ松本ヲ経テ前項ノ線路ニ接続スル鉄道」になっていますが、今回の国有鉄道線路名称の制定では、昌平橋～塩尻～篠ノ井間を中央東線、名古屋～野尻間を中央西線としています。これは、軍部からの強い要請により、東海道線の迂回ルートとして予定された「八王子ヨリ甲府及下諏訪ヲ経テ名古屋ニ至ル鉄道」を、急勾配が続く碓氷峠（↓P48）を経由する信越線の輸送力不足を救済するため、急遽、東京と長野を結ぶルートに転用した実態に合わせたからだと考えられます。

1911（明治44）年の中央本線の全通を記念して建立された「中央東西線鉄路接続点」の碑。　撮影：鷹啄博司

その後、1911（明治44）年の名古屋～塩尻間の全通に合わせ、昌平橋～塩尻～名古屋間を中央本線とし、塩尻～篠ノ井間は篠ノ井線としたため、「中央東線の部」と「中央西線の部」は統合されて「中央線の部」となり、篠ノ井線はその傘下に入りました。

なお、今日でも、中央東線と中央西線の名称が慣例的に使われることがありますが、その場合の中央東線の終点は、松本ではなく、塩尻です。また、宮ノ越～原野間の線路の近くには、「中央東西線鉄路接続点」の碑が立っていますが、最後に残った奈良井～野尻間が中央西線の延伸工事と位置づけられていたため、この記念碑のある地点は、中央東線と中央西線の接続地点ではなく、東側からの線路と西側からの線路が接続した地点です。

＊現在の中央本線…神田～代々木間、新宿～塩尻～名古屋間、岡谷～辰野～塩尻間をいう。

国有鉄道線路名称のその後

1909（明治42）年に鉄道院が発行した国有鉄道線路名称の告示は、改編を重ねながら、1920（大正9）年に誕生した鉄道省、そして、1949（昭和24）年に発足した国鉄（日本国有鉄道法に基づく日本国有鉄道のこと）に引き継がれたことは確かです。

その間に、当初の23部では、「中央東線の部」と「中央西線の部」が統合されて「中央線の部」となり、「鹿児島線の部（初代）」と「人吉線の部」が統合されて「鹿児島線の部（二代目）」となったほか、1912（大正元）年の山陰本線の京都～出雲市間の全通に伴う路線区分の再編により、「阪鶴線の部」は、「山陰線の部」と「山陽線の部」に分割され、廃止となりました。また、開業区間の延長などの理由により、「讃岐線の部」は「讃予線の部」、そして「予讃線の部」に、「豊州線の部」は「日豊線の部」に、「釧路線の部」は「根室線の部」に、「天塩線の部」は「宗谷線の部」に、それぞれ名称が変更になっています。

さらに、新たな部が設立されています。それは、「高山線の部」「紀勢線の部」「岩越線の部（後の磐越線の部）」「羽越線の部」「陸羽線の部」「高徳線の部」「高知線の部（後の土讃線の部）」「川内線の部★」「久大線の部」「豊肥線の部」「宮崎線の部★」「日高線の部」「留萌線の部」「名寄線の部★」「石北線の部」「網走線の部★」「樺太線の部★」です。なお、★を付けた部は、すでに廃止となった部ですが、第二次世界大戦の敗戦によって失った「樺太線の部」は別として、「名寄線の部」が廃止されたことは衝撃的です。これは、国鉄再建法が定めた特定地方交通線（→P126）の廃止により、部内の全路線が、1989（平成元）年をもって消滅したことによります。

ほかにも、「磐越線の部」と「陸羽線の部」は特異な存在でした。それぞれ東線と西線の線路名称を残して「対等合併」したため、部の冠名とした線路名称が存在しないうえ、傘下に「枝線」を持ちながらも、部内には「本線」がありませんでした。

国鉄がJRに移行してからは、国鉄の時代までは守られていた線路名称に関するルールが、微妙に崩れてきています。

JR四国は、1988（昭和63）年6月1日に、「土讃線の部」で唯一の傘下路線である中村線

（窪川〜中村間）を廃止（土佐くろしお鉄道に転換）した際に、土讃本線だけではなく、傘下路線を持つ予讃本線、高徳本線、徳島本線からも「本線」の称号をなくし、「ＪＲ四国に本線と支線の区別はない」という姿勢を示しました。

その一方で、高山本線（岐阜〜富山間）、久大本線（久留米〜大分間）、豊肥本線（熊本〜大分間）、日高本線（苫小牧〜様似間）、留萌本線（深川〜留萌間）、宗谷本線（旭川〜稚内間）、石北本線（新旭川〜網走間）、釧網本線（東釧路〜網走間）は、傘下路線がすべて廃止されているので、国鉄の時代までのルールに従えば、「本線」を名乗る資格がなくなっていますが、そのままになっています。

そもそも、東海道本線を本州3社（ＪＲ東日本、ＪＲ東海、ＪＲ西日本）で分断した時点で、路線単位のグループ（部制度）を維持しなければならない理由が存在しません。そのため、鉄道院告示で定めた線路名称に関するルールは、１９８７（昭和62）年の国鉄分割・民営化の時点で、撤廃されたと考えるのが妥当です。

今日でも、常磐線（日暮里〜岩沼間）が本線ではないのは、東北本線の下部路線であることを理由にあげる人がいますが、業務上の都合や営業上の問題から、ＪＲ東日本が、「昔からのまま」にしているだけではないでしょうか。

鉄道路線豆知識

東京と新潟を結ぶ鉄道路線と碓氷峠

東京と新潟を結ぶ鉄道路線は、川端康成の『雪国』の冒頭にある「国境の長いトンネル」として知られる清水トンネルの開通で上越線が全通するまでは、右下の地図のとおり、長野や直江津を経由する信越本線でした。しかし、信越本線の横川～軽井沢間には、急勾配が連続する碓氷峠があり、左ページの写真のように、車軸に取り付けた歯車を線路中央の歯の付いたレールにかみ合わせて機関車が走行する「アプト式」を採用していたため、列車の速度は遅く、輸送力には限りがありました。そこで、1918（大正7）年、上越線の建設が決定します。そして、1931（昭和6）年、群馬県と新潟県の県境に連なる谷川連峰の下を貫く清水トンネル（9702メートル）の開通とともに上越線は全通し、東京～新潟間の所要時間の短縮と輸送力の増強が実現しました。

東京と新潟を結ぶ鉄道の路線図と開通年

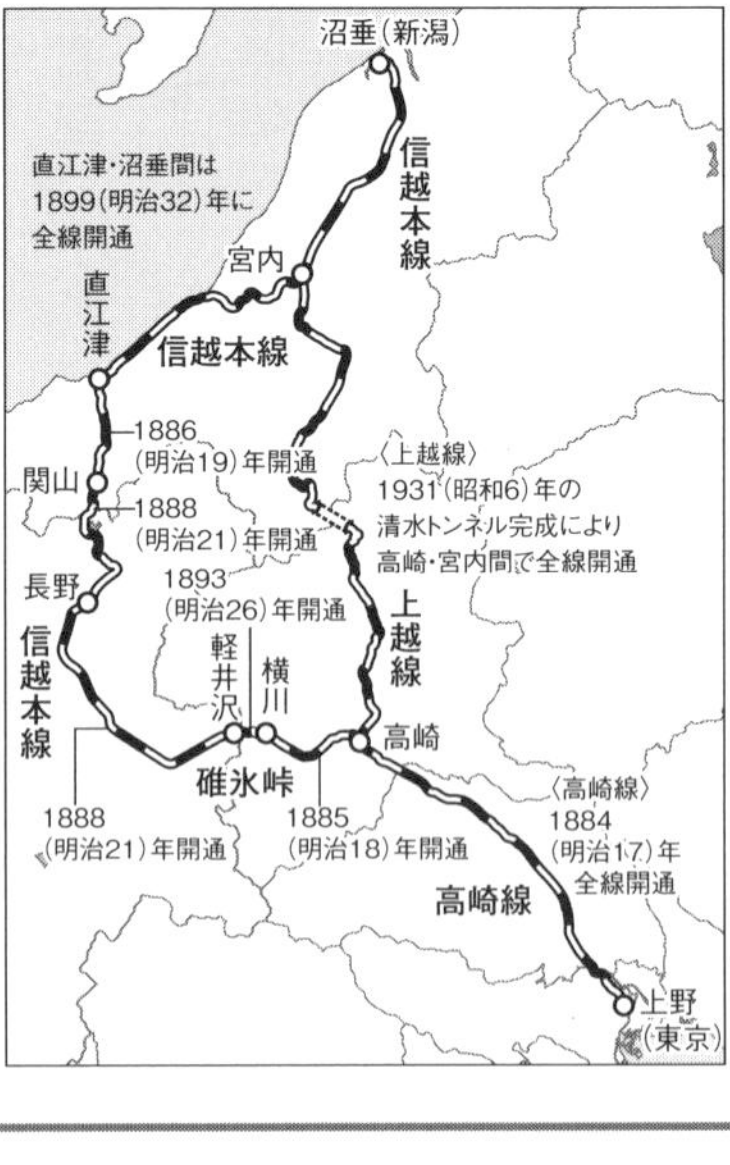

上越線の清水トンネルの群馬県側の坑口。1967（昭和42）年の新清水トンネルの完成で、現在は、上り線に使用されている。

碓氷第三橋梁を通過する列車。横川と軽井沢の間は、8.5 キロメートルほどの直線距離だが、標高差が 552 メートルもあり、急勾配が連続するため、線路の中央に、歯のついた「ラックレール」を敷き、列車を牽引する蒸気機関車は、車軸に取り付けた歯車をラックレールにかみ合わせて走行していた。

写真提供：碓氷峠鉄道文化むら

電気機関車に牽引され、碓氷第三橋梁を通過する列車。乗務員も乗客も、蒸気機関車の排出する煙に悩まされていた横川～軽井沢間は、1912（明治 45）年に電化されたものの、ラックレールに歯車をかみ合わせて機関車が走行する「アプト式」のままだった。

写真：碓氷峠鉄道文化むら

静岡県の大井川鐵道のアプト式区間を走る電気機関車の車軸に取り付けられた歯車と、線路の中央に敷かれたラックレール。

写真提供：大井川鐵道

碓氷峠鉄道文化むらに復元された、アプト式の線路。２本のレールの間に敷かれているのがラックレール。線路の奥に見えるのは、電気機関車が電気を取り入れるための第三軌条とよばれるレール。

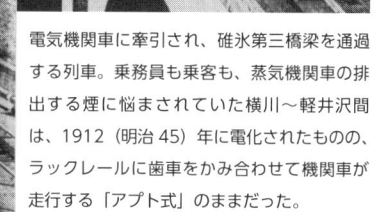

抜け道として活用された軽便鉄道法

私設鉄道法の抜け道となった軽便鉄道法

1892（明治25）年の鉄道敷設法は、私設鉄道会社による予定鉄道線路の敷設を認めていましたが（↓P27）、1906（明治39）年の鉄道国有法（↓P33）は、実質的にこれを否定し、私設鉄道に残された余地は、経営的に魅力の乏しい地方の路線だけになってしまいました。さらに、私設鉄道条例（↓P20）を踏襲した1900（明治33）年の私設鉄道法による厳しい認可条件や煩雑な手続きが障壁となったことも相まって、私設鉄道による新たな敷設出願は皆無に等しい状況でした。

一方、国も17社の私鉄買収に多額の資金を要し（↓P35）、鉄道敷設法に定めた予定鉄道線路（↓P28）の建設でさえ窮する状況で、それ以外の新たな路線に目を向ける余裕などありませんでした。

しかし、各地から鉄道の敷設を求める声が上がるとともに、国としても、国土の均等な開発を推進する立場から、地方路線の敷設を促す方策の実施が政治課題となりました。このため、敷設手続きや建設条件などを緩和した法律と、開業後の運営を支援する法律を整備することになり、1910（明治43）年4月に「軽便鉄道法」が公布され、続いて翌年3月には、「軽便鉄道補助法」が公布されました。

軽便鉄道法は、左のように、わずか8カ条しかなく、法律そのものが「軽便」でした。

★軽便鉄道法（明治43年法律第57号）

第一条　軽便鉄道ヲ敷設シ一般運送ノ用ニ供セムトスル者ハ左ノ書類及図面ヲ提出シ主務大臣ノ免許ヲ受クベシ

一　起業目論見書

二　線路予測図

三　敷設費用ノ概算書

四　運送営業上ノ収支概算書

第二条　主務大臣ハ公益上必要ト認ムルトキハ免許ニ条件ヲ附スルコトヲ得

第三条　免許ヲ受ケタル者ハ免許ニ指定シタル期限内ニ線路実測図、工事方法書及工事予算書ヲ提出シ主務大臣ノ認可ヲ受クベシ

但シ会社ニ在リテハ定款ヲ添付スルコトヲ要ス

第四条　線路ハ之ヲ道路上ニ敷設スルコトヲ得ズ

但シ必要ナル場合ニ於テ主務大臣ノ許可ヲ受ケタルトキハ此ノ限リニ在ラズ

第五条　私設鉄道法第九条第二項、第二十条、第四十一条、第四十二条、第五十三条乃至第五十五条及第八十条ノ規定ハ軽便鉄道ニ之ヲ準用ス

第六条　鉄道営業法ハ軽便鉄道ニ之ヲ準用ス

第七条　明治四十二年法律第二十八号ハ軽便鉄道ノ抵当ニ之ヲ準用ス

第八条　本法ニ依リ運送ノ業ヲ為ス者ニ対シテハ命令ノ定ムル所ニ依リ鉄道船舶郵便法ヲ準用ス

附則　本法施行ノ期日ハ勅令ヲ以テ之ヲ定ム

本法施行前ニ免許又ハ特許ヲ受ケタル鉄道及軌道ニシテ将来本法ニ依ラシムベキ者ハ主務大臣之ヲ指定ス

私設鉄道法は、安易な参入を防止するため、認可条件をあえて煩雑にしたほか、私設鉄道を官設鉄道と同じレベルに保つため、ハイレベルな建設・設備基準を設け、さらに、開業後の監督強化を掲げていました。ところが、軽便鉄道法は、第一条から第四条により、手続きが簡素化され、建設条件が緩和されていることがわかります。加えて、第五条からは、諸規制が大幅に緩和されている（私設鉄道法からの準用条文が極端に少ない）ことがわかります。

このように、「手軽で便利」に鉄道事業に参入できるようにしたのが、軽便鉄道法の趣旨でした。また、附則により、この法律が既存の鉄道にも適用されるとしたので、私設鉄道法に依る私設鉄道のほとんどが、軽便鉄道法に依る軽便鉄道に移行してしまう結果を招きました。

軽便鉄道法に依る軽便鉄道とは

辞書によると、軽便鉄道とは、「軌間（2本のレールの間隔）の狭い小規模の鉄道」とされていますが、少なくとも軽便鉄道法が制定された時点では、軽便鉄道の軌間に定めはありませんでした。逆に、軽便鉄道補助法は、「軌間762ミリメートル以上」の規格で建設された路線に対して、「開業から5年の間、政府が年間5パーセントの利益を補償する」としていることからも、軽便鉄道法に依る鉄道が、必ずしも「軌間が狭い鉄道」ではないことがわかります。実際に、軽便鉄道法に依り、JRの在来線と同じく、軌間1067ミリメートルの鉄道が建設され、なかには、新幹線と同じく、軌間1435ミリメートルとした事例もあります。

それでは、軽便鉄道法に依る鉄道とは、どのような鉄道を指しているのでしょうか。ヒントは、

軌間762ミリメートルのナローゲージとして知られる、三重県の四日市あすなろう鉄道。運転士が中央に座る運転台や、1人掛け座席が左右に並ぶ車内からも、車両の幅の狭さがわかる。

写真提供：四日市あすなろう鉄道

鉄道ということになります。

「軽便」という言葉にあります。「軽便」とは、読んで字のごとく、「手軽で便利なこと」ですが、軽便鉄道法を制定した趣旨を考えると、私設鉄道法よりも、あらゆる分野で基準を下げた低規格の鉄道ということになります。

規格を下げて費用を節減する最も効果的な方策は、少しでも軌間を狭くすることでした。ところが、軽便鉄道補助法により、補償対象となるのが軌間762ミリメートル以上の規格で建設された路線とされたため、必然的に軌間762ミリメートルの軽便鉄道が数多く誕生することになり、いつの間にか、軽便鉄道が「軌間762ミリメートルの鉄道」を意味することになったと考えられます。従って、軽便鉄道法に依る軽便鉄道とは、従来の鉄道より低規格の簡易な鉄道のことであり、必ずしも「軌間の狭い小規模の鉄道」ではないのです。

鉄道敷設法の抜け道となった軽便鉄道法

軽便鉄道法の制定は、鉄道敷設法で定められた予定鉄道線路を補完する路線を、資金的にも労力的にも余力のない国有鉄道に代わって、民間に敷設させようとするご都合主義によるものでした。予定鉄道線路を補完する路線の必要性については、未開発地域にも鉄道を敷設し、国土の均衡的発展を図るというのが表向きの理由でしたが、その背景には、地元の有力者や議員からの陳情を無視できない政治的な事情もありました。

しかし、鉄道国有法により、五大私鉄（↓P21）のような大きな資本力を持つ鉄道会社がなくなり、鉄道投資熱がすっかり冷え切った状況下にあっては、民間では、地域に密着した小鉄道の建設が精一杯でした。しかも、費用を抑えるために軽便鉄道補助法の適用を受けられるのは最小軌間762ミリメートルの簡易鉄道としたため、政府の意向との間に齟齬が生じてしまいました。

こうなると、民間参入が見込めない一定規模の路線は国が建設するしかありませんでしたが、その場合は、鉄道敷設法の予定鉄道線路に追加しなければならず、手続きが極めて煩雑でした。そこで、政府は、軽便鉄道法に目を付け、簡易な軽便鉄道は鉄道敷設法の対象とはならないとし、議会の予算承認だけで建設できるようにしました。ただし、政府も一定の歯止めが必要と考えたのか、「高規格を必要とせず、かつ将来的に有望な路線であること」「民間からの参入が見込めない路線であること」など、いくつかの条件をつけました。

こうして、私設鉄道法の抜け道として制定された軽便鉄道法が、今度は鉄道敷設法の抜け道として使われるようになりました。

軽便鉄道法に依る軽便線として建設された路線

国（鉄道院）は、軽便鉄道法に依る軽便線として、56ページ下の表に記した19路線を建設しました。ただし、1919（大正8）年の軽便鉄道法の廃止に伴い、1922（大正11）年の国有鉄道線路名称に関する通達によって線路名称から「軽便線」が削除され、さらに、10路線については、後に線路名称自体が変更されたため、ここでは、その変遷も示しました。

なお、官設の軽便線の軌間は、すべて1067ミリメートルのはずですが、湧別軽便線の留辺蘂《るべしべ》~社名淵《しゃなふち》（後の開盛）間だけは、軌間762ミリメートルで建設されました。湧別軽便線は、1912（大正元）年11月に野付牛《のつけうし》（現在の北見）~留辺蘂間が軌間1067メートルで開業していましたが、同区間が、北海道鉄道敷設法の予定鉄道線路「天塩国奈与呂ヨリ北見国網走ニ至ル鉄道」の一部であったにもかかわらず、あえて軽便鉄道法の適用を選択したのには、訳がありました。

当時、予定鉄道線路を着工するためには、軍部が主導する鉄道会議（→P27）に諮らなければなりません。しかし、「天塩国奈与呂ヨリ北見国網走ニ至ル鉄

軽便鉄道法によって国が建設した19路線とその変遷

建設した軽便線	開業年	所在地（開業時）	法律廃止後の名称	備考
倉吉軽便線	1912（明治45）年	鳥取県	倉吉線	
真岡軽便線	1912（明治45）年	茨城県、栃木県	真岡線	
黒石軽便線	1912（大正 元）年	青森県	黒石線	
岩内軽便線	1912（大正 元）年	北海道	岩内線	
湧別軽便線	1912（大正 元）年	北海道	湧別線	石北本線と名寄本線に編入
長井軽便線	1913（大正 2）年	山形県	長井線	
船川軽便線	1913（大正 2）年	秋田県	船川線	男鹿線に名称変更
上磯軽便線	1913（大正 2）年	北海道	上磯線	江差線に名称変更
宮地軽便線	1914（大正 3）年	熊本県	宮地線	豊肥本線に編入
犬飼軽便線	1914（大正 3）年	大分県	犬飼線	豊肥本線に編入
万字軽便線	1914（大正 3）年	北海道	万字線	
京極軽便線	1919（大正 8）年	北海道	京極線	胆振線に編入
西横黒軽便線	1920（大正 9）年	秋田県	西横黒線	東横黒線に編入
東横黒軽便線	1921（大正 10）年	岩手県	東横黒線	横黒線および北上線に名称変更
橋場軽便線	1921（大正 10）年	岩手県	橋場線	田沢湖線に名称変更
大湊軽便線	1921（大正 10）年	青森県	大湊線	
生保内軽便線	1921（大正 10）年	秋田県	生保内線	橋場線への編入後に田沢湖線に名称変更
山野軽便線	1921（大正 10）年	鹿児島県	山野線	
細島軽便線	1921（大正 10）年	宮崎県	細島線	

道」の早期建設に軍部が否定的であったため、道内の開拓を急ぐ北海道庁が鉄道院に働きかけ、議会の予算承認だけで建設が可能な軽便鉄道法を適用したのです。さらに、規格を下げた簡易な施設で建設できる軽便鉄道は、財政状況が逼迫していた鉄道院にとって渡りに船で、留辺蘂から先の区間は、建設費用を節約するため、軌間を1067ミリメートルから762ミリメートルに変更することにしたのです。

こうして、1914（大正3）年10月に留辺蘂～下生田原《しもいくたはら》（現在の安国《やすくに》）間が軌間762ミリメートルで開業すると、同区間が湧別軽便線を名乗り、軌間1067ミリメートルの野付牛～留辺蘂間は、留辺蘂軽便線として区分しました。ところが、1915（大正4）年11月に下生田原から社名淵までが延伸開業すると、なぜか野付牛～社名淵間を通して、湧別軽便線としました。

なお、鉄道院は、引き続き社名淵から中湧別までも軌間762ミリメートルで

湧別線および札幌と北見・網走を結ぶ鉄道の路線図

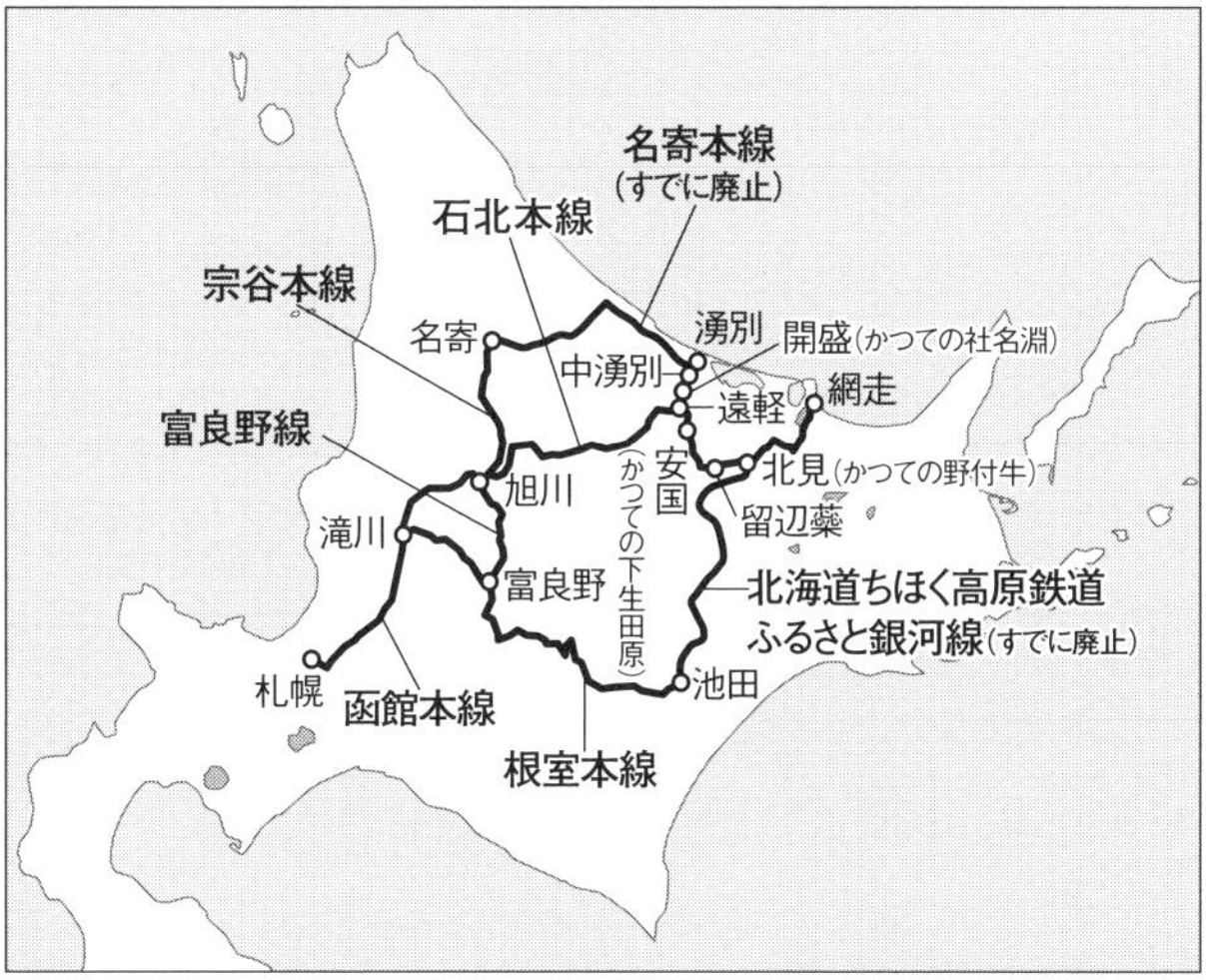

湧別線は、後に石北本線と名寄本線に編入されるが、1932（昭和7）年に石北本線が全通するまでは、札幌と北見・網走を結ぶルート（旭川、名寄、遠軽経由）の一部として利用された。なお、1921（大正10）年に名寄本線が全通するまでの札幌～北見間のルートは、旭川、富良野、池田を経由していた。

建設する予定でしたが、鉄道敷設法に規定した予定鉄道線路が本来とは異なる規格で建設されたことが帝国議会で問題となります。そのため、留辺蘂～社名淵間の軌間を1067ミリメートルに変更することになり、1916（大正5）年11月に改軌工事が終了し、鉄道院が建設した最初で最後のナローゲージ（軌間762ミリメートル）の路線が消滅しました。

国有鉄道にも存在したナローゲージ

ナローゲージの鉄道と聞くと、コトコト走る地方私鉄を連想する人が多いと思いますが、国有鉄道（鉄道院～鉄道省～国鉄）にも、軌間762ミリメートルの路線が存在しました。

鉄道国有法による私鉄買収で多額の費用を支出した政府は、鉄道敷設法の予定鉄道線路を直ちに建設する余力はなく、鉄道敷設法の予定鉄道線路と重複する区間であっても、私設の軽便鉄道が敷設されていきました。そうした軽便鉄道は、建設区間が拡大していくと、やがて国に買収され、その一部となりました。また、鉄道敷設法の予定鉄道線路とは無関係であっても、政治的な事情などで、買収された軽便鉄道もありました。こうした私設の軽便鉄道の多くは、762ミリメートルの軌間を採用していたため、国有鉄道にもナローゲージの鉄道が存在することになったのです。

なお、軽便鉄道は、国有化後には、早い段階で改軌されるのが通例でしたが、戦争などの社会情勢や財政上の都合から、10年以上もそのまま放置され、岩手県の釜石西線や新潟県の魚沼線のように、戦後の国鉄時代まで存続した事例もありました。

釜石線の事例

現在の釜石線の花巻〜足ケ瀬間の前身となる岩手軽便鉄道は、軌間762ミリメートルの鉄道で、1915（大正4）年、花巻〜仙人峠間が全通しています。しかし、仙人峠を越える鉄道の建設には莫大な費用と労力を要するため、自前での建設を断念した会社（岩手軽便鉄道）が貴族院議会に働きかけます。その結果、1927（昭和2）年、鉄道敷設法の予定鉄道線路に花巻から遠野を経て釜石に至る鉄道を追加したうえで、国が岩手軽便鉄道を買収することが決まります。それでも、財政上の理由から、実際に買収したのは、1936（昭和11）年になってからでした。

ところで、釜石線の歴史は古く、1880（明治13）年に釜石桟橋〜大橋間で工部省釜石鉄道（軌間762ミリメートル）が開業していて、新橋〜横浜間の鉄道および京都〜神戸間の鉄道に次ぐ3番目の鉄道開業だと主張する人もいます。工部省釜石鉄道は、災害による官営製鉄所の操業停止と鉱山の閉山に伴い、わずか2年後に廃止されたものの、その後、

岩手軽便鉄道の花巻駅ホーム。岩手軽便鉄道は、岩手県花巻市出身の童話作家として知られる宮沢賢治の『銀河鉄道の夜』のモデルになったといわれている。　写真提供：花巻市博物館

民間の手で鉱山は復興し、釜石～大橋間の鉄道も、1911（明治44）年に再興しました。

一方、岩手軽便鉄道は、1914（大正3）年に遠野～仙人峠間を開業しましたが、岩手軽便鉄道の仙人峠駅と再興した釜石鉱山鉄道の大橋駅の間には、標高差が300メートル以上もあるうえ、標高800メートルを超える仙人峠が立ちはだかっていたため、岩手軽便鉄道の大橋への延伸は困難な状況でした。そこで、岩手軽便鉄道は、延長3・6キロメートルの索道（ロープウェイ）をつくり、両駅の連絡が実現します。ただし、この索道が貨物専用だったので、旅客は、5キロメートル以上ある険しい山道を、徒歩で越えなければなりませんでした。

なお、1936（昭和11）年に国が岩手軽便鉄道を買収したときに、この索道も合わせて買収したため、歴史上唯一の鉄道省および国鉄による直営の索道となりました。

その後、花巻から遠野を経て釜石に至る鉄道が鉄道敷設法の予定鉄道線路となっていたため、岩手軽便鉄道の国有化を契機に、鉄道省は、足ケ瀬～大橋間の新線建設工事と花巻～足ケ瀬間の改軌工事に着手しました。ところが、第二次世界大戦下では不要不急線と見なされ、戦後まで工事は中断されました。

それでも、戦局が悪化するにつれ、兵器の製造に必要な鉄の確保が急務となってきたため、釜石鉱山鉄道とは別に、釜石～大橋間を結ぶ軌間1067ミリメートルの新線建設工事が急ピッチで行なわれます。そして、1944（昭和19）年10月、釜石～陸中大橋間が釜石東線として開業し、これに合わせて、花巻～仙人峠間は釜石西線となりました。

　さらに、終戦後の１９４６（昭和21）年、台風によって長期不通を余儀なくされた山田線（盛岡～宮古～釜石）の代替え輸送ルートとして釜石線のルートが着目され、足ケ瀬～陸中大橋間の新線建設工事と花巻～足ケ瀬間の改軌工事が再開します。１９５０（昭和25）年10月10日には、すべての工事が完了し、釜石線の花巻～釜石間の全線が開通しました。

　これに伴い、足ケ瀬～仙人峠間と索道が廃止されましたが、足ケ瀬～仙人峠間は最後まで改軌されなかったので、１９４９（昭和24）年６月１日の日本国有鉄道（国鉄）の発足からわずか１年４か月の間、国鉄で唯一、そして最後の軌間７６２ミリメートルの路線が存在したとする説があります。断定できない理由は、次に紹介する魚沼線に関係があります。

釜石線の路線図

釜石線の仙人峠付近の路線図。現在の釜石線の仙人峠を越える区間（上有住～陸中大橋間）は、急勾配が続くため、線路がΩ状態に大きくカーブしている。左の写真は、その区間にある、高さ 54.3 メートルの鬼ヶ沢橋梁。

魚沼線の事例

魚沼線（来迎寺～西小千谷間）は、国鉄再建法による特定地方交通線（→P126）の第一次廃止対象線区に指定され、1984（昭和59）年3月31日をもって廃止された、わずか12・6キロメートルの路線です。その歴史は、1911（明治44）年に開業した、軌間762ミリメートルの魚沼鉄道まで遡ります。

魚沼鉄道は、1910（明治43）年に成立した軽便鉄道法に依る免許交付の第1号となった、記念すべき鉄道です。ところが、1920（大正9）年11月、信濃川を挟んで魚沼鉄道とほぼ並行する上越北線（現在の上越線）が開業すると、早くも経営が悪化し、存続が危ぶまれる状況に陥りました。そのため、株主でもある地元の有力者などが、与党の立憲政友会を動かし、国による買収で国有化されることを目論みますが、野党からは、買収する理由も根拠もないと猛反発を受けました。

そこで、1922（大正11）年4月11日公布の改正鉄道敷設法（→P68）の中に、「新潟県来迎寺ヨリ小千谷ヲ経テ岩沢ニ至ル鉄道」を無理やりねじ込み、それを根拠に、同年6月15日に買収のうえで、国有化を実現します。当初、線路名称は魚沼軽便線でしたが、3か月も経たないうちに、線路名称の変更に伴い、魚沼線となりました。

しかし、国有化後も、魚沼線を取り巻く環境は変わらず、本来実施される改軌工事も行なわれることなく見放されてしまい、戦時中の1944（昭和19）年10月、ついに不要不急線に指定され、全線休止となってしまいました。

終戦後、地元からの要望により、軌間1067ミリメートルへの改軌工事が行なわれ、1954（昭和29）年8月1日、魚沼線の運行が再開します。そうしたことから、帳簿上はその前日までは休止線として存続していた魚沼線も、国鉄時代に残っていた（存在した）軌間762ミリメートルの路線とする説があります。ただし、戦時中にレールを軍に供出したために路盤しか残っていなかったうえ、ルートの一部を変更したこともあり、これは改軌工事ではなく新線建設であったとする見解が有力です。

やはり、実在したという点で、国鉄最後の軌間762ミリメートルの路線は、釜石線とするのが妥当ではないでしょうか。

軌間 762 ミリメートルの時代の魚沼線の列車。「ケ 121」というプレートを付けた蒸気機関車は、魚沼鉄道の時代から使用されていた。

軽便鉄道法の廃止と地方鉄道法の制定

軽便鉄道法により、全国各地に小規模な地方鉄道が次々と誕生したほか、既存の私鉄も軽便鉄道法の適用傘下に移行したため、私設鉄道法は有名無実の存在となってしまいました。また、軽便鉄道法の拡大解釈により、鉄道敷設法も骨抜きにされ、せっかく私設鉄道の国有化で政府によって一元化された鉄道行政が、再び混沌としてきました。

1918（大正7）年9月に誕生した、立憲政友会による原内閣は、交通運輸政策の拡充を掲げ、次々と鉄道行政の改革を断行しました。このころになると、国有鉄道と私鉄のすみ分けが明確になり、国有鉄道が幹線および準幹線（亜幹線）に特化し、私鉄は、国有鉄道を補完する地方鉄道と都市部の電気鉄道に特化する傾向が見られるようになりました。そこで、1919（大正8）年8月に私設鉄道法と軽便鉄道法を廃止し、新たに地方鉄道法を制定したのです。

地方鉄道法は、規制を強化し過ぎた私設鉄道法と、緩和し過ぎた軽便鉄道法の反省から、軌間などの規格を規制しない一方で、敷設工事や鉄道設備に対しては、私設鉄道法から引き継いで、一定の基準を設けています。さらに、経営についても、運賃の設定などで自主性を尊重する一方で、政府による買収や免許の取り消しなどに関する規定が私設鉄道法から引き継がれ、統制色が残されました。

地方鉄道法は、軽便鉄道法で許されていた道路への線路の敷設を原則として禁止しましたが、都市部で路面電車による新交通システムが台頭してきたため、1921（大正10）年4月、軌道法を制定し、対処することにしました。

地方鉄道法は、1987（昭和62）年4月の国鉄分割・民営化により、日本国有鉄道法と地方鉄道法が鉄道事業法に一本化されるまで存続しますが、関西や関東の大手私鉄は、それまでは、自らを管轄する地方鉄道法という法令の名称に違和感を持っていたはずです。

なお、軽便鉄道法は、1919（大正8）年8月15日に失効したものの、一定の猶予期間が設けられました。しかし、1922（大正11）年4月11日の改正鉄道敷設法の施行以降、建設は認められず、同年9月2日付けで出された通達により、既存の線路名称からも「軽便」の文字が削除されました。

軽便鉄道法の功罪

66ページ以降で紹介する改正鉄道敷設法が、赤字ローカル線問題の出発点だという意見がありますが、改正鉄道敷設法を制定するきっかけとなった軽便鉄道法は、まさにその原点といえます。しかし、道路も整備されておらず、鉄道が唯一の交通手段であり、鉄道の存在が地域の死活問題と直結していた時代がほんの60年ほど前まで続いていたことを無視して、結果論だけで論じることはできません。

井上勝が主張した「採算性に優れ未来永劫発展する路線」など、今日では数えるほどしかないことを考えると、地方の隅々に鉄道を普及させた軽便鉄道法の功績は、正当に評価されるべきであり、一度は通らなければならなかった道だったのではないでしょうか。

現在、過疎化した地域では、高齢ドライバーに代わる車の自動運転に期待が寄せられていますが、これは、見方によっては、「線路のない軽便鉄道」です。また、昨今、都市部で路面電車が見直されてきているように、地方で軽便鉄道が見直される時代が到来するかもしれません。

赤字ローカル線問題の出発点といわれる改正鉄道敷設法

原内閣と第2次鉄道網建設計画

鉄道国有法による私鉄買収と鉄道敷設法に基づく新線建設が進んだこともあり、大正時代を迎えると、国有鉄道は、日本全国の主要な幹線ルートを担う存在となっていました。また、第一次世界大戦後、日本経済は急速に発展し、日々増大する輸送需要に輸送力が追いつかず、東海道本線などは、複線化しても、輸送力が限界に達していました。

こうした状況に対し、既存路線の抜本的な強化・改善を優先的に行なうべきとする経済界や軍部の声を受け、鉄道院総裁の後藤新平は、主要幹線の国際標準軌（1435ミリメートル）への改軌を打ち出し、鉄道院の島安次郎（↓P23）らが具現化に向けた検討を行なっていました。

一方で、鉄道の地域に与える影響力の大きさが広く認識されるようになり、鉄道未踏の地区からの新線建設を要望する声も無視できなくなります。そして、予算が限られるなか、新線建設を優先すべきとする「建主改従派」と、既設路線の改良を優先すべきとする「改主建従派」との対立は、政党単位の大きな政治問題に発展しました。建主改従派の立憲政友会が、新線建設による地方の開発を重視すべきと主張したのに対し、改主建従派の憲政会は、現状のままでは近い将来、幹線輸送は行き詰まり、社会や経済に大きな混乱をもたらすと指摘したのです。

こうしたなか、1918（大正7）年9月に立憲政友会の内閣が誕生し、原敬が首相に就任すると、建主改従政策に舵が切られました。

これまでの鉄道建設では、鉄道敷設法および北海道鉄道敷設法で予定鉄道線路（→P29）に指定された路線のほか、抜け道として軽便鉄道法を準用して地方路線の建設を進めてきましたが、前述のとおり、1919（大正8）年8月に軽便鉄道法を廃止したことに伴い（→P64）、今後は、原則どおり、法律改正により、予定鉄道線路に追加する必要がありました。しかし、これから相当数の新線を建設するにあたり、いちいち法律を改正するのでは手続きが面倒なため、原内閣は、第2次鉄道網建設計画を策定し、それに則り、鉄道敷設法を一挙に改正することにしました。なお、第1次鉄道網建設計画は、幹線の建設が中心で、既定の予定鉄道線路はほぼ完成していたため、第2次鉄道網建設計画は、幹線と幹線とを結ぶ地方開発のための支線網の建設が中心となりました。

こうした計画に対して、憲政会は、経済性の低いローカル線の建設は、国有鉄道の経営を窮地に陥れることになると反対しました。ただし、それはあくまでも政党としてであって、憲政会の議員も、自分の選挙地盤に鉄道を誘致しようとする「我田引水」ならぬ「我田引鉄」には熱心で、逆に追加要望を出す有様でした。

ところが、第2次鉄道網建設計画を推進した立役者である原首相は、1921(大正10)年11月4日、東京駅で暗殺され、翌年公布されることになる「改正鉄道敷設法」を見届けることはできませんでした。犯人の中岡艮一《こんいち》は、鉄道行政体制の強化を図るために原内閣が創設した鉄道省の職員でした。

改正鉄道敷設法とは

1892(明治25)年に制定された鉄道敷設法は、第1条で「政府ハ帝国ニ必要ナル鉄道ヲ完成スル為漸次予定線ノ線路ヲ調査シ及敷設ス」としたうえで、第2条で、今後全国(北海道を除く)に敷設すべき33の予定鉄道線路を一括指定し、予定鉄道線路の追加には、帝国議会の承認による法改正を義務づけていました。実際に、羽越本線(新津〜秋田間)や小浜線(敦賀〜東舞鶴間)などが「鉄道敷設法の一部を改正する法律」によって追加されていますが、法律名称のとおり、あくまで本法(明治25年法律第4号)を活かしたうえでの部分的な修正でした。

ところが、1922(大正11)年4月11日に公布された鉄道敷設法には、新たな法律番号(大正11年法律第37号)が付与され、同時に、従来の鉄道敷設法(明治25年法律第4号)は廃止されました。

こうしたことから、本来であれば、旧鉄道敷設法と新鉄道敷設法とよぶべきですが、法律の基本骨子は変わらず、内容的には予定鉄道線路の変更に留まるため、新法の方を、改正鉄道敷設法とよぶのが通例となっています。また、従来は、鉄道敷設法と北海道鉄道敷設法の二本立てでしたが、改正鉄道敷設法では一本化されました。

なお、改正鉄道敷設法は、鉄道省から日本国有鉄道（国鉄）に引き継がれますが、１９８７（昭和62）年４月１日の国鉄分割・民営化に伴い、日本国有鉄道法とともに廃止されました。

別表一覧に規定された予定鉄道線路

旧鉄道敷設法は、第２条で予定鉄道線路を記載していましたが（➡P28）、改正鉄道敷設法は、第1条の条文の中で、「予定鉄道線路ハ別表ニ掲クル所ニ依ル」としています。これは、予定鉄道線路（以下、予定線とする）の数が膨大になるので別表にしただけであって、予定線の追加には依然として法改正を必要としており、別表にして追加手続きの簡略化を意図したわけではありません。

第２次鉄道網建設計画は、幹線と幹線とを結ぶ地方開発のための支線網が中心であることは前述しましたが、これに、いわゆる政治路線が加わり、新規の予定線の数は１４９路線*にも上り、その後、さらに52路線が追加されています。

なお、改正鉄道敷設法別表一覧は、274～301ページにまとめて掲載してありますが、予定線の結果についても、「開業」「部分開業」「未成線」「未着工」の４つに区分して、記してあります。

＊新規の予定線の数（１４９路線）…改正鉄道敷設法別表一覧には、第１号から第１５０号まで、１５０の予定線が記載されているが、国土交通省の『日本鉄道史』では、「１４９路線、総延長１０２１８キロメートル」としているので、本書も１４９路線とした。

改正鉄道敷設法別表一覧の予定線の特徴（その1）

274～301ページに掲載の予定線は、幹線と幹線とを結ぶ支線以外にも、半島や佐渡島など、全国の隅々にまで及んでいます。ただし、紀勢本線や久大本線、美祢線および山陰本線（益田以西）など、旧鉄道敷設法の予定線（鉄道敷設法の予定鉄道線路）にあげられなかった幹線クラスの路線が含まれていないことが気になります。ほかにも、五能線（東能代～川部間）や木次線（宍道～備後落合間）、2018（平成30）年3月に廃止された三江線（江津～三次間）なども、改正鉄道敷設法別表一覧の予定線にはありません。その理由を探るために、紀勢本線、久大本線、美祢線および山陰本線（益田以西）の成立過程を、次のとおり、年表にしてみました。

紀勢本線の成立過程

区間または線名	年	事項
亀山～多気	1893（明治 26）年	関西鉄道により、亀山～相可（後の相可口、現在の多気）間が全通
	1907（明治 40）年	国有化
	1909（明治 42）年	線路名称制定により、亀山～多気～山田（現在の伊勢市）間は参宮線となる
多気～三木里（紀勢東線）	1923（大正 12）年	官設により、相可口（現在の多気）から工事開始
	1934（昭和 9）年	尾鷲まで開通
	1958（昭和 33）年	三木里まで開通
新宮～串本（紀勢中線）	1913（大正 2）年	新宮鉄道により、勝浦（現在の紀伊勝浦）～新宮間が全通
	1934（昭和 9）年	国有化（紀勢中線とする）
	1936（昭和 11）年	勝浦～串本間が全通
	1940（昭和 15）年	新宮～紀伊木本（現在の熊野市）間が開通
紀勢西線	1924（大正 13）年	和歌山（現在の紀和）～箕島間が開通
	1932（昭和 7）年	紀伊田辺までが開通
	1940（昭和 15）年	串本までが開通し、和歌山～紀伊木本間を紀勢西線とする
その他	1956（昭和 31）年	紀伊木本～新鹿間が開通
	1959（昭和 34）年	三木里～新鹿間の開通により、亀山～和歌山間が全通し、紀勢本線となる

紀勢本線の路線図

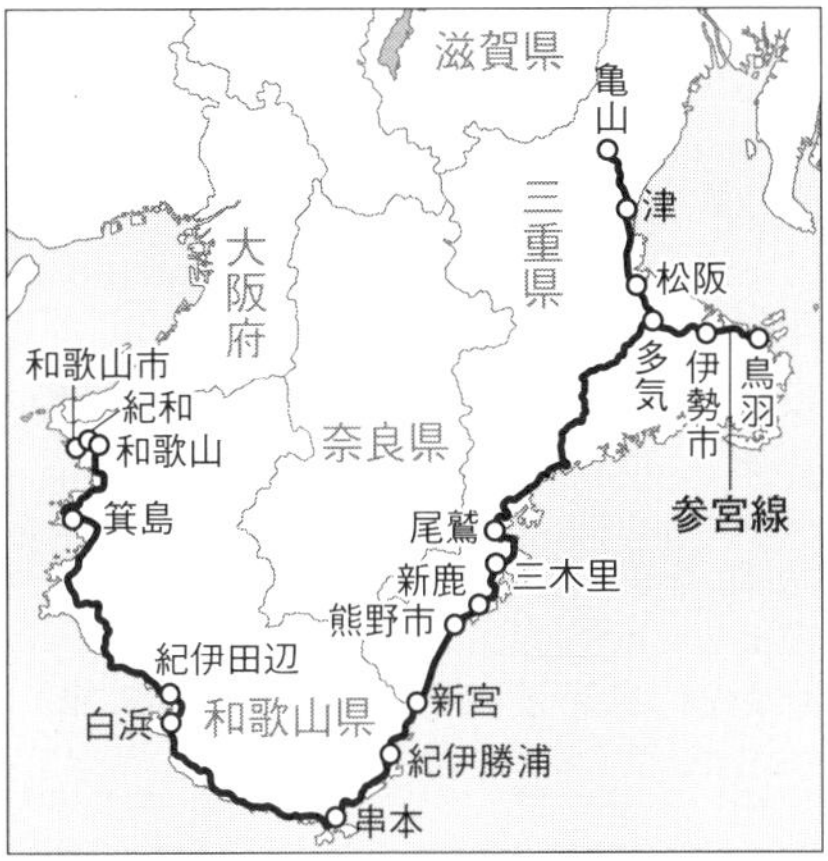

紀勢本線の貨物列車。かつて、北越紀州製紙向けの貨物列車として、愛知県の稲沢と三重県の鵜殿の間で運行していた。

久大本線の成立過程

区間	年	事項
大分～天ケ瀬	1915（大正 4）年	大湯鉄道により、大分～小野屋間が開通
	1922（大正 11）年	国有化（大湯線となる）
	1933（昭和 8）年	天ケ瀬まで開通
久留米～日田	1928（昭和 3）年	官設により、久留米～筑後吉井間が開通（久大線とする）
	1934（昭和 9）年	日田まで開通
日田～天ケ瀬	1934（昭和 9）年	日田～天ケ瀬間の開通により、久留米～大分間が全通し、久大本線となる

久大本線の路線図

かつて久大本線を走っていた、客車による普通列車。全国の JR 路線から客車による普通列車が姿を消していくなか、1999（平成 11）年まで運行していた。

美祢線および山陰本線（益田以西）の成立過程

線名	年	事項
美祢線（美禰線）	1905（明治 38）年	山陽鉄道により、厚狭～南大嶺間が開通
	1906（明治 39）年	国有化（大嶺線とする）
	1916（大正 5 ）年	南大嶺～重安間が開通（美禰軽便線から美禰線となる）
	1924（大正 13）年	重安～正明市（現在の長門市）間の全通により、厚狭～正明市間の美禰線が全通
	1930（昭和 5 ）年	正明市～阿川間が全通
	1931（昭和 6 ）年	正明市～宇田郷間が全通（この時点で、山陰本線は、京都～須佐間が全通）
小串線（幡生～阿川）	1914（大正 3 ）年	長州鉄道により、東下関～幡生～小串間が開通
	1925（大正 14）年	国有化（小串線とする）
	1928（昭和 3 ）年	小串～阿川間が全通（美禰線と接続）
	1933（昭和 8 ）年	山陰本線の須佐～宇田郷間が開通 小串線および美禰線（阿川～正明市～宇田郷間）を山陰本線に編入 京都～幡生間が山陰本線となる

美祢線と山陰本線（益田以西）の路線図

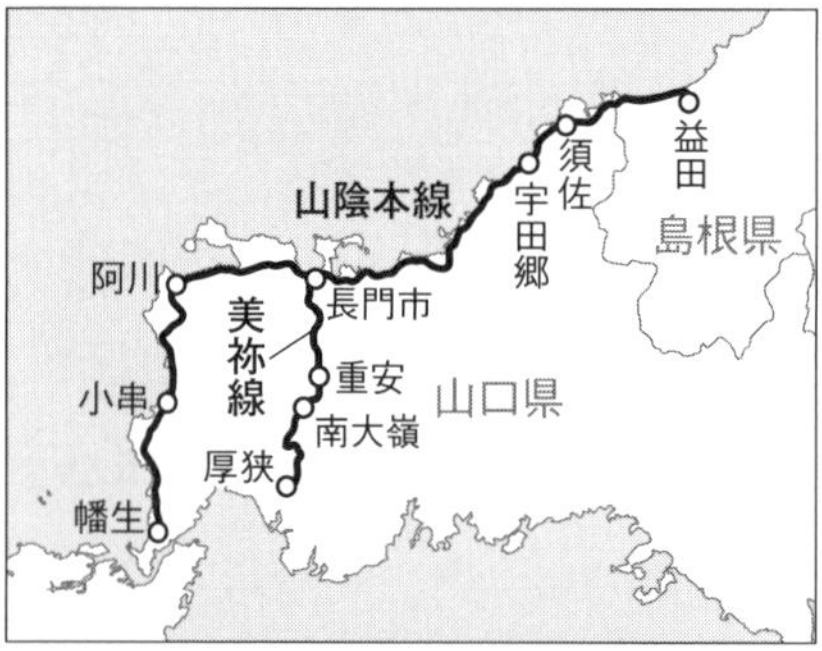

宇田郷のコンクリート橋として知られる惣郷川橋梁を通過する、山陰本線の普通列車。日本海に隣接しているので、塩害を避けるために、鋼橋ではなく、鉄筋コンクリート４柱ラーメンスラブ式という構造で、1933（昭和８）年の須佐～宇田郷間の開通の前年に完成した。

かつて美祢線を走っていた、石灰石を運搬する貨物列車。美祢線は、貨物列車の運行により、多くの収入が得られたため、地方交通線（→ P125）ではなく、幹線となっている。

これら3つの事例に共通しているのは、私鉄を国有化した区間と官設による新規工事区間が併存している点と、工事をスタートした時期が、軽便鉄道法の廃止時期または改正鉄道敷設法の公布時期と前後している点です。このことは、五能線、木次線、三江線などにも該当します。

そこで、これらの路線が改正鉄道敷設法別表一覧の予定線にあげられなかったのには、次のような理由が考えられます。

一つ目は、私鉄を買収して国有化する承諾を議会に得るには、その目的を必ず説明しなければならないはずなので、国有化とセットにすることで、官設による路線建設の承諾を得たのではないかという考えです。ただし、まず予定線を規定し、それを根拠に私鉄を買収する従来のやり方と明らかに矛盾するので、その整合性が問われるうえ、三江線は、全区間が官設です。

二つ目は、1919（大正8）年に廃止された軽便鉄道法が、予算措置の関係で、1922（大正11）年まで効力が猶予されたため、これらの路線は、軽便鉄道法に基づく予算承認を取得済みであり、軽便線として建設されたのではないかという考えです。三江線も、改正鉄道敷設法別表一覧の予定線には入っていませんでしたが、1926（大正15）年に江津からの北線側が着工していますが、三次からの南線側の着工は1936（昭和11）年で、全通したのは、1975（昭和50）年でした。しかし、美祢線、五能線、木次線、三江線などは、軽便線としての建設でも不思議ではないものの、紀勢本線や久大本線とともに、後に山陰本線となる益田以西の区間は、その名が示すとおり、幹線なので、これらの路線に軽便鉄道法を適用したとは考えられません。

そこで、三つ目は、これらの路線を予定線に追加しようとする時期が鉄道敷設法の改正を検討している時期と重なってしまったため、または、改正鉄道敷設法の公布までは工事の開始を待てない事情があったため、個別に議会の承諾を得て建設したという考えです。

いずれにせよ、改正鉄道敷設法別表一覧に規定しないで建設された路線が相当数あることは、事実です。

改正鉄道敷設法別表一覧の予定線の特徴（その2）

改正鉄道敷設法別表一覧には、必要性の高いすべての路線が網羅されていると思いがちですが、紀勢本線や高徳線（高松〜徳島間）のような、だれもが必要性を感じるような路線は含まれていません。逆に、当時の状況を勘案しても、必要性に疑問符が付くような路線や、技術的に建設が不可能と思われるようなルートの路線が、多く掲載されています。これは、幹線と幹線を連絡する路線を、機械的に一定間隔で設定しようとした第2次鉄道網建設計画（↓P67）の影響が大ですが、鉄道を敷設すれば後から沿線の開発がついてくるという考え方は、戦後の道路建設の発想と共通するものがあります。ほかにも、ここで名乗りをあげておかないと、将来にわたって鉄道が敷設される道が閉ざされるとばかりに、地元の声援を受けた代議士たちが次々と要望を出し、与党の立憲政友会が選挙対策として丸呑みしたことも一因です。さらに、予定線に規定した区間に対して、鉄道に先行して官営バス（後の国鉄バス）に優先的に路線免許を下すとしたルールも、既得権を得るために何でもいいから路線を確保しておこうとする流れに繋がったことは間違いありません。

ところで、予定線のなかには、趣旨のよくわからない路線がいくつかあります。たとえば、第83号の「兵庫県谷川ヨリ西脇、北条ヲ経テ姫路附近ニ至ル鉄道」では、遥か昔に播州鉄道（その後の播但鉄道）が谷川〜西脇〜粟生《あお》〜加古川間および粟生〜北条町間を開業させているにもかかわらず、西脇から北条を経て姫路附近に至る鉄道が別途必要である理由がわかりません。第94号の「広島県広島附近ヨリ加計ヲ経テ島根県浜田附近ニ至ル鉄道」は、鉄道敷設法の予定線に規定されていた「広島県下広島ヨリ島根県下浜田ニ至ル鉄道」との違いが明確ではありません（鉄道敷設法に規定済みの予定線は改正鉄道敷設法の予定線に再掲しないのが原則）。

一方、後に追加された予定線は、相変わらずの「机上の空論」のような路線と、建設方針が具体化してから追加した路線に二分されますが、１９６５（昭和40）年以降に追加された路線がすべて後者となっているのは、国鉄の赤字問題が表面化してきた証といえます。

改正鉄道敷設法で規定された予定線は、次に調査線とよばれる段階に進み、それから工事線に格上げされ、着工する流れになります。先代の鉄道敷設法では、優先的に建設すべき9路線を「第一次予定線」に指定し、着工から12年以内の完成を義務づけていましたが、改正鉄道敷設法では、そのような措置はとられていません。従って、建設への第一段階となる調査線に指定されるまでの経緯は不透明で、おそらく、政治的な力が影響した部分が多かったと思われます。

もっとも、先代の鉄道敷設法は、規定した予定線を必ず建設するという国家としての強い決意があったのに対して、改正鉄道敷設法の予定線には、そのような意気込みが感じられません。これは、先代の鉄道敷設法ができた明治時代中期が、富国強兵と殖産興業の旗振り役としての鉄道建設が国家事業の最優先事項であったのに対し、改正鉄道敷設法が施行された大正時代は、基幹となる鉄道路線が完成し、現在の流行言葉でいう「地方創生」に目を向ける余裕から醸し出される必然性や緊急性の乏しさに由来しているのかもしれません。

こうしたことから、改正鉄道敷設法が施行されてから、速やかに建設に着手した路線はわずかでした。そして、日本は軍事国家への道を歩み始め、戦後は荒廃した社会・経済を立て直すことが急務となり、多くの予定線の建設は、昭和30年代以降に持ち越されました。

戦後の混乱期を乗り越えた日本は、昭和30年代後半より高度経済成長期に突入し、新線建設ラッシュに対応するため、1964（昭和39）年に日本鉄道建設公団（鉄建公団）が発足しました。鉄建公団は、おもに国鉄路線の建設を担いましたが、山陽新幹線や東北新幹線（盛岡以南）の工事は国鉄が直接行なうなど、国鉄と表裏一体の関係でした。ところが、国鉄が末期のころになると、鉄建公団が建設した路線の受け取りを国鉄が拒否するような事態も発生しています。

赤字ローカル線問題では、「廃止の前日まで工事が継続されていた」といわれましたが、こうした部分は、新線建設部門を鉄道本体から切り離したことによる顕著な弊害といえます。また、予定線の建設が昭和30年代後半以降に集中した背景には、景気を盛り上げるための公共事業創設に鉄道建設が一役買った一面と、建設するには今しかないという駆け込み心理が働いた一面があるように思われます。

改正鉄道敷設法は、赤字ローカル線問題の温床または出発点といわれますが、わずか半世紀ほど前には、鉄道しか交通手段がない地域が多く、さらに、鉄道が交通の主役であり続けると思い込んでいたことを冷静に考えると、改正鉄道敷設法の予定線を一笑に付して論評することは適切ではありません。

特定地方交通線に指定された赤字83路線（→P133）の中で、真っ先に廃止された北海道の白糠線の終点の駅名は「釧路二股」となる予定でしたが、地元住民が先（北）への延伸に願いを込め、「北進」と命名しました。人々が線路の先に明るい未来があると信じていた時代があったことを、改正鉄道敷設法は如実に物語っているように思われます。

●戦時私鉄買収

改正鉄道敷設法の制定前後の時代考証

前項の冒頭では、改正鉄道敷設法が制定されたころの鉄道を取り巻く環境について、第一次世界大戦後の急速な日本経済の発展に伴う輸送需要の増大に輸送力が限界に達するなか、既設路線の改良を優先すべきとする「改主建従派」と、地方開発のため新線建設を積極的に推進すべきとする「建主改従派」とが対立し、大きな政治問題に発展していたことに触れました（→P66）。

この文章を一読すると、当時の日本経済がすこぶる順調で、インフラ整備が経済成長に追いつかないような印象ですが、改正鉄道敷設法が制定された１９２２（大正11）年前後の日本の社会・経済情勢を考えると、激動する時代への入口であったことがわかります。

確かに、第一次世界大戦後の「大戦景気」が１９１５（大正４）年から１９２０（大正９）年ごろまで続きましたが、日本史の教科書に出てくるそれ以降のできごとは、１９２０（大正９）年の「戦後恐慌」、１９２２（大正11）年の「銀行恐慌」、１９２３（大正12）年の「震災恐慌」、１９２７（昭和２）年の「金融恐慌」というように恐慌が続き、１９２９（昭和４）年には、アメリカのウォール街での株価大暴落に端を発した「世界恐慌」が日本にも波及し、「昭和恐慌」をもたらしました。

こうした経済不況を打開するため、立憲民政党の浜口雄幸を首班とする浜口内閣と、それを引き継いだ若槻礼次郎を首班とする第二次若槻内閣は、緊縮財政政策（デフレ政策）をとりました。ところが、国民の不満を背景に、軍部が暴走し、１９３１（昭和６）年９月に満州事変が勃発するなど、社会情勢も不安定となり、第二次若槻内閣は倒れます。そして、同年12月には、立憲政友会の犬養毅を首班とする犬養内閣が組閣されました。

建主改従派の伝統を持つ立憲政友会なので、大蔵大臣に就任した高橋是清は、従来の緊縮財政政策（デフレ政策）を１８０度転換し、積極財政政策（インフレ政策）をとり、日本経済は不況を脱出していきますが、当時の世相から、積極財政政策は、軍拡政策にも結びつきました。また、通貨政策による円安誘導を通した輸出拡大が他国からの批判を招き、軍拡政策とともに、日本が国際社会から孤立する原因となりました。

こうして、翌１９３２（昭和７）年には第一次上海事変と五・一五事件が起こり、１９３６（昭和11）年の二・二六事件、１９３７（昭和12）年の第二次上海事変と、日本は、第二次世界大戦に向け、軍事色を強めていきます。

このように、改正鉄道敷設法制定以降の日本の社会・経済情勢を考えると、不要とは言わないまでも、不急な鉄道路線を建設する財政的な余裕などなかったことがうかがえます。あわせて、軍事的に必要な路線を除き、国家事業のなかで、鉄道建設の優先順位は、決して高くはありませんでした。加えて、政情不安により、新線の建設に否定的な立憲民政党が度々政権を担ったことも、この時代に改正鉄道敷設法で規定された予定線の建設が遅々として進まなかった一因でした。

戦前の鉄道政策と私鉄買収

改正鉄道敷設法で規定された予定線の建設が遅々として進まない要因として、改正鉄道敷設法以前に決定された予定線の建設を優先した事情もあげられます。そのため、大正時代から戦前の昭和初期の時代にかけては、度重なる恐慌による経済不況や軍拡政策のなかでも、着手済みの新線建設は継続して実施され、１９２４（大正13）年には羽越本線が、１９３３（昭和８）年には山陰本線が全通しています。

また、明治時代には、多くの歴史に残る鉄道トンネルが建設されたのに対し、この時代に建設された目ぼしいトンネルは、1918（大正7）年着工の丹那トンネル（東海道本線）と1922（大正11）年着工の清水トンネル（上越線／↓P48）だけです。どちらの着工時期も、日本経済が不況に陥る前でした。さらに、この2つのトンネル建設は、東海道本線で輸送のネックとなっていた箱根越えの抜本的な線形改良と、輸送力が限界となっていた信越本線の救済策としての上越線の開業を目的としていたので、改主建従を唱える立憲民政党も納得するものでした。

このように、従前の鉄道敷設法の精神に基づく国土の骨格に相当する鉄道路線網形成の作業は継続されましたが、改正鉄道敷設法で規定された予定線の建設までは手が回らないというのが実情でした。

一方で、この時代には、多くの私鉄路線を国が買収し、国有鉄道に編入しています。これらの多くは、改正鉄道敷設法で規定された予定線と重複した路線で、建設費の節減を目的とした買収でした。ただし、不況によって経営に行き詰まっていた私鉄側にとっても「渡りに船」となったケースが多く、国家による強制買収的な色合いはありませんでした。

このように、大正時代から戦前の昭和初期の時代にかけての国有鉄道の路線網の拡張は、軍拡に傾倒していく政治情勢と財政上の制約から、改正鉄道敷設法の施行以前から着手していた新線の建設と地方私鉄の買収が主でした。

丹那トンネルと箱根越えの地図

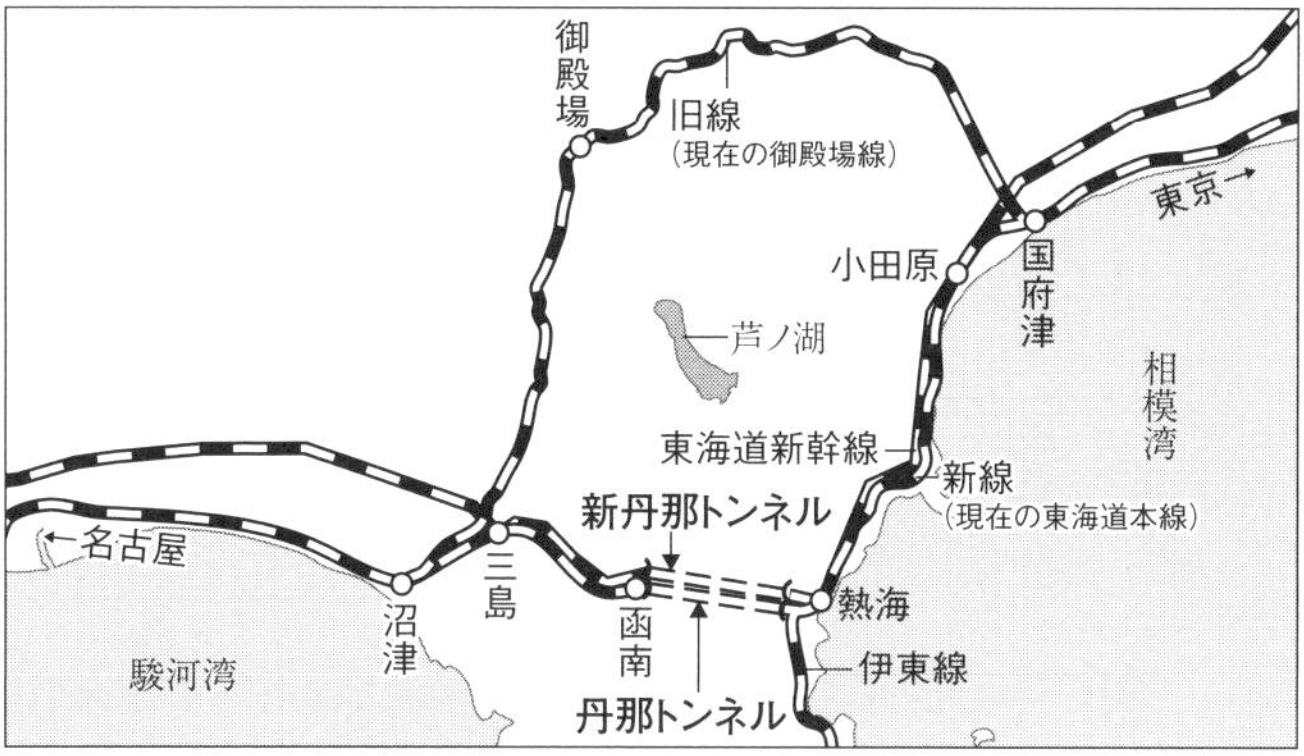

丹那トンネルを抜け、熱海に向かう東海道本線の普通列車。トンネルの上に記された 2578 と 2594 の数字は、着工した 1918 (大正7) 年と開通した 1934 (昭和9) 年を皇紀年で示したもの。

丹那トンネルの完成で、東海道本線が小田原・熱海経由となったため、現在は御殿場線となった旧東海道本線。かつては複線だったが、単線となり、線路が撤去されたため、写真のように、東海道本線の時代の橋脚が残る。

私鉄買収の特異な事例

そうしたなか、私鉄側から国へ買収を働きかけた事例があります。富士身延鉄道や白棚《はくほう》鉄道の買収が、それに該当します。

まず、現在の身延線の前身である富士身延鉄道は、甲州財閥系の資本家が設立した会社です。1920（大正9）年に富士～身延間を全通させましたが、開業当初から経営が厳しく、日本一運賃の高い鉄道といわれ、悪評でした。もともと1892（明治25）年の鉄道敷設法に予定線として掲げられた路線でもあり、地元からは早期の国有化を望む声が高まり、富士身延鉄道も同じスタンスを取りました。そこで政府は、当面の措置として、身延から先の甲府までの区間は官設とすることを決定します。ところが、関東大震災のために計画は白紙となり、とりあえず、同区間の建設は富士身延鉄道に委ね、1928（昭和3）年になって、富士～甲府間が全通しました。ただし、身延～甲府間の工事を富士身延鉄道に委ねる時点で、将来的には富士～甲府間の全線を国が買収する約束がなされていたとされ、実際に、富士～甲府間の路線は、1938（昭和13）年に鉄道省が借り上げ、1941（昭和16）年には正式に国有化されました。

富士身延鉄道の国有化は、時期的に後述する戦時私鉄買収（→P86）と思われがちですが、このように、私鉄側の意向を受け入れた買収というのが実態でした。

次に、白棚鉄道は、白河炭鉱の石炭運搬を目的に敷設された鉄道で、1916（大正5）年に白河町～磐城棚倉間が開業しました。ところが、1920（大正9）年に白河炭鉱が休山となり、さらに不況のあおりを受け、早々に経営不振に陥りました。その後、１９３１（昭和６）年には水郡北線の安積永盛から川東までの間が全通し、翌年には、水戸から磐城棚倉までの間が全通したため、水郡線の全線開通が目前となり、経営の継続を断念します。そして、運輸営業の廃止を申請するとともに、国による白棚鉄道の買収を請願しました。

白棚鉄道の営業が窮地に追い込まれたのはすべては水郡線の開業が原因とする、なかば賠償金目当ての買収請求でしたが、ここで政治的圧力が働き、請願は帝国議会で採択されました。このようなやり方は過去にもあり、経営に行き詰まっていた魚沼鉄道（→P62）が、上越線の開業を理由に、政治力を使って国に買収させています。

白棚鉄道の買収は、帝国議会で採択されたものの、財政上の理由から実施は先延ばしにされ、１９３８（昭和13）年になって、ようやく鉄道省が白棚鉄道を借り上げました。

白棚鉄道を走っていた蒸気機関車と同じ形式の蒸気機関車（1225形）。写真は、栃木県や茨城県で活躍後、現在は栃木県内で保存されているもの。

いまから80年ほど前の白棚鉄道。

過去に、政府が建設して私設鉄道に貸与した事例には、福知山～東舞鶴間の阪鶴鉄道への貸与や、海田市～呉間の山陽鉄道への貸与がありましたが（↓P31）、それとは逆に、富士身延鉄道や白棚鉄道のように、鉄道省が私鉄を借り上げた事例は前代未聞で、当時の鉄道に対する国費支出が厳しく制限されていたことがわかります。

その後の白棚鉄道は、1941（昭和16）年に国が買収し、国有鉄道白棚線となりましたが、もともと必要性の乏しい路線であったため、1944（昭和19）年に不要不急線に指定され、レールがすべて撤去されました。国が魚沼鉄道を買収して誕生した魚沼線の場合も、鉄道省では必要性のなさから改軌工事を実施せず、ナローゲージのまま放置したあげくに不要不急線となり、レールがすべて撤去されています（↓P62）。ただし、戦後になって、魚沼線が地元からの要望で1954（昭和29）年に復活したのに対し、白棚線の場合は、そのような気運も盛り上がらず、1957（昭和32）年には線路敷をバス専用道路としたうえで、国鉄バスの運行が始まりました。

ところで、廃線敷をバス専用道路とした事例は、いくつかあります。たとえば、奈良県の五條と和歌山県の新宮を結ぼうとした五新線の場合は、1982（昭和57）年に工事が凍結されて未成線となりますが、道床が半ば完成していた五條から城戸までの区間を、国鉄バスの専用道路としました。しかし、この五新線も含め、バス路線となっても赤字体質からは脱却できず、周辺道路の整備が進み、トンネルや橋梁などが老朽化したため、バスを一般道路での運行とし、専用道路を閉鎖したケースがほとんどです。

そうしたなか、白棚線（白棚線の線路敷）は、今日でも専用道路をJR関東バスが運行している路線として注目されます（現在は一部区間のみ）。道路もない山間部の険しい地形の場所であれば、廃線敷をバスの専用道路に転用する理由はわかりますが、平地のうえに並行して国道も通っている白棚線の線路敷をバス専用道路にした理由は、何だったのでしょうか。一説によると、昭和30年代に入ると、国鉄内部では、早くも不採算路線のバスへの転換を検討するようになり、直線が多く、高速走行が可能な白棚線の線路敷を将来のローカル線の在り方を探る実験線としたとされています。多額の費用をかけて舗装道路にしたことが、この説を裏付けているようにも思われます。なお、この専用道路は、東名・名神高速道路の開業に向けて開発中の高速バスの試験線として利用されたとい

廃止された白棚線の線路敷を活用したバス専用道路。JR関東バスが、バスを運行している。

う記録もあります。

ところが、昭和30年代以降、国土の開発が鉄道よりも道路が中心となり、身近に道路が整備されると、利用者にとっては、停留場が限定される専用道路はかえって不便であり、国鉄にとっても、道路管理の負担がのしかかるため、廃線敷をバス専用道路に転用する施策は普及しませんでした。そのため、白棚線のバス専用道路が唯一今日まで存続しているのは、トンネルや橋梁などの老朽化しやすい構築物がなかったことと、除雪作業を必要としない土地柄であったことが大きな要因であると考えられます。

戦時私鉄買収とは

日本は、1937（昭和12）年に勃発した盧溝橋事件を契機に右傾化が強まり、ついに、翌1938（昭和13）年、第一次近衛内閣が国家総動員法を制定し、戦時体制に突入していきます。国家総動員法を受け、鉄道に対しても陸上交通事業調整法や陸運統制令により、輸送事業の統制強化が図られます。それでも、対象は、国家統制の及びにくい民営鉄道（私鉄）に限られていました。

ところが、1941（昭和16）年12月には、太平洋戦争が始まります。その年の11月には、改正陸運統制令（新陸運統制令ともいう）が発令されます。すると、それまで対象外とされていた国有鉄道も統制の対象となり、軍事輸送を専らとする戦時下での非常輸送体制が敷かれました。さらに、利潤追求を本位とする民営鉄道（私鉄）の存在は否定され、とくに「軍事上必要な路線については国有とするのが適当」とされました。

こうしたことから、改正陸運統制令に基づき、1943（昭和18）年から1944（昭和19）年にかけて実施された私鉄22社の半ば強制的な国有化のことを、戦時私鉄買収といいます。

なお、「軍事上必要な路線」とは、次の3つの類型のいずれかに該当する路線といわれています。

類型1：石炭、セメントなどの軍事上重要な資源輸送を担う路線

類型2：軍基地、軍港または軍需工場の周辺輸送を担う路線

類型3：幹線の連絡線または短絡線として必要な路線

このうち、類型3は、輸送の大動脈である東海道本線や山陽本線などの各路線が集中する都心部が敵国の攻撃によって壊滅的な被害を受けた場合、その迂回経路となりうる路線などが買収対象とされました。

しかし、89～90ページの戦時私鉄買収の路線一覧で類型3に該当する路線の多くは、改正鉄道敷設法の予定線と重複または一部重複していて、かねてより「国有とするのが適当」と認定されていながら、財政上の理由もしくは政治的な事情から買収できなかった路線です。そのため、戦時体制下の国家統制に名を借りて、半ば強制的に、しかもタダ同然で、これらの路線を手に入れたという見方もできます。

また、「国有とするのが適当」である理由には、私鉄は株式会社であるが故に、外国人株主による機密漏洩を軍部が懸念したことも含まれていたようです。

鉄道国有法による私鉄買収と戦時私鉄買収との違い

鉄道国有法（→P33）による私鉄買収も戦時私鉄買収も、その目的が「国有とするのが適当」であったことに違いはありません。ただし、鉄道国有法による私鉄買収は、本来は国家が建設すべきところを、財政上の都合からやむを得ず民間に建設を委ねた「本邦ニ必要ナル鉄道（鉄道敷設法の第1条）」の買い上げであったのに対し、国家総動員法や改正陸運統制令を根拠に実施された戦時私鉄買収は、軍事上必要とする路線の半ば強制的な接収でした。

鉄道国有法による私鉄買収は、法令に基づいているので、相当な強制力がありましたが、実際には、経済界が政界に働きかけて買収を拒否した事例もあり、国家権力を振りかざしての強引な手法では行なわれませんでした。また、買収価格も、買い上げという姿勢から、会社の総資産額や株式時価総額など、経済合理性に基づいた算定にプラスαを加え、買収される側が不利にならないような配慮がなされました。一方、戦時私鉄買収では、被買収会社に拒絶する余地などは一切なく、買収価格は提示されたものの、国が一方的に算出し、その数字の根拠は示されず、合意書に黙って判を押すしかありませんでした。

鉄道国有法による私鉄買収の際には、買収代金は、政府が発行する公債（国債）で被買収会社に支払われ、被買収会社は、これを解約して現金化することができました。そのため、それを出資者に分配して会社を清算したり、それを資金に新たな事業を展開したりすることが可能でした。それに対して戦時私鉄買収の際には、買収代金は、戦時公債（戦争中に軍事費に充当するために発行される公債）で支払われ、戦時中の戦時公債の解約は禁止されていたため、実質的には接収でした。

さらに、戦時体制が解除されれば買収した路線をもとの会社に戻すとの口約束がなされたため、被買収会社は、鉄道以外の事業で細々と息を繋ぐか、休眠会社として存続するしかありませんでした。ところが、なかには、返還される権利を放棄して、潔く解散する道を選んだ会社もありました。

1943（昭和 18）年度の戦時私鉄買収の路線一覧

被買収会社名	区間	買収事由		国有化後の名称	現状
小野田鉄道	小野田～セメント町（小野田港）	類型 1	セメント輸送	小野田線	JR 小野田線の一部
宇部鉄道	宇部～小郡（新山口）	類型 1	セメント輸送	宇部東線	JR 宇部線
	居能～雀田～本山（長門本山）			宇部西線	JR 小野田線の一部
小倉鉄道	東小倉（廃止）～彦山口（添田） 他（貨物線）	類型 1	石炭輸送	添田線（初代）	JR 日田彦山線の一部
富山地方鉄道	富岩線：富山～岩瀬港（岩瀬浜）	類型 1	重要な港湾[*1]	富山港線	富山ライトレール
播丹鉄道	加古川～谷川	類型 3[*2]	山陽本線の迂回経路	加古川線	JR 加古川線
	加古川～高砂浦（高砂港）			高砂線	廃止
	厄神～三木			三木線	廃止（三木鉄道）
	粟生～北条町			北条線	北条鉄道
	野村（西脇市）～鍛冶屋			鍛冶屋線	廃止
鶴見臨港鉄道	鶴見～扇町 他（支線）	類型 2	工業地帯への通勤、資材輸送	鶴見線	JR 鶴見線
産業セメント鉄道	起行（廃止）～赤坂（下鴨生）	類型 1	石炭、石灰石輸送	後藤寺線の一部	JR 後藤寺線の一部
	宮床（糸田）～金田			糸田線の一部	平成筑豊鉄道
北海道鉄道（二代目）	沼ノ端～富内	類型 1[*2]	鉄鉱石輸送	富内線[*3]	廃止
	沼ノ端～苗穂	類型 2	沿線に千歳海軍航空隊基地	千歳線	JR 千歳線
		類型 3[*2]	苫小牧～札幌間の短絡線		
伊那電気鉄道	辰野～天竜峡	類型 3[*2]	東海道本線の迂回経路	飯田線	JR 飯田線
三信鉄道	天竜峡～三河川合	類型 3[*2]	東海道本線の迂回経路	飯田線	JR 飯田線
鳳来寺鉄道	長篠（大海）～三河川合	類型 3[*2]	東海道本線の迂回経路	飯田線	JR 飯田線
豊川鉄道	豊橋～長篠（大海） 他（貨物線）	類型 3	東海道本線の迂回経路	飯田線	JR 飯田線

※区間のカッコ内の駅名は、現在の駅名。

※一部の路線が買収された場合は、区間に、その路線名も示した。

※類型 1 ～ 3 の定義は、P87 参照。

＊1 満州からの石炭陸揚げ港

＊2 改正鉄道敷設法の予定線に重複

＊3 沼ノ端～鵡川間は休止後に廃止

1944（昭和 19）年度の戦時私鉄買収の路線一覧

被買収会社名	区間	買収事由		国有化後の名称	現状
青梅電気鉄道	立川～御嶽 他（貨物線）	類型 1	石灰石輸送	青梅線	JR 青梅線
南武鉄道	川崎～立川	類型 1	石灰石輸送	南武線	JR 南武線
	尻手～浜川崎	類型 2	工業地帯への通勤、資材輸送	南武線	JR 南武線
	立川～拝島～五日市 他（貨物線）	類型 1	石灰石輸送	五日市線[*1]	JR 五日市線
宮城電気鉄道	仙台～宮電石巻（石巻）	類型 2[*2]	工業地帯への通勤、資材輸送	仙石線	JR 仙石線
南海鉄道	山手線：南海天王寺～南海和歌山	類型 2	工業地帯への通勤、資材輸送	阪和線	JR 阪和線
西日本鉄道	糟屋線：西戸崎～宇美	類型 1	石炭輸送	香椎線	JR 香椎線
	宇美線：吉塚～筑前勝田 他（貨物線）			勝田線	廃止
相模鉄道	相模線：茅ケ崎～橋本	類型 2	厚木海軍飛行場への通勤、資材輸送	相模線	JR 相模線
		類型 3	都心の外環迂回経路 （八高線～横浜線～相模線）		
飯山鉄道	豊野～十日町	類型 3[*2]	上信越の短絡線[*3]	飯山線	JR 飯山線
中国鉄道	岡山～津山	類型 3	山陽本線の迂回経路	津山線	JR 津山線
	岡山～総社 他（支線）			吉備線	JR 吉備線
奥多摩電気鉄道	御嶽～氷川（奥多摩）[*4]	類型 1	石灰石輸送	青梅線[*5]	JR 青梅線
胆振縦貫鉄道	京極～伊達紋別[*6]	類型 1	鉄鉱石輸送	胆振線	廃止
		類型 3[*2]	輸送系統整備[*6]		

※区間のカッコ内の駅名は、現在の駅名。

※一部の路線が買収された場合は、区間に、その路線名も示した。

※類型 1 ～ 3 の定義は、P87 参照。

＊1 立川～拝島間は休止後に廃止

＊2 改正鉄道敷設法の予定線に重複

＊3 接続する十日町～六日町間は国有鉄道の六日町線

＊4 未開業

＊5 国有化と同時に開業

＊6 接続する倶知安～京極間は国有鉄道の京極線

中国鉄道の時代に建設された、津山線の福渡トンネル。レンガと石でつくられている坑口（ポータル）は、両側にレンガの付け柱（壁柱）を設け、上部には水平方向の帯石と笠石を配し、アーチ型の迫石を備えているので、明治時代の標準的なデザインとされている。　写真提供：岡山県

中国鉄道の時代に建設された駅舎が残る、津山線の建部駅。1900（明治 33）年に建てられ、国の登録有形文化財に指定されている。　写真提供：岡山市

一部の路線だけ買収された4つの会社

鉄道国有法に代表される従来の国（政府）による私鉄買収は、会社が所有する全路線を一括して買い上げる手法であり、路線の買収というよりも、会社の買収でした。しかし、戦時私鉄買収は、軍事上必要とする路線のみを対象としたため、会社買収ではなく、あくまでも路線の買収でした。ところで、鉄道路線には、本線から分岐する「枝線」がありますが、これを単独の路線とするのか、本線の支線とするのかは、ケース・バイ・ケースです。たとえば、かつての馬場（現在の膳所《ぜ》）から浜大津までの路線は、当初は大津線という単独の路線でしたが、その後、東海道本線の支線となり、路線名称がはく奪されています（↓P38）。

戦時私鉄買収によって買収された会社のなかで、播丹鉄道（鉄道国有法により買収された播但鉄道とはまったく別の会社）には、本線である加古川〜谷川間（現在のJR加古川線）のほかにも、厄神《やくじん》〜三木間、粟生《あお》〜北条町間、野村（現在の西脇市）〜鍛冶屋間の3つの「枝線」がありましたが、路線名称の付かない支線扱いであったためか、一括して買収対象となりました。この3つの「枝線」は、国有化後に、それぞれ「三木線」「北条線」「鍛冶屋線」として独立していますが、もしも播丹鉄道の時代に単独路線になっていたら、買収対象外となっていたかもしれません。

似たような事例に、函館本線の上砂川支線が独立した路線ではなかったがために、1980（昭和55）年公布の日本国有鉄道経営再建促進特別措置法（国鉄再建法）による特定地方交通線（↓P126）の選定から外れ、生き延びたことがありました（最終的には廃止）。

話が逸れましたが、一部の路線だけを買収された会社に該当するのは、「富山地方鉄道」「南海鉄道」「西日本鉄道」「相模鉄道」です。これら4社が複数の路線を持つ会社となった背景には、1938（昭和13）年に発令された陸上交通事業調整法に基づく私鉄の戦時統合がありました。

4社の概要と事情

富山地方鉄道は、陸上交通事業調整法に基づき、1941（昭和16）年から1943（昭和18）年にかけて、富山電気鉄道を軸に、富山県内のすべての公営と私営の鉄道およびバス事業者を統合してできた会社です。そのうちの富山駅と岩瀬港を結ぶ旧富岩鉄道の路線だけが買収の対象とされました。

南海鉄道は、阪堺鉄道を起源とする会社で、1903（明治36）年に難波～和歌山市間が全通しています。阪堺鉄道の前身とされる大阪堺間鉄道は、日本鉄道、東京馬車鉄道に次いで3番目に古い私鉄であり、1882（明治15）年に廃止された工部省釜石鉄道（→P12）の資材を流用して建設したといわれています。

富岩鉄道の時代の岩瀬港駅（左）と、現在の岩瀬浜駅（下）。岩瀬浜駅は、かつての岩瀬港駅で、いまでは、富山ライトレールという第三セクター鉄道の富山港線の終点となっている。

ところで、大阪と和歌山を結ぶ鉄道としては、立憲政友会の代議士であった岡崎邦輔や和歌山進出を目指す京阪電気鉄道などが資本参加して、1926（大正15）年に設立した阪和電気鉄道があります。1930（昭和5）年には、阪和天王寺～阪和東和歌山間を全通させましたが、この鉄道会社の誕生には、政府が深く関わっていました。阪和電気鉄道の設立時期は、官設によって多気～和歌山間（現在のJR紀勢本線の一部）の工事が始まった時期と合致しますが、多気から名古屋方面へは、すでに鉄道が開通していたものの、和歌山から大阪方面への国有鉄道の建設は宙に浮いた状態でした。実は、1906（明治39）年の鉄道国有法に基づく買収私鉄の対象に南海鉄道も含まれていましたが、関西経済界の猛烈な抵抗により、国が買収を断念した経緯があり、そのことが原因なのか、1922（大正11）年の改正鉄道敷設法の予定線にも、「大阪から和歌山に至る鉄道」は入っていませんでした。

そうしたなか、阪和電気鉄道から大阪と和歌山を結ぶ鉄道路線の認可申請が出されたのですから、鉄道省としても、無関心でいられる訳がありません。かつての井上勝であれば、計画を横取りして、自ら建設してしまうところですが、財政上の都合か政治上の問題からか、そのような選択肢はなかったようで、代わりに、将来の国有化を視野に入れた付帯条件をつけて免許を交付しました。

「将来の国有化を視野に入れた付帯条件」と聞くと、私設鉄道条例で軌間1067ミリメートルを強制したことを思い出しますが（→P21）、今回もまさに同じでした。阪和電気鉄道は、南海鉄道にスピードで上回ることを目的に、軌間を1435ミリメートルにする計画でしたが、これにより、軌間を1067ミリメートルに変更させられたのです。

このように、当初から国有化が前提とされた阪和電気鉄道でしたが、政府は財政上の都合から阪和電気鉄道を買収できず、そのうち戦時体制に突入してしまったため、阪和電気鉄道は、陸上交通事業調整法に基づき、1940(昭和15)年に南海鉄道に吸収合併され、阪和天王寺と阪和東和歌山を結ぶ路線は、南海鉄道山手線となりました。

前置きが長くなりましたが、南海鉄道が戦時私鉄買収の対象とされたのは、この山手線(旧阪和電気鉄道)で、国有化により、阪和線となりました。

こうして見ると、大阪と和歌山を結ぶ鉄道が軍事上重要な路線であったことに違いはありませんが、長年にわたって政治的事情や財政上の都合で手に入れられなかった鉄道を、戦争のドサクサに紛れて、しかも、タダ同然で手に入れたようにも思えます。

余談ですが、南海鉄道も、1944(昭和19)年に関西急行鉄道に吸収合併され、近畿日本鉄道になりましたが、戦後再び分離し、南海電気鉄道として現在に至っています。

西日本鉄道は、やはり陸上交通事業調整法に基づき、1942(昭和17)年に九州電気軌道、福博電車、九州鉄道(二代目)、博多湾鉄道汽船、筑前参宮鉄道の5社が統合され、できた会社です。このうち、買収対象となったのは、博多湾鉄道汽船の路線の1つであった糟屋線と、筑前参宮鉄道であった宇美線の2路線でした。

相模鉄道は、現在、関東の大手私鉄に発展した会社ですが、もとを辿ると、茅ケ崎～橋本間の路線を持つ相模鉄道と横浜～海老名間の路線を持つ神中鉄道が、１９４３（昭和18）年に合併してできた会社です。もとの相模鉄道は、東京横浜電鉄（現在の東京急行電鉄）が株式の50パーセントを持つ会社で、一方の神中鉄道は、経営不振によって1939（昭和14）年に東京横浜電鉄の傘下に入っています。そのため、１９４３（昭和18）年の合併は、陸上交通事業調整法に基づく政府主導によるものというよりも、東京横浜電鉄が経営効率化のために行なったと見る方が妥当かもしれません。そして、合併翌年の１９４４（昭和19）年に、もとから相模鉄道の路線であった相模線（茅ケ崎～橋本間）が買収され、皮肉なことに、相模鉄道は、かつての神中鉄道の神中線（横浜～海老名間）だけを運営する会社になりました。

開業したころの相模鉄道の寒川駅。相模鉄道は、現在の JR 相模線の前身で、1921（大正 10）年に、茅ケ崎～寒川間で開業した。　所蔵：木内堅治／写真提供：寒川文書館

余談ですが、戦後になって横浜駅西口の開発に目を付けた東京急行電鉄が、相模鉄道を吸収合併しようとＴＯＢ（株式公開買い付け）を画策しましたが、反発した相模鉄道が小田急電鉄などに助けを求め、敵対関係となった時代があります。こうした経緯を考えると、現在、相模鉄道がＪＲ東日本および東京急行電鉄と相互直通運転を計画している時勢に、歴史の妙を感じます。

被買収会社の行く末

1923（大正12）年9月1日の関東大震災により、軌道が寸断された東京市電は、応急処置として、アメリカからT型フォードを800台輸入し、11人乗りに改造してバスを運行しました。すると、「円太郎バス」とよばれて好評を博したため、東京市は、本格的にバス事業を展開することになりました。こうした東京市の成功により、バス事業は全国に広まります。そのため、鉄道路線とバス路線の競合に危機感を持った鉄道会社は、バス会社を買収したり、自らバス事業を行なったりするようになりました。

一方で、産出した資源や自社製品を輸送することを目的に設立された財閥系の鉄道会社は、鉱山の運営や土地の管理などを兼業するところもありました。かつて国は、私鉄が鉄道専業であったこともあり、会社自体を買収してきましたが、鉄道以外の輸送事業も行なっていた場合は、鉄道省がその事業も引き継ぎ、運営した例もあります。山陽鉄道の関門連絡船（↓P22）や岩手軽便鉄道の索道（ロープウェイ／↓P60）が、これに該当します。

しかし、戦時私鉄買収は、対象を鉄道事業に限定したため、鉄道以外の事業を営んでいた会社は、それらの事業を継続することができました。また、鉄道が専業であった会社でも、戦争終結後には、買収路線をもとの会社に戻すという口約束を信じ、戦時中に売却が禁止された戦時公債を管理するため、休眠会社として存続することは可能でした。

こうしたことから、一部の路線だけが買収されたために鉄道会社として残った4社（富山地方鉄道、西日本鉄道、南海鉄道、相模鉄道）を除き、鉄道部門がなくなった18社は、それぞれの道を選択することになり、早々に解散した会社もあれば、鉄道以外の事業で存続を模索する会社もありました。これら18社のうち、早々に解散を選択したのは、小野田鉄道、宇部鉄道、播丹鉄道、北海道鉄道、伊那電気鉄道、鳳来寺鉄道、豊川鉄道、宮城電気鉄道、飯山鉄道、胆振縦貫鉄道の10社でした。

このうち、宇部鉄道と北海道鉄道は、それぞれ宇部市と北海道中央乗合自動車（現在の北海道中央バス）にバス部門を譲渡し、会社を解散しています。鳳来寺鉄道と豊川鉄道は、名古屋鉄道の傘下に入っていたため、会社整理などの残務処理は名古屋鉄道が行ないました。

残る8社（小倉鉄道、鶴見臨港鉄道、産業セメント鉄道、三信鉄道、青梅電気鉄道、奥多摩電気鉄道、南武鉄道、中国鉄道）は、戦後も鉄道以外の事業による会社の存続を選択しましたが、行く末はさまざまです。

小倉鉄道は、造船工場や鉄工所を経営し、その後、各種小型歯車の設計・製作を行なう会社となります。現在も、小倉鉄道株式会社の社名で、おもに、農作業車のメーカーに部品を供給

かつての宇部鉄道の駅だった雀田駅に停車中のクモハ 42001。1933（昭和8）年に製造され、1957（昭和 32）年からは宇部線と小野田線で活躍し、2003（平成 15）年に引退した。

しています。

鶴見臨港鉄道は、傘下に置いていた川崎鶴見臨港バスを戦後の１９５４（昭和29）年に京浜急行電鉄に売却しましたが、会社本体は、鶴見臨港鐵道株式会社の社名で、不動産の賃貸、売買、管理等を、現在も行なっています。

産業セメント鉄道は、もともと麻生財閥のグループ企業であったため、麻生産業に吸収され、登記上は存続していましたが、１９６９（昭和44）年にセメント部門の分離に伴う麻生産業の解散により、消滅しました。

三信鉄道は、三信航空機器株式会社として再出発を目指しましたが、終戦による需要喪失により、１９４５（昭和20）年に解散を決議し、１９５０（昭和25）年に清算が終了しています。

青梅電気鉄道は、バス部門の営業を継続しましたが、１９４６（昭和21）年に子会社の奥多摩振興にバス部門を移管し、活動のない資産管理会社として長らく存続し

鶴見臨港鉄道の貨車。鶴見臨港鉄道は、東京湾に面した工場地帯への資材輸送のために、多くの貨車を所有していた。

た末に、1995（平成7）年に解散しました。その後、奥多摩振興は、京王帝都電鉄（現在の京王電鉄）の傘下に入り、1963（昭和38）年に高尾自動車と五王自動車を吸収合併したうえで西東京バスに商号変更し、現在に至っています。余談ですが、風情のある現在のJR青梅駅の駅舎は、青梅電気鉄道の本社があった建物です。

奥多摩電気鉄道は、御嶽《みたけ》～氷川（現在の奥多摩）間の完成と同時に買収された珍しい事例ですが、もともと浅野財閥の系列会社として設立された会社であったため、鉄道が買収されると社名を奥多摩工業に変更し、今日でも太平洋セメントの系列企業として、石灰の採掘と販売を行なっています。

南武鉄道は、戦後も、実質的なバス部門である立川バスの運営を行なっていましたが、1954（昭和29）年に立川バスを小田急電鉄に売却し、浅野セメントの鉄道部門として不動産管理業務等も行なっていたこともあって、社名を南武不動産（現在は太平洋不動産）に変更し

現在の JR 青梅駅の駅舎。地上３階、地下１階の建物は、1924（大正 13）年に建てられた。

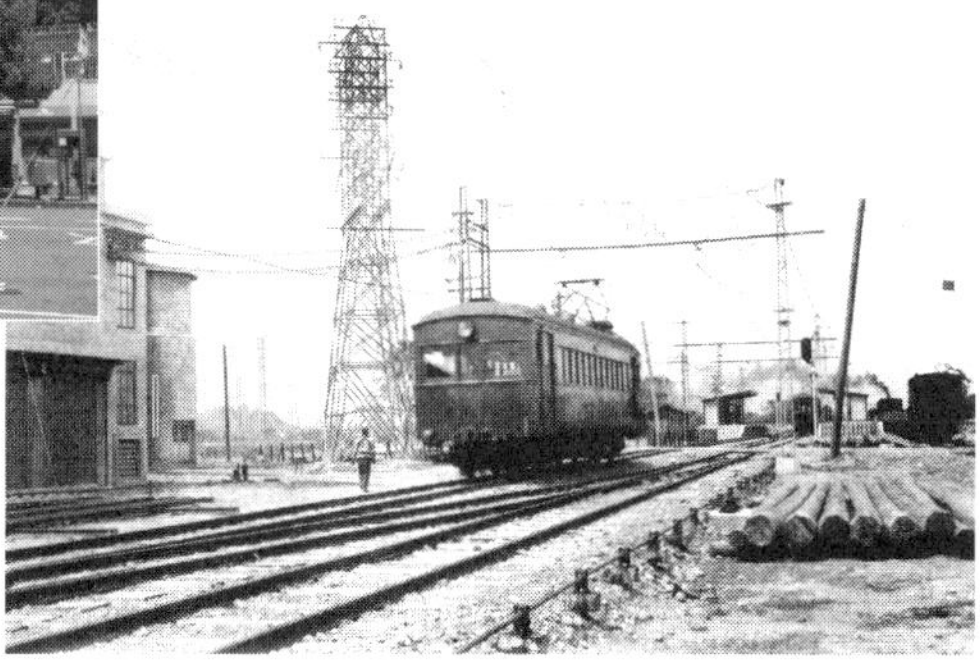

多摩川沿いの工場地帯を走る南武鉄道。南武鉄道は、1927（昭和２）年に開業した。

写真提供：川崎市市民ミュージアム

ています。なお、立川バスは、もとは五日市鉄道のバス部門でしたが、陸上交通事業調整法に基づき、１９４０（昭和15）年に南武鉄道と五日市鉄道が合併（南武鉄道が存続会社）した際に、南武鉄道のバス部門を吸収し、商号を引き継いだ経緯があります。

中国鉄道は、８社のなかで唯一バス部門を売却せず、１９６７（昭和42）年に社名を中鉄バスに変更し、岡山県南部を地盤とするバス会社として、交通事業を継続しています。

戦後の被買収鉄道返還運動

戦時私鉄買収によって買収された会社は、国（運輸省）から「大東亜戦争が終結した後には買収路線をもとの会社に戻す」との口約束を受けていたとの証言があります（鉄道ピクトリアルNo.４７２鶴見臨港鉄道の買収と払下げ問題―加藤新一著）。ただし、このような口約束が、すべての会社に対して行なわれたのかは不明です。戦後、表立って国へ返還要請を行なったのは、鶴見臨港鉄道、南武鉄道、青梅電気鉄道、奥多摩電気鉄道の旧浅野財閥系４社とされていますが、水面下の動きまでは確認されていません。

早々に会社を解散した10社を除く12社のなかで、前述の４社を除く８社も、返還要請を行なった可能性は否定できませんが、終戦後に返還要請を行なえる体力を保持していたのは、旧財閥系か大手私鉄に限られていたと考えられます。また、その路線を運営する経済的メリットがあることが返還を求める理由としては必須で、こうした条件にマッチするのは、阪和線となった南海鉄道山手線くらいではないでしょうか。しかし、南海鉄道自体が、関西急行鉄道に吸収合併されて近畿日本鉄道になっており、再び南海電気鉄道として独立しようとしている矢先に、もとは阪和電気鉄道であり、自社線と並走する路線の返還を求めるほどの余裕はなかったのではないでしょうか。

1946（昭和21）年、鶴見臨港鉄道が約束の履行を求めたことで口火を切った返還運動は、石灰石輸送で連係する南武鉄道、青梅電気鉄道、奥多摩電気鉄道の3社にも波及します。1947（昭和22）年には、4社によって「被買収鉄道還元期成同盟会」が結成されました。その後、4社が合併して1つの会社になる「関東電鉄（仮称）構想」を打ち出し、一致団結して折衝を行なった結果、1949（昭和24）年、国会に鉄道還元法案が提出されました。ところが、衆議院では可決されたものの、参議院で審議未了・廃案となってしまいました。

廃案となったのは、この4社が旧浅野財閥系であり、財閥解体を意図するGHQ（連合国軍最高司令官総司令部）が反対したという説や、極度のインフレによって払い戻し額の算定が困難であったからだとする説があります。ほかにも、当時は、国有鉄道の管轄が鉄道省から国鉄（日本国有鉄道）に移行していたため、国鉄側に買収当事者としての意識が希薄であったことも影響したと考えられます。

その後、同法案は1951（昭和26）年に再提出されたものの、この時には衆議院でも廃案となり、それを契機に、返還運動は急速に勢

青梅線と南武線で、石灰石を輸送していた貨物列車。石灰石輸送は、国に買収される前から、青梅電気鉄道と南武鉄道との間で行なわれていた。

いを失い、バス部門を手放すなど、各社は交通事業に見切りをつけ、返還運動に終止符が打たれました。

それにもかかわらず、戦後20年ほどを経たころ、戦時私鉄買収の亡霊が顔を出したようなことが起こります。東海道新幹線が開業し、東京オリンピックが開催された１９６４（昭和39）年は、日本の復興を強烈に印象づけた年でしたが、その陰では、モータリゼーションの進展による輸送構造の変化により、国鉄が初めて単年度赤字を計上することになる年でもありました。その一方で、首都圏近郊の私鉄各線は、高度経済成長期を迎え、増え続ける輸送需要に輸送力が追いつかないほど、活況を呈していました。さらに、世の中が裕福になるにつれ、利用客が鉄道に求めるサービスの質が向上し、国鉄の親方日の丸的な体質が糾弾されるようになってきました。

こうしたなか、国鉄と私鉄の比較事例としてあげられたのが、国鉄相模線と相模鉄道でした。当時の国鉄相模線は、営業係数*が４００を超える非電化の赤字ローカル線でした。それに対して、相模鉄道は、電化されていて、冷房車両が走る近代的な通勤・通学路線でした。国鉄相模線と相模鉄道とでは、走行区間がまったく違うので、一律に比較するのは妥当ではないような気もしますが、国鉄相模線の凋落原因を国鉄の体質に求める風潮が蔓延し、国鉄相模線をもとの相模鉄道に返還すべきという話が出ました。この話の出処は定かではありませんが、このころに国鉄の赤字ローカル線問題が表面化していたことを考えると、運輸行政全般を司る国家機関であろうことは、容易に想像できます。

この件は、国鉄と相模鉄道が話し合いを持つところまで進展したものの、条件面や人の問題（要員の移転）をめぐって溝が埋まらず、合意に至らなかったといわれています。結局、国鉄相模線は、国鉄分割・民営化でJR東日本に移行します。最近の資料によると、近年は黒字路線の仲間入りを果たしたようですが、もしも相模鉄道に返還されていたら、どのような路線になっていたのでしょうか。

＊営業係数…営業収入に対する営業費の割合のことで、100円の収入を得るのに要する費用で表わされ、係数が100を超えると赤字を意味する。

戦時私鉄買収の功罪

国家総動員法に基づいた戦時私鉄買収の是非を迂闊に論じることはできませんが、国有化の功罪については、個々の路線の現状を見ることで、検証できます。

路線の寿命という視点から国有化の功罪を検証してみると、国有化により「功」を奏した路線の方が多いように感じます。買収された路線のうち、三木線、北条線、鍛冶屋線、糸田線、富内線、勝田線、胆振線の7路線は、国鉄時代に廃止されましたが、すべてが特定地方交通線（→P126）に指定されての廃止であり、曲がりなりにも、国鉄の末期までは存続していました。

JR移行後にも、富山港線が廃止され、富山ライトレールに転換されていますが、これらの路線の周辺地域にあった私鉄のほとんどが、比較的早い時期に廃止されていることを考えると、私鉄として今日まで存続し得たのは、せいぜい西日本鉄道の宇美線（勝田線）と富山地方鉄道の富岩線

（富山港線）くらいです。他の路線は、むしろ国有化により廃止時期が先送りされたと考えられ、裏を返せば、その分、国鉄が赤字を負担していたということになります。また、三木線、北条線、糸田線は、私鉄路線であれば、第三セクター鉄道に引き継がれることなく、消滅していたと思われます。

一方、現在もＪＲに引き継がれて存続している戦時私鉄買収路線のなかにも、国有化されていなければ廃止されたかもしれない路線があります。飯田線を例にとると、飯田線のもとになった4社のなかで、最も鉄道誘致に熱心であった伊那電気鉄道の区間でさえ、東京方面との交通手段が鉄道から中央自動車道の高速バスへ完全に移行し、加えて、沿線地域の過疎化が進行している現状を考えると、単独の私鉄として生き残れた可能性は極めて低いと言わざるを得ません。仮に存続していたとしても、相当高額な運賃を取らなければやっていけないはずです。誤解を恐れずに言えば、飯田線は、東海道新幹線を保有するＪＲ東海だからこそ維持することができるのです。

同じく、全国有数の豪雪地帯を走る飯山鉄道（十日町〜豊野間）も、莫大な除雪コストを考えると、一私鉄として存続することが困難であることは、容易に想像できます。ただし、もともと六日町〜十日町間が国有鉄道で、飯山鉄道の区間が改正鉄道敷設法の予定線と重複していたことを考えると、戦時私鉄買収でなくても、遅かれ早かれ国有化されていたことでしょう。

利用者の視点から、戦時私鉄買収の功罪を検証してみると、南海鉄道山手線、南武鉄道、青梅電気鉄道、相模鉄道相模線、宮城電気鉄道など、都市近郊路線については、私鉄のままであった方が、運賃水準やダイヤ構成、車両・駅設備などのサービス面で上回っていた可能性が大で、国有化の「罪」の部分が見えてきます。しかし、もしも南海鉄道山手線のままであれば、おそらく、京都から関西空港まで一本の列車で行くことはできなかったでしょう。また、青梅電気鉄道のままであれば、中央線の快速や特別快速が青梅駅まで直通することもなかったでしょう。そうしたことを考えると、国有化の「功」の部分が見えてきます。

最後に、国鉄からの視点で国有化を検証してみると、北海道鉄道（千歳線）のように、いまではなくてはならない路線となっているケースがあるものの、大方は、非採算線区であったうえ、線路や車両の規格が国鉄水準に達しておらず、改修に相当な手間と費用を要することになり、「安い買い物は高くつく」の典型事例となったようです。

こうして見ると、国有化というできごとは、人生における就職や結婚と同じように、その路線の運命だったと割り切るしかないのかもしれません。

飯山線の森宮野原駅の構内に立つ、「日本最高積雪地点」を示す柱。森宮野原駅は、新潟県との県境に位置し、日本有数の豪雪地帯として知られる長野県栄村にあり、1945（昭和 20）年 2 月 12 日には、7.85 メートルの積雪を記録した。

飯山線を走る除雪車。　撮影：星野明弘

2 戦後から今日まで

―鉄道の存続自体が問われる時代へ―

戦争が終わり、連合国の占領下に置かれた日本では、鉄道が復興の牽引役となります。1949(昭和24)年に誕生した日本国有鉄道(国鉄)は、戦前の国有鉄道事業を受け継ぎ、1964(昭和39)年の東海道新幹線の開業もあって、その後の高度経済成長も牽引します。しかし、その昭和39年度に、国鉄が赤字になると、赤字ローカル線問題が表面化し、1980(昭和55)年の国鉄再建法により、その廃止が進められていきます。さらに、1987(昭和62)年の国鉄分割・民営化に伴い、地方を中心に、鉄道の存続が問われる時代を迎えます。

関連年表

年	ここで紹介する鉄道関係の主要事項	その他の主要事項
1945(昭和 20)年		降伏文書調印
1947(昭和 22)年		日本国憲法施行
1948(昭和 23)年	日本国有鉄道法公布	
1949(昭和 24)年	日本国有鉄道設立	
1950(昭和 25)年		朝鮮戦争(～ 1953)
1951(昭和 26)年		サンフランシスコ講和条約調印
1964(昭和 39)年	日本鉄道建設公団(鉄道公団)設立 東海道新幹線開業	東京オリンピック開催
1968(昭和 43)年	国鉄諮問委員会がローカル線に関する意見書を提出	
1969(昭和 44)年	日本国有鉄道の財政の再建に関する基本方針(閣議決定)	
1970(昭和 45)年		大阪府で日本万国博覧会開催
1975(昭和 50)年	日本国有鉄道再建対策要綱(閣議了解)	
1980(昭和 55)年	日本国有鉄道経営再建促進特別措置法(国鉄再建法)公布施行	
1981(昭和 56)年	国鉄特定地方交通線第 1 次線 40 線を選定	
1983(昭和 58)年	国鉄白糠線廃止(特定地方交通線転換第一号)	
1984(昭和 59)年	三陸鉄道開業(第三セクター鉄道第一号)	
1987(昭和 62)年	国鉄分割・民営化による JR 7 社の誕生	
1988(昭和 63)年	海峡線(青函トンネル)と本四備讃線(瀬戸大橋)の開業	
1990(平成 2)年	特定地方交通線 83 線全線の転換が完了	
1995(平成 7)年		阪神・淡路大震災
2011(平成 23)年		東日本大震災

●表面化した赤字ローカル線問題

労務政策で誕生した国鉄

第二次世界大戦の終結に伴い、ポツダム宣言を執行するために日本で占領政策を実施したGHQ（連合国軍最高司令官総司令部）は、当初、労働者の権利を尊重する労務政策をとりました。しかし、労働争議の過熱化で社会が混乱したため、国家公務員の争議行為を禁止することにしました。このとき、国営で行なっている事業のうち、国家の統治に直接関与しない事業は、その運営を政府組織から公共企業体または独立行政法人とよばれる特殊会社へ移行させ、そこで働く労働者（準公務員）には、一定の争議権を許容することで、国家統制と民主主義のバランスを図ることにしました。

こうしたGHQからの勧告に従い、鉄道省の直轄であった国有鉄道事業も、運輸省の外郭団体に移されることになり、1948（昭和23）年には日本国有鉄道法が公布され、翌1949（昭和24）年6月1日、日本国有鉄道（国鉄）が発足しました。

このように、労務政策のために国から切り離された国有鉄道事業でしたが、企業体になると同時に、事業収支がクローズアップされ、1948（昭和23）年度の約300億円の赤字が問題視されるようになりました。このため、国鉄は、早々に職員9万5千人の人員整理を実施したところ、これに労働組合が猛反発し、職場は、労働争議の主戦場と化しました。もともと、過剰な人員を抱えたのは、政府が国有鉄道を復員兵や海外からの引揚者の雇用の受け皿としたためで、組織が変わったことを契機に、国鉄の人員整理を一転して容認した政府の姿勢に問題がありました。

戦時中の酷使のおかげで満足に性能を発揮できない車両に加え、国策で買収した多くの不採算路線を抱えながら、前途多難なスタートを切った国鉄でしたが、1950(昭和25)年に勃発した朝鮮戦争による特需が経営の追い風となり、終戦からわずか10年で、国鉄の輸送水準は戦前並みに回復しました。

国鉄諮問委員会の提言と鉄建公団の創設

1954(昭和29)年からは、高度経済成長期を迎え、首都圏の通勤・通学路線や幹線では、増え続ける輸送需要に対応するための輸送力増強に追われました。その一方で、地方では、モータリゼーションの進展に伴い、鉄道の輸送シェアが減少しはじめました。さらに、高度経済成長期になると、人やモノが都市へと一極集中する流れが生まれ、相対的に地方の輸送需要そのものが減少する傾向が見えてきました。

こうした情勢を憂慮し、国鉄総裁の諮問機関である日本国有鉄道諮問委員会(国鉄諮問委員会)は、1960(昭和35)年の「国鉄の経営改善方法に関する意見書」のなかで、赤字ローカル線問題を取り上げ、次のような提言をしました。

・特別な運賃の設定
・路線の廃止

・新線建設の中止または国による建設費の補助および開業後の欠損補助

この提言により、国鉄は赤字ローカル線の一部に割増運賃制度を導入します。ところが、わずか1年後には、撤回に追い込まれました。また、既存路線の廃止や新線建設の中止については、「鉄道を敷けば一生当選間違いなし」と言われるほど政治家の利権に直結する問題であったため、国鉄以上に運輸省が及び腰にならざるを得ませんでした。

そもそも、独立採算制の国鉄を発足させながら、政治的な思惑を強く反映した改正鉄道敷設法に基づく予定線（→P69）の建設を、そのまま国鉄に負わせた国の政策に矛盾がありました。そこを指摘したのが、自民党議員を中心とした新線建設推進派の急先鋒であった田中角栄（当時は大蔵大臣）による、1962（昭和37）年開催の第34回鉄道建設審議会での発言です。

（発言要旨）

・採算の取れないところ（新線）に投資をしてはならないという考えは間違いで、鉄道敷設法は、そんな精神によって制定されたものではない。

・鉄道は、儲からなければならないものであり、儲かる事業であるならば、国がやる必要はなく、私鉄にやらせればよい。

・儲からないところでも、定時の運行をすることで経済発展を図るという立場でこそ、国有鉄道法の必要性が私はあると思う。

しかし、現実問題として、財政の悪化が進む国鉄が、自己負担によって新線建設を積極的に推進することは厳しい状況であったため、田中ら新線建設推進派の議員により、新線建設事業を国鉄から切り離すスキームが考え出されました。こうして、1964（昭和39）年に創設されたのが、日本鉄道建設公団（鉄建公団）です。ただし、「鉄建公団は運輸省の鉄道建設審議会の諮問に基づいて運輸大臣が指示する基本計画に従って新線の建設を行なう」とされたので、国鉄の関与なしに、政治主導で新線を建設できる仕組みをつくることが、鉄建公団創設の本当の目的でした。

当初の新線建設の基本計画には、改正鉄道敷設法の予定線のなかから、工事線62線、調査線3線が選ばれ、工事線は、地方開発線（A線）、地方幹線（B線）、主要幹線（C線）、大都市交通線（D線）、海峡連絡線（E線）、新幹線（G線）、民鉄線（P線）及び都市鉄道線の8つに区分されました。鉄建公団が建設費を一旦負担し、完成した鉄道施設を国鉄に有償貸与することで資金を回収するスキームとしたものの、計画段階から赤字が予想される地方開発線及び地方幹線（AB線）については、国鉄に無償で貸与または譲渡することになっていました。

そうしたなか、当時の新聞は、「これから鉄建公団が敷設する新線は採算割れが見込まれるものが多いと思われるので、国鉄へ無償

上越線（上越新幹線）の浦佐駅前に立つ、新潟県出身の田中角栄の等身大の立像。雪よけのためか、屋根が付いている。

貸与されても、結局は、鉄建公団が工事を促進すればするほど、国鉄にとっての大きな負担となりかねない」と警鐘を鳴らしていました。

赤字83線と実際に廃止された11路線

昭和30年代は、高度経済成長期ということもあり、国鉄の輸送需要は順調に伸びていました。ところが、１９６４（昭和39）年度に初めて赤字（単年度収支）を計上すると、走れば走るだけ赤字が増えるという状況になり、１９６６（昭和41）年度の決算では、繰越欠損金が発生する事態に陥りました。

道路整備よりも鉄道敷設を優先してきた明治政府以来の国内交通政策により、人の移動はもちろん、小荷物から郵便に至るまで、あらゆる輸送を託された国鉄は、国民にとって正にライフラインでした。しかし、それを維持するための旧態依然とした非効率的な輸送システムは、相応な要員を必要とし、過大な人件費が経営の大きな負担になっていました。

中央本線の辰野駅に停車中の石油輸送の貨物列車。2009（平成21）年に運行を終えたが、あらゆる輸送を国鉄が担っていた時代には、このような短い編成の貨物列車が、全国各地で運行していた。

そこで、国鉄の経営を抜本的に改善するためには、全般的な業務の効率化や要員の見直しが必要となりました。それにもかかわらず、こうした「合理化」は、国鉄内部で大きな問題に発展するために見逃され、矛先は、赤字ローカル線に向けられました。

その後、１９６８（昭和43）年9月には、国鉄諮問委員会が「『ローカル線の輸送をいかにするか』についての意見書」を提出し、そのなかで、次のような具体的な提言を行ないました。

1. 国鉄全線のうち、約１３４００キロメートルに対しては、その増強と近代化に努め、当分の間、鉄道網に組み入れた約４８００キロメートルについては、徹底的な合理化を行なう。

2. 残りの約２６００キロメートルについては、バス輸送に委ねることとするが、直ちに切り替えることが困難なものについては、採算可能な運賃の設定又は関係地方公共団体による損失の負担等の措置を取る。

3. 新線建設については、国鉄の要望する線区を除いて、すべてバス輸送に切り替えるべきである。そのためには、将来に向かって建設を取り止め、あるいは、すでに路盤工事等の進んでいるものについては、バス輸送にて適合するよう、計画を修正していく必要がある。

そして、聞こえの良い「１」に該当する路線名だけを列挙しましたが、「１」から漏れた路線（左ページの83路線）が「２」に該当することを暗示するのが真意でした。

国鉄諮問委員会から廃止を勧告された83路線

路線名	所在地	区間	現状
標津線	北海道	中標津～厚床	廃止
		標茶～根室標津	廃止
根北線	北海道	斜里～越川	廃止
白糠線	北海道	白糠～上茶路	廃止
札沼線	北海道	桑園～石狩沼田	廃止（新十津川～石狩沼田）
深名線	北海道	深川～名寄	廃止
興浜北線	北海道	浜頓別～北見枝幸	廃止
興浜南線	北海道	興部～雄武	廃止
美幸線	北海道	美深～仁宇布	廃止
渚滑線	北海道	渚滑～北見滝ノ上	廃止
湧網線	北海道	中湧別～網走	廃止
相生線	北海道	美幌～北見相生	廃止
岩内線	北海道	小沢～岩内	廃止
富内線	北海道	鵡川～日高町	廃止
江差線	北海道	木古内～江差	廃止
瀬棚線	北海道	国縫～瀬棚	廃止
気仙沼線	宮城県	気仙沼～本吉	JR 気仙沼線
		南気仙沼～気仙沼港	廃止
小本線	岩手県	茂市～浅内	廃止
八戸線	青森県、岩手県	鮫～久慈	JR 八戸線
大湊線	青森県	野辺地～大湊	JR 大湊線
大畑線	青森県	下北～大畑	下北交通→廃止
長井線	山形県	赤湯～荒砥	山形鉄道
阿仁合線	秋田県	鷹ノ巣～比立内	秋田内陸縦貫鉄道
黒石線	青森県	川部～黒石	弘南鉄道→廃止
矢島線	秋田県	羽後本荘～羽後矢島	由利高原鉄道
川俣線	福島県	松川～岩代川俣	廃止
会津線	福島県	西若松～会津滝ノ原	会津鉄道
		会津宮下～只見	JR 只見線
日中線	福島県	喜多方～熱塩	廃止
只見線	新潟県	小出～大白川	JR 只見線
赤谷線	新潟県	新発田～東赤谷	廃止
魚沼線	新潟県	来迎寺～西小千谷	廃止
弥彦線	新潟県	東三条～越後長沢	廃止
烏山線	栃木県	宝積寺～烏山	JR 烏山線
真岡線	茨城県、栃木県	下館～茂木	真岡鐵道
木原線	千葉県	大原～上総中野	いすみ鉄道
明知線	岐阜県	恵那～明知	明知鉄道
越美北線	福井県	南福井～勝原	JR 越美北線
越美南線	岐阜県	美濃太田～北濃	長良川鉄道
三国線	福井県	金津～芦原*1	廃止
能登線	石川県	穴水～蛸島	のと鉄道→廃止
三木線	兵庫県	厄神～三木	三木鉄道→廃止
北条線	兵庫県	粟生～北条町	北条鉄道

路線名	所在地	区間	現状
鍛冶屋線	兵庫県	野村～鍛冶屋	廃止
信楽線	滋賀県	貴生川～信楽	信楽高原鐵道
名松線	三重県	松阪～伊勢奥津	JR 名松線
参宮線	三重県	伊勢市～鳥羽	JR 参宮線
篠山線	兵庫県	篠山口～福住	廃止
若桜線	鳥取県	郡家～若桜	若桜鉄道
倉吉線	鳥取県	上井～山守	廃止
大社線	島根県	出雲市～大社	廃止
三江北線	島根県	石見江津～浜原	廃止
三江南線	広島県、島根県	三次～口羽	廃止
宇品線	広島県	広島～上大河	廃止
可部線	広島県	可部～加計	廃止*2
岩日線	山口県	川西～錦町	錦川鉄道
内子線	愛媛県	五郎～内子	一部廃止
宇和島線	愛媛県、高知県	北宇和島～江川崎	JR 予土線
鍛冶屋原線	徳島県	板野～鍛冶屋原	廃止
鳴門線	徳島県	池谷～鳴門	JR 鳴門線
牟岐線	徳島県	阿南～牟岐	JR 牟岐線
小松島線	徳島県	中田～小松島	廃止
中村線	高知県	窪川～土佐佐賀	土佐くろしお鉄道
室木線	福岡県	遠賀川～室木	廃止
香椎線	福岡県	香椎～宇美	JR 香椎線
勝田線	福岡県	吉塚～筑前勝田	廃止
佐賀線	佐賀県、福岡県	佐賀～瀬高	廃止
唐津線	佐賀県	山本～岸嶽	廃止
世知原線	長崎県	肥前吉井～世知原	廃止
臼ノ浦線	長崎県	佐々～臼ノ浦	廃止
添田線	福岡県	香春～添田	廃止
香月線	福岡県	中間～香月	廃止
幸袋線	福岡県	小竹～二瀬	廃止
		幸袋～伊岐須	廃止
宮原線	大分県、熊本県	恵良～肥後小国	廃止
日ノ影線	宮崎県	延岡～日ノ影	高千穂鉄道→廃止
細島線	宮崎県	日向市～細島	廃止
矢部線	福岡県	羽犬塚～黒木	廃止
湯前線	熊本県	人吉～湯前	くま川鉄道
高森線	熊本県	立野～高森	南阿蘇鉄道
山野線	熊本県、鹿児島県	水俣～栗野	廃止
宮之城線	鹿児島県	川内～薩摩大口	廃止
指宿枕崎線	鹿児島県	山川～枕崎	JR 指宿枕崎線
妻線	宮崎県	佐土原～杉安	廃止
日南線	宮崎県	南宮崎～志布志	JR 日南線
古江線	鹿児島県	志布志～海潟	廃止

＊1 芦原～三国港間は、1944年の営業休止後に復活することなく、廃止。

＊2 可部～あき亀山間は再開業。

国鉄諮問委員会の提言に応え、1969（昭和44）年9月に閣議決定された「日本国有鉄道の財政の再建に関する基本方針」には、「道路輸送への転換が適切な線区は、地域の実情について十分考慮のうえで、極力その転換を促進する」との文言が盛り込まれました。「適切な」「十分考慮」「極力」という言葉には、方針に対して消極的なニュアンスが感じられます。

この基本方針に則り、国鉄は、第一次再建計画（1969～1978年）を策定し、その一環として、国鉄諮問委員会から勧告された83路線の廃止（バス転換）に取り組むことになりました。ところが、対象となる路線の地元選出議員らの猛反発により、政府の支援は得られませんでした。

このため、法的措置という「最後の切り札」を与えられなかった国鉄が廃止を敢行するには、道路輸送への転換が適切で、地域の実情について十分考慮していることを丁寧に説明したうえで、利害関係者の合意を得ることが必須の条件でした。しかし、大部分のケースは、地元の国会議員、自治体、住民、企業が、そろって反発し、協議には一切応じないという結果でした。また、いくら国鉄の財政状況が逼迫していることを説明しても、並行して、赤字が想定される新線の建設が活発に行なわれていたのでは、説得力に欠けていました。

こうしたことから、国鉄との協議に応じたのは、比較的距離の短い路線か、すでに並行する道路に路線バスが運行していた路線くらいでした。たとえば、最初に協議が整った福岡県飯塚市を走る幸袋線の場合は、市内の交通ルートから外れている鉄道の存在がかえって市を分断して発展を妨げていると飯塚市が考えていたこともあり、沿線の住民や企業も、道路にした方が良いという意見が

赤字83線のなかで廃止された11路線

路線名	所在地	区間	営業キロ	廃止年月日	備考
幸袋線	福岡県	小竹～二瀬	7.6km	1969/12/8	幸袋～伊岐須間は貨物支線
		幸袋～伊岐須	2.5km		
根北線	北海道	斜里～越川	12.8km	1970/12/1	越川～根室標津間の予定線は未成
唐津線	佐賀県	山本～岸嶽	4.1km	1971/8/20	山本～岸嶽間は岸嶽支線（久保田～西唐津間は存続）
世知原線	長崎県	肥前吉井～世知原	6.7km	1971/12/26	
臼ノ浦線	長崎県	佐々～臼ノ浦	3.8km	1971/12/26	
鍛冶屋原線	徳島県	板野～鍛冶屋原	6.9km	1972/1/16	
篠山線	兵庫県	篠山口～福住	17.6km	1972/3/1	福住～園部間（予定線）は未着工
三国線	福井県	金津～三国港	9.7km	1972/3/1	芦原～三国港間は休止区間（1944～）
宇品線	広島県	広島～上大河	2.4km	1972/4/1	上大河～宇品間（3.5キロメートル）は1966年12月20日に廃止
川俣線	福島県	松川～岩代川俣	12.2km	1972/5/14	岩代川俣～浪江間の予定線は未着工
札沼線	北海道	新十津川～石狩沼田	34.9km	1972/6/19	桑園～新十津川間は存続

大半を占めたため、すんなり廃止が決定しています。

結局、この取り組みが中止に追い込まれる1972（昭和47）年7月までの間に、実際に廃止できたのは、上の表の11路線、121・2キロメートルに過ぎませんでした。

その一方で、この期間中に鉄建公団によって建設された新線の延長距離は214・2キロメートルに及び、そのうちの200・9キロメートルは、地方路線でした。

廃止された根北線の未成区間（越川以遠）に建設された橋梁。使用されることはなかったが、長さ147メートル、高さ21.7メートルの10連アーチ無筋コンクリート橋は、コンクリート鉄道橋としては北海道最大のもので、旧国鉄根北線越川橋梁として、国の登録有形文化財に指定されている。

篠山線の廃止に伴い、1972（昭和 47）年 2 月 29 日に運行した「篠山線お別れ列車」。

現在の札沼線の終点となっている新十津川駅。札沼線は、札幌寄りの桑園～北海道医療大学間が電化されていて、通勤・通学路線となっているが、それより先の区間の運転本数は少なく、2020 年 5 月の北海道医療大学～新十津川間の廃止が決定している。

日本列島改造論により転換された赤字ローカル線対策

かねてより鉄道による国土開発を主張し、鉄建公団の設立にも尽力した田中角栄は、1972（昭和47）年6月、「日本列島を高速道路・新幹線などの高速交通網で結び、地方の工業化を促進し、過疎と過密の問題と公害の問題を同時に解決する」ことを骨子とする『日本列島改造論』を著しました。そのなかで、国鉄が行なっていた不採算地方路線の廃止についても、次のように言及しています。

（要旨）

「国鉄の累積赤字は、1972年3月末で8100億円に達し、採算悪化の一因である地方の赤字線を撤去せよという議論が強まっているが、国鉄は、採算とは別に大きな使命を持っており、私企業と同じ物差しで国鉄の赤字を論じ、再建を語るべきではない。都市集中を認めてきた時代においては、赤字の地方線を撤去せよという議論は、一応、説得力があったが、工業再配置を通じて全国総合開発を行なう時代の地方鉄道については、新しい角度から改めて評価しなおすべきである。赤字線の撤去によって地域の産業が衰え、人口が都市に流出すれば、過密・過疎は一段と激しくなり、その鉄道の赤字額をはるかに超える国家的な損失を招く恐れがある。」

さらに、「地方線で生じる赤字は、国鉄の総赤字の約1割に過ぎない」ことを指摘し、国鉄の財政再建政策が的外れであることを暗に示唆しています。

そして、1972（昭和47）年7月に田中内閣が発足すると、『日本列島改造論』を実践するため、「工業再配置と交通・情報通信の全国的ネットワークの形成をテコにして、人とカネとモノの流れを巨大都市から地方に逆流させる地方分散を推進する」ことを政権公約に掲げたので、国鉄は、赤字ローカル線を廃止する取り組みを中止せざるを得ませんでした。その代わりに、1972（昭和47）年9月に開催された衆議院運輸委員会で、当時の磯崎叡《さとし》国鉄総裁は、次のように答弁しています。

（要旨）

「これから新しい都市をつくる、あるいは工業再配置をするということで、ローカル線が生きてくるケースがあるのならば、その限度において、ローカル線の建設、経営は大いにお引き受けするが、国鉄の経営の範囲外の問題として、別の形で処理していただきたい。」

1974（昭和49）年12月、週刊誌の記事が発端となった金脈問題により、田中政権は崩壊し、田中が政治の表舞台から去りました。それでも、赤字ローカル新線に対する基本方針は継続となります。ただし、田中が「赤字でもかまわない」と豪語した国鉄の経営については、修正を行ないました。すなわち、1975（昭和50）年12月に閣議決定された「日本国有鉄道再建対策要綱」では、「赤字ローカル線の運営は、地域住民の利便と自立経営上の負担の程度とを勘案しつつ、国の積極的な支援のもとに、国鉄の責任においてその取り扱いを検討する」としています。いかにも、役人が考えそうな難解な文章ですが、この「日本国有鉄道再建対策要綱」を受けて、地方鉄道の運営費用の一部を対象とする「地方交通線特別交付金」の制度がつくられ、初年度（1976年度）

は172億円が支給され、その後、年々増額されました。

一方、鉄建公団による新線建設は、引き続き活発に行なわれました。ただし、「地域の開発のため」という大義名分がなくなってからは、工事そのものが景気対策として目的化してしまい、地元の人ですら必要性に疑問を持つような新線建設工事が、全国各地で行なわれていました。こうした新線に対しては、国鉄総裁が完成後の受け取りを拒否した事例も発生しています。

鉄建公団によって建設が進められ、1975（昭和 50）年に完成したものの、開業には至らなかった福岡県の油須原線。写真は、長さ 202.6 メートルの彦山川橋梁。　写真提供：赤村

長さ 631 メートルの野原越トンネルなど、油須原線のレールが残る区間を保線用の軌道自転車で走るイベントとして、1996（平成 8）年に行なわれた「トロッコフェスタ in あかむら」のようす。　写真提供：赤村

2003（平成 15）年に、観光鉄道「赤村トロッコ油須原線」として復活した油須原線。野原越トンネル～平成筑豊鉄道赤駅間の 3.4 キロメートルを、月に 1 回、トロッコ列車が運行している。　写真提供：赤村

●国鉄再建法による特定地方交通線の廃止

国鉄再建に動いた運輸省

国鉄は、収益を改善するために、大幅な運賃の値上げを実施しました。ところが、毎年のように値上げが続いたため、私鉄のある首都圏などでは、国鉄離れが起きました。また、費用を節減するために業務の見直しを柱とする合理化を敢行しました。しかし、労働組合の闘争によって頻発するストライキや日々のダイヤ乱れが嫌われ、貨物輸送でも、鉄道離れが一気に加速しました。

このように、再建のための目玉対策が裏目に出てしまった結果、赤字ローカル線の廃止が再びクローズアップされ、1976（昭和51）年、運輸大臣の諮問機関である運輸政策審議会に、「国鉄地方交通線問題小委員会」が設置されました。そして同委員会は、1979（昭和54）年1月、「国鉄ローカル線問題について」と題した報告書を運輸大臣に提出しました。

報告書は、国鉄地方交通線に対する基本認識として、「国鉄経営上の負担を超えると認められる構造的欠損について、国民経済的観点を考慮して、公的助成を含む所要の対策を講ずる」としているので、すべての地方交通線の存続を前提としているように見えます。それでも実際には、地方交通線のなかで輸送密度が*一定基準以下の路線を「ローカル線」として分類し、さらに、ローカル線のなかでも、バス輸送の方が適切な路線は強制的にバス輸送に転換するという、厳しい内容でした。

（内容の一部を抜粋）

○ローカル線の範囲
とくに効率性が低く、国鉄の自立経営上の大きな負担となる路線として、次の基準に基づき、具体的に確定する。
・能率的経営によっても採算困難な輸送密度の少ない路線（輸送密度8000人／日を参考とする）
・特性分野以外の路線
○ローカル線の区分
バス輸送との経済比較による輸送密度等の基準に基づき、次のように区分する。
・鉄道輸送の方が経済的な路線
・バス輸送への転換が困難な路線
・バス輸送の方が適切な路線
○協議会
・原則として、関係都道府県の区域ごとに、国及び国鉄の関係出先機関、関係地方公共団体、その他の関係者による協議会を組織する。
・協議会においては、バス輸送か第三セクター等による鉄道存続かの選択を一定期間内に行なう。
・一定期間内に結論が得られなかったときは、国鉄は、その路線をバス輸送に転換する。
○国鉄新線

・上記ローカル線に準じた措置を講じる。
○法的措置
・対策に対して速やかにその実施が図られるような所要の立法上、行政上の措置が課せられる必要がある。

ここでは、運輸省が率先して赤字ローカル線対策に乗り出したところに大きな意味がありますが、裏を返せば、国家として放置できないほど、国鉄の赤字は深刻化していたのです。

＊輸送密度…営業キロ1キロメートル当たりの1日平均旅客輸送人員。

国鉄再建法が成立するまで

運輸省が作成したローカル線対策の基本骨子を受け、国鉄は、1979年（昭和54）年7月に、この指針を柱とする「国鉄再建の基本構想案」を運輸省に提出しました。そのなかで、「1985年度までに輸送密度2000人／日未満の路線はバス転換とする」としました。なぜ国鉄が基準を「2000人／日未満」としたのかは公表されていませんが、1960年代以降に進行した軽便鉄道の廃止など、地方私鉄の廃止時の輸送密度を参考にしながら、運輸省と事前調整を図った結果だと思われます。

政府は、国鉄が提出した基本構想案をそのまま受け入れ、11月には閣議決定し、今回は法的措置を含む内容であったため、国会に関連法案を提出し、法制化する運びとなりました。本法案は、

「日本国有鉄道経営再建促進特別措置法」を略して「国鉄再建法」と名づけられ、ローカル線のなかで、「バス輸送の方が適切な路線」を「特定地方交通線」と命名し、その選定基準については、輸送密度2000人／日未満という国鉄の基本構想案を使わず、「特定地方交通線の選定基準を政令に委ねる」としました。これは、具体的な数字を出すと対象路線が特定されてしまうことを嫌ったこともあるのでしょうが、政府が国鉄の基準では物足りないと考え、新たな基準を模索していた節があります。

一方で、運輸政策審議会が「一定期間内に結論が得られなかったときは、国鉄は、その路線をバス輸送に転換する」と提言した部分については、「特定地方交通線対策協議会での協議期間は2年間」と、具体的な数字を明示しました。また、本法案は、バス転換を円滑に推進するための国からの財政助成措置についても規定していますが、バス転換のほかにも、国鉄以外の鉄道（公営、私鉄、第三セクター）への転換も対象としています。

内容を簡単に説明すると、転換時の「転換交付金」と転換後の「赤字補塡」の二本立てになっています。このうち、営業キロ1キロメートル当たり3000万円（公共地方新線の場合は1000万円）を上限とする転換交付金は、バス転換も鉄道転換も同じですが、転換後5年間を期限とする赤字補塡については、バス転換の場合は欠損の100パーセントを補助するのに対して、鉄道転換では50パーセントとしています。これは、鉄道転換の場合は、線路、車両、駅などの運営に不可欠な施設を国鉄から無償貸与・譲渡される点を考慮したためだと思われます。

本法案は、自民党内の政調審議会と総務会での審議を経て、政府により、第91回国会に提出されました。ところが、大平内閣不信任案成立に伴い廃案となり、第92回特別国会に再提出されたものの、日程の都合によって継続審議とされ、第93回臨時国会で実質的な審議が行なわれることになりました。

そこで野党側は、「特定地方交通線のような線区こそ国鉄が維持すべきであり、廃止は公共性の放棄ではないか」「国鉄全体の赤字の1割強に過ぎない特定地方交通線の廃止よりも、赤字の絶対額が多い幹線もしくは貨物部門の経営改革が先ではないか」と質問しています。それに対して政府側は、「今回の地方交通線対策は、地域の足を奪うのではなく、バスへの転換によって公共交通の効率化を図り、むしろその長期間維持を目的としている」「地方交通線は、輸送量の低落によって鉄道の特性を失っている状況にあり、経営努力の限界を超えている」などと答弁しました。

法案内容の審議では、特定地方交通線の選定基準を政令に委ねるとしたところと、協議期間を2年間としたところが最大の争点となりました。結局は、与党側が数で押し切り、1980（昭和55）年11月28日の衆議院本会議において可決・成立し、国鉄再建法は、同年12月27日に公布され、施行されました。

国鉄再建法施行令の制定とその内容

国鉄再建法の成立を受け、1981（昭和56）年3月11日、政令「日本国有鉄道経営再建促進特

別措置法施行令（国鉄再建法施行令）」が制定されました。政令は、「ローカル線」をあらためて「地方交通線」としたうえで、国鉄全路線を幹線と地方交通線の2種類に区分し、その分界点を、1979（昭和54）年に運輸省が作成したローカル線対策の基本骨子を踏襲して、旅客輸送密度8000人／日としました。

余談ですが、国鉄全路線を幹線と地方交通線の2種類に区分する目的は、それまで全線一律であった運賃制度を改め、幹線より割高な（概ね1割増）地方交通線用の運賃を設定することでした。この二重運賃制度は、国鉄からJR各社に引き継がれ、今日でも、市販の時刻表の索引地図では、幹線が黒線、地方交通線が青線で描かれています。ただし、1981（昭和56）年の制度開始以降、原則として改訂が行なわれていないため、たとえば、秋田新幹線の「こまち号」が頻繁に往来する田沢湖線（盛岡～大曲間）が地方交通線で、逆に、貨物輸送のなくなった美祢線（厚狭～長門市間）が幹線となっているなど、制度が実態に即していないとの指摘もあります。

なお、JR北海道と本州3社は、国鉄時代と同じく、地方交通線用の対キロ運賃制を採用していますが、JR四国とJR九州は、擬制キロ運賃制を採用しています。対キロ運賃制とは、キロ当たりの賃率に乗車区間の営業キロを乗じて運賃を算出する方法です。擬制キロ運賃制とは、実際の営業キロに1・1を乗じて対キロ運賃を算出する方法です。

ここで、これまでの経緯をおさらいすると、運輸省が作成したローカル線対策の基本骨子は、ローカル線を「鉄道輸送の方が経済的な路線」「バス輸送への転換が困難な路線」「バス輸送の方が適切な路線」の３つに分類しましたが（↓P121）、今回の法令は、基本的にこの部分も踏襲しているため、地方交通線のうち、バス輸送の方が適切な路線が特定地方交通線となります。

国鉄再建法で「特定地方交通線の選定基準を政令に委ねる」とされた特定地方交通線の範囲については、政令では、非常に難解な表現をしています。まず、特定地方交通線の定義では、「バス輸送の方が適切な路線」という平易な表現ではなく、「幹線鉄道網を形成する営業線として政令で定める基準に該当するものを除いて、その運営改善のための適切な措置を講じたとしても、なお収支の均衡を確保することが困難であるもの」としています。従って、政令で定める基準に該当しない路線が特定地方交通線ということになりますが、「政令で定める基準」は、次のとおりです。

1. １９８０年3月末現在で、人口10万人以上の都市（主要都市）を相互に連絡し、旅客営業キロが30キロメートルを超え、すべての隣接駅間の旅客輸送密度（1キロメートル当たりの輸送人員の１９７７～１９７９年度の３年間の平均）が４０００人／日以上である区間を有する線
2. １の条件にあてはまる営業線と主要都市とを相互に連絡し、旅客営業キロが30キロメートルを超えるか、すべての隣接駅間の旅客輸送密度が４０００人／日以上である区間を有する線
3. 旅客輸送密度が８０００人／日以上である線
4. 貨物輸送密度（1キロメートル当たりの輸送貨物トン数の１９７７～１９７９年度の３年間の平均）が４０００トン／日以上である線

これを大まかにとらえると、特定地方交通線の範囲は、旅客輸送密度が４０００人／日未満の路

・線となります（ただし、貨物輸送密度が4000トン／日以上ある場合は除外）。選定基準を2000人／日未満とした国鉄の基本構想案より4000人／日未満と拡大した根拠は明らかにされていませんが、おそらく、実態として廃止すべきでない路線が輸送密度4000人／日台にあったのではないでしょうか。

また、速やかに廃止すべきとされた特定地方交通線は、一斉に廃止・転換作業を進めると、国鉄サイドと行政サイドの双方の業務が煩雑化するため、選定基準を設けることにより、対象路線を3つにグループ分けし、廃止申請・承認時期を、次の三次に分散することにしました。

第一次選定基準
・営業キロ30キロメートル以下の行き止まり線で、輸送密度2000人／日未満の路線
・営業キロ50キロメートル以下で、輸送密度が500人／日未満の路線

第二次選定基準
・輸送密度2000人／日未満の路線

第三次選定基準
・輸送密度4000人／日未満の路線

廃止・転換対象路線の選定

前述のとおり、国鉄再建法は、輸送密度8000人／日以下の路線を地方交通線とし（↓P125）、そのなかで、輸送密度4000人／日未満の特定地方交通線を廃止・転換対象としました（↓P126）。

一方で、地方交通線のなかでも、輸送密度4000人／日以上の41路線（左ページの表）は、廃止・転換の対象になりませんでした。

さらに、輸送密度4000人／日未満の路線のなかにも、現実的にバス輸送への転換が困難もしくは転換することが適当ではない路線が存在すると考えられたため、次の4つの条件に1つでも該当すれば、対象から除外することにしました。

・ピーク時の乗客が一方向1時間1000人以上
・代替輸送道路が未整備
・代替輸送道路が積雪のため年間10日以上通行不能
・輸送密度1000人／日以上でかつ一人平均乗車キロが30キロメートル以上

この条件に該当して、廃止・転換の対象から除外された路線は、130ページ下の表のとおりです。

政治家や行政の介入によって頓挫した1969（昭和44）年の失敗（↓P114）を教訓に、今回は、

伊勢線の廃止・転換で誕生した伊勢鉄道を走る「(ワイドビュー）南紀」。伊勢鉄道を経由することで、亀山経由よりも9キロメートルの距離短縮となるので、いまでは、JR の特急列車のほかにも、名古屋と鳥羽などを結ぶ快速「みえ」も走る。

廃止・転換の対象にならなかった41の地方交通線

路線名	所在地	区間	現状
男鹿線	秋田県	追分～男鹿	JR男鹿線
田沢湖線	秋田県、岩手県	大曲～盛岡	JR田沢湖線
陸羽東線	宮城県、山形県	小牛田～新庄	JR陸羽東線
石巻線	宮城県	小牛田～女川	JR石巻線
左沢線	山形県	北山形～左沢	JR左沢線
越後線	新潟県	柏崎～新潟	JR越後線
弥彦線	新潟県	弥彦～越後長沢	JR弥彦線＊1
吾妻線	群馬県	渋川～大前	JR吾妻線
八高線	東京都、埼玉県、群馬県	八王子～倉賀野	JR八高線
日光線	栃木県	宇都宮～日光	JR日光線
鹿島線	千葉県、茨城県	香取～北鹿島	JR鹿島線
久留里線	千葉県	木更津～上総亀山	JR久留里線
東金線	千葉県	大網～成東	JR東金線
身延線	山梨県、静岡県	甲府～富士	JR身延線
飯田線	愛知県、静岡県、長野県	豊橋～辰野	JR飯田線
武豊線	愛知県	大府～武豊	JR武豊線
太多線	岐阜県	多治見～美濃太田	JR太多線
高山本線	岐阜県、富山県	岐阜～富山	JR高山本線
大糸線	長野県、新潟県	松本～糸魚川	JR大糸線
七尾線	石川県	津幡～輪島	JR七尾線・のと鉄道＊2
富山港線	富山県	富山～岩瀬浜	富山ライトレール
城端線	富山県	高岡～城端	JR城端線
氷見線	富山県	高岡～氷見	JR氷見線
桜井線	奈良県	奈良～高田	JR桜井線
和歌山線	奈良県、和歌山県	王寺～和歌山	JR和歌山線
播但線	兵庫県	和田山～姫路	JR播但線
加古川線	兵庫県	加古川～谷川	JR加古川線
舞鶴線	京都府	東舞鶴～綾部	JR舞鶴線
赤穂線	兵庫県、岡山県	相生～東岡山	JR赤穂線
津山線	岡山県	津山～岡山	JR津山線
吉備線	岡山県	岡山～総社	JR吉備線
岩徳線	山口県	岩国～櫛ケ浜	JR岩徳線
鳴門線	徳島県	池谷～鳴門	JR鳴門線
徳島本線	徳島県	佃～佐古	JR徳島線
牟岐線	徳島県	徳島～海部	JR牟岐線
内子線	愛媛県	五郎～内子	JR内子線
筑豊本線	福岡県	若松～原田	JR筑豊本線
久大本線	福岡県、大分県	久留米～大分	JR久大本線
豊肥本線	大分県、熊本県	大分～熊本	JR豊肥本線
大村線	長崎県	早岐～諫早	JR大村線
指宿枕崎線	鹿児島県	西鹿児島～枕崎	JR指宿枕崎線

※区間は、1981（昭和56）年当時のもの。

＊1 東三条～越後長沢間は、1985（昭和60）年に廃止。

＊2 穴水～輪島間は、2001（平成13）年に廃止。

選定にあたり、輸送密度という硬直的な数値基準を厳格に適用しました。その結果、いくつか実態に沿わない事象が出現したものの、再び政治家や行政に付け入る隙を与えないためにも、1つの例外もつくらず、こうした事象には目をつぶることにしました。その最たるものとして、輸送密度の算出を「独立した路線名」単位で行なったことによる弊害があげられます。

たとえば、名古屋と紀伊半島を結ぶメインルートの一部である伊勢線（河原田～津間）は、輸送密度に自線内を通過する特急列車がカウントされないため、廃止・転換の対象になってしまいました。その結果、鉄道転換となり、第三セクターの伊勢鉄道となりましたが、仮にバ

条件に該当することで廃止・転換の対象から除外された路線

除外項目	選定基準	路線名（所在地）
ピーク時の乗客が一方向1時間1000人以上	第一次	
	第二次	飯山線（長野県、新潟県）
	第三次	宗谷本線（北海道）、石北本線（北海道）、富良野線（北海道）、札沼線（北海道）、江差線（北海道）、津軽線（青森県）、八戸線（青森県、岩手県）、五能線（秋田県、青森県）、米坂線（山形県、新潟県）、磐越東線（福島県）、烏山線（栃木県）、水郡線（茨城県、福島県）、小海線（山梨県、長野県）、参宮線（三重県）、姫新線（兵庫県、岡山県）、因美線（鳥取県、岡山県）、境線（鳥取県）、 福塩線（広島県）、芸備線（岡山県、広島県）、可部線（広島県）、山口線（山口県、島根県）、小野田線（山口県）、香椎線（福岡県）、唐津線（佐賀県）、後藤寺線（福岡県）、日田彦山線（福岡県、大分県）、三角線（熊本県）
代替輸送道路が未整備	第一次	深名線（北海道）
	第二次	岩泉線（岩手県）、名松線（三重県）、木次線（島根県、広島県）、三江線（島根県、広島県）、予土線（高知県、愛媛県）
	第三次	山田線（岩手県）、日南線（宮崎県、鹿児島県）、肥薩線（熊本県、宮崎県、鹿児島県）
代替輸送道路が積雪のため年間10日以上通行不能	第一次	
	第二次	只見線（福島県、新潟県）、越美北線（福井県）
	第三次	
輸送密度1000人／日以上でかつ1人平均乗車キロが30キロメートル以上	第一次	
	第二次	釧網本線（北海道）、留萌本線（北海道）、日高本線（北海道）、大湊線（青森県）、気仙沼線（宮城県）
	第三次	花輪線（岩手県、秋田県）、釜石線（岩手県）、北上線（岩手県、秋田県）、大船渡線（岩手県、宮城県）、陸羽西線（山形県）、小浜線（福井県、京都府）、吉都線（鹿児島県、宮崎県）

※選定基準は、P127を参照。

ス転換したとするならば、特急「（ワイドビュー）南紀」のルートはどうなっていたでしょうか。

また、高知県の中村線のケースでは、窪川〜若井（川奥信号場）間を予土線と共用しているため、もし中村線がバス転換されれば、予土線の起点駅が名実ともに若井になり、窪川〜若井間は鉄道空白区間となるところでした。

これとは逆のケースとして、函館本線の上砂川支線は、同じく砂川駅から分岐していて廃止対象となった歌志内線よりも営業成績が悪かったにもかかわらず、独立した路線名を持たなかったために函館本線のトータルの輸送密度が適用され、廃止対象にはなりませんでした。ただし、相模線の寒川支線（寒川〜西寒川

土佐くろしお鉄道（かつての中村線）の気動車（左）と、土佐くろしお鉄道への直通運転を行なっている JR 四国の特急「あしずり」（右）。

1960（昭和 35）年の開業間もないころの相模線寒川支線の終点の西寒川駅。周辺の工場への通勤の足となったが、1984（昭和 59）年に廃止となった。

撮影：高澤一昭／写真提供：寒川文書館

間）や弥彦線の長沢支線（東三条～越後長沢間）が同時期に廃止されているので、地域により、取り扱いにバラツキがあったのかもしれません。

さらに、今回の選定にあたっては、輸送密度という実績だけに焦点を当て、その路線が持つ将来性などを一切考慮しなかったことも特徴的でした。たとえば、東海道本線の貨物輸送を救済するための主要幹線（C線／➡P110）として建設され、その一部区間を暫定的に開業していた岡多線（岡崎～新豊田間）は、鉄道貨物輸送の衰退により、新豊田から先の工事が凍結され、廃止対象となりました。ところが、実際には新豊田～高蔵寺間の工事はほぼ完了しており、廃止の翌日から愛知環状鉄道が岡崎～高蔵寺間で運行を開始していることを考えると、もしかしたら、貨物輸送主体の路線から都市近郊路線に発展した武蔵野線（鶴見～府中本町～西船橋間など）のような展開になったのではと思ってしまいます。

1988（昭和63）年に開業した愛知環状鉄道。沿線の開発が進み、旅客需要が増えたため、所要時間の短縮、輸送力増強、旅客の利便性向上を目的に、一部区間の複線化と行違い設備の新設など、高速化事業工事を行なった。

着実に実行された83路線の廃止

前述の次第により（→P128）、左下の表のとおり、83路線が選定されました。その数は、偶然にも、1968（昭和43）年に国鉄諮問委員会が提示した数と同じになりました。廃止延長キロは3157・2キロメートルに及び、当時の国鉄総延長キロの約14パーセントに当たりました。

これら83路線の廃止・転換は、乗車運動などによって廃止に抵抗する動きも一部でありましたが、政府を後ろ盾にした運輸省と国鉄のかたくなな姿勢により、予定どおり実行されました。そして、1983（昭和58）年10月22日の白糠線から始まり、1990（平成2）年3月31日の宮津線、鍛冶屋線、大社線で終結しました。このときに廃止・転換された83路線は、134～136ページのとおりです。

なお、ここに掲載した輸送密度は、1977～1979（昭和52～54）年度の平均で、開業年月日は、部分開業の年月日の場合もあります。また、区間には、旅客営業の区間を示し、廃止年月日は、最終運行日を記しました。

選定された路線の数と延長キロ

選定基準	廃止承認時期	路線数	延長キロ	平均キロ
第一次	1981（昭和 56）年	40	729.1km	18.2km
第二次	1984（昭和 59）～1985（昭和 60）年	31	2,089.2km	67.4km
第三次	1986（昭和 61）～1987（昭和 62）年	12	338.9km	28.2km
合　計		83	3,157.2km	38.0km

1990（平成2）年に廃止された大社線の大社駅。出雲大社参詣の表玄関として1924（大正13）年に建てられた駅舎は、旧大社駅本屋として、国の重要文化財に指定されている。

廃止・転換された 83 路線（第一次選定基準の 40 路線）

路線名	所在地	区間	営業キロ	輸送密度	開業年月日	廃止年月日	転換先
白糠線	北海道	白糠～北進	33.1km	123 人 / 日	1964/10/7	1983/10/22	バス
興浜北線	北海道	浜頓別～北見枝幸	30.4km	190 人 / 日	1936/7/10	1985/6/30	バス
興浜南線	北海道	興部～雄武	19.9km	347 人 / 日	1935/9/15	1985/7/14	バス
美幸線	北海道	美深～仁宇布	21.2km	82 人 / 日	1964/10/5	1985/9/16	バス
相生線	北海道	美幌～北見相生	36.8km	411 人 / 日	1924/11/17	1985/3/31	バス
渚滑線	北海道	渚滑～北見滝ノ上	34.3km	398 人 / 日	1923/11/5	1985/3/31	バス
万字線	北海道	志文～万字炭山	23.8km	346 人 / 日	1914/11/11	1985/3/31	バス
岩内線	北海道	小沢～岩内	14.9km	853 人 / 日	1912/11/1	1985/6/30	バス
大畑線	青森県	下北～大畑	18.0km	1524 人 / 日	1939/12/6	1985/6/30	下北交通
黒石線	青森県	川部～黒石	6.6km	1904 人 / 日	1912/8/15	1984/10/31	弘南鉄道
角館線	秋田県	角館～松葉	19.2km	284 人 / 日	1970/11/1	1986/10/31	秋田内陸縦貫鉄道
矢島線	秋田県	羽後本荘～羽後矢島	23.0km	1876 人 / 日	1922/8/1	1985/9/30	由利高原鉄道
久慈線	岩手県	久慈～普代	26.1km	762 人 / 日	1975/7/20	1984/3/31	三陸鉄道
宮古線	岩手県	宮古～田老	12.8km	605 人 / 日	1972/2/27	1984/3/31	三陸鉄道
盛線	岩手県	盛～吉浜	21.5km	971 人 / 日	1970/3/1	1984/3/31	三陸鉄道
丸森線	宮城県	槻木～丸森	17.4km	1082 人 / 日	1968/4/1	1986/6/30	阿武隈急行
日中線	福島県	喜多方～熱塩	11.6km	260 人 / 日	1938/8/18	1984/3/31	バス
木原線	千葉県	大原～上総中野	26.9km	1815 人 / 日	1930/4/1	1988/3/23	いすみ鉄道
赤谷線	新潟県	新発田～東赤谷	18.9km	850 人 / 日	1925/11/20	1984/3/31	バス
魚沼線	新潟県	来迎寺～西小千谷	12.6km	382 人 / 日	1911/9/14	1984/3/31	バス
清水港線	静岡県	清水～三保	8.3km	783 人 / 日	1944/12/1	1984/3/31	バス
神岡線	岐阜県、富山県	猪谷～神岡	20.3km	445 人 / 日	1966/10/6	1984/9/30	神岡鉄道
樽見線	岐阜県	大垣～美濃神海	24.0km	951 人 / 日	1956/3/20	1984/10/5	樽見鉄道
明知線	岐阜県	恵那～明知	25.2km	1623 人 / 日	1933/5/24	1985/11/15	明知鉄道
信楽線	滋賀県	貴生川～信楽	14.8km	1574 人 / 日	1933/5/8	1987/7/12	信楽高原鐵道
高砂線	兵庫県	加古川～高砂	6.3km	1536 人 / 日	1913/12/1	1984/11/30	バス
北条線	兵庫県	粟生～北条町	13.8km	1609 人 / 日	1915/3/3	1985/3/31	北条鉄道
三木線	兵庫県	厄神～三木	6.8km	1384 人 / 日	1916/11/22	1985/3/31	三木鉄道
倉吉線	鳥取県	倉吉～山守	20.0km	1085 人 / 日	1912/6/1	1985/3/31	バス
若桜線	鳥取県	郡家～若桜	19.2km	1558 人 / 日	1930/1/20	1987/10/13	若桜鉄道
小松島線	徳島県	中田～小松島	1.9km	1587 人 / 日	1913/4/20	1985/3/13	バス
香月線	福岡県	中間～香月	3.5km	1293 人 / 日	1911/10/1	1985/3/31	バス
勝田線	福岡県	吉塚～筑前勝田	13.8km	840 人 / 日	1919/5/20	1985/3/31	バス
添田線	福岡県	香春～添田	12.1km	212 人 / 日	1915/4/1	1985/3/31	バス
室木線	福岡県	遠賀川～室木	11.2km	607 人 / 日	1908/7/1	1985/3/31	バス
甘木線	佐賀県、福岡県	基山～甘木	14.0km	653 人 / 日	1939/4/28	1986/3/31	甘木鉄道
矢部線	福岡県	羽犬塚～黒木	19.7km	1157 人 / 日	1945/12/26	1985/3/31	バス
宮原線	大分県、熊本県	恵良～肥後小国	26.6km	164 人 / 日	1937/6/27	1984/11/30	バス
高森線	熊本県	立野～高森	17.7km	1093 人 / 日	1928/2/12	1986/3/31	南阿蘇鉄道
妻線	宮崎県	佐土原～杉安	19.3km	1217 人 / 日	1914/6/1	1984/11/30	バス

廃止・転換された83路線（第二次選定基準の31路線）

路線名	所在地	区間	営業キロ	輸送密度	開業年月日	廃止年月日	転換先
天北線	北海道	音威子府～南稚内	148.9km	600人/日	1914/11/7	1989/4/30	バス
羽幌線	北海道	留萌～幌延	141.1km	789人/日	1927/10/25	1987/3/29	バス
名寄本線	北海道	名寄～遠軽 中湧別～湧別	143.0km	894人/日	1915/11/1	1989/4/30	バス
湧網線	北海道	中湧別～網走	89.8km	267人/日	1935/10/10	1987/3/19	バス
標津線	北海道	中標津～厚床 標茶～根室標津	116.9km	590人/日	1933/12/1	1989/4/29	バス
池北線	北海道	池田～北見	140.0km	943人/日	1910/9/22	1989/6/3	北海道ちほく高原鉄道
士幌線	北海道	帯広～十勝三股	78.3km	493人/日	1925/12/10	1987/3/22	バス
広尾線	北海道	帯広～広尾	84.0km	1098人/日	1929/11/2	1987/2/1	バス
富内線	北海道	鵡川～日高町	82.5km	378人/日	1922/7/24	1986/10/31	バス
歌志内線	北海道	砂川～歌志内	14.5km	1002人/日	1891/7/5	1988/4/24	バス
幌内線	北海道	岩見沢～幾春別	18.1km	1090人/日	1882/11/13	1987/7/12	バス
胆振線	北海道	伊達紋別～倶知安	83.0km	508人/日	1919/11/15	1986/10/31	バス
瀬棚線	北海道	国縫～瀬棚	48.4km	813人/日	1929/12/13	1987/3/15	バス
松前線	北海道	木古内～松前	50.8km	1398人/日	1937/10/12	1988/1/31	バス
阿仁合線	秋田県	鷹ノ巣～比立内	46.1km	1524人/日	1934/12/10	1986/10/31	秋田内陸縦貫鉄道
会津線	福島県	西若松～会津滝ノ原	57.4km	1333人/日	1927/11/1	1987/7/15	会津鉄道
真岡線	茨城県、栃木県	下館～茂木	42.0km	1620人/日	1912/4/1	1988/4/10	真岡鐵道
足尾線	群馬県、栃木県	桐生～間藤	44.1km	1315人/日	1911/4/15	1989/3/28	わたらせ渓谷鐵道
二俣線	静岡県	掛川～新所原	67.9km	1518人/日	1935/4/17	1987/3/14	天竜浜名湖鉄道
伊勢線	三重県	河原田～津	22.3km	1508人/日	1973/9/1	1987/3/26	伊勢鉄道
越美南線	岐阜県	美濃太田～北濃	72.2km	1392人/日	1923/10/5	1986/12/10	長良川鉄道
岩日線	山口県	川西～錦町	32.7km	1420人/日	1960/11/1	1987/7/24	錦川鉄道
漆生線	福岡県	下鴨生～下山田	7.9km	492人/日	1920/5/10	1986/3/31	バス
上山田線	福岡県	飯塚～豊前川崎	25.9km	1056人/日	1895/4/5	1988/8/31	バス
佐賀線	佐賀県、福岡県	佐賀～瀬高	24.1km	1796人/日	1931/9/24	1987/3/27	バス
松浦線	長崎県	有田～佐世保	93.9km	1741人/日	1898/8/7	1988/3/31	松浦鉄道
山野線	熊本県、鹿児島県	水俣～栗野	55.7km	994人/日	1921/9/11	1988/1/31	バス
宮之城線	鹿児島県	川内～薩摩大口	66.1km	843人/日	1924/10/20	1987/1/9	バス
高千穂線	宮崎県	延岡～高千穂	50.1km	1350人/日	1935/2/20	1989/4/27	高千穂鉄道
志布志線	宮崎県、鹿児島県	西都城～志布志	38.6km	1616人/日	1923/1/14	1987/3/27	バス
大隅線	鹿児島県	志布志～国分	98.3km	1108人/日	1915/7/11	1987/3/13	バス

旧筑後川橋梁として国の重要文化財に指定されている、佐賀線の筑後川昇開橋（長さ507.2メートル）。大型の船が下を通過できるように、橋桁が上昇する仕組みになっていた。

写真提供：公益財団法人筑後川昇開橋観光財団

廃止・転換された 83 路線（第三次選定基準の 12 路線）

路線名	所在地	区間	営業キロ	輸送密度	開業年月日	廃止年月日	転換先
長井線	山形県	赤湯〜荒砥	30.6km	2151 人 / 日	1913/10/26	1988/10/24	山形鉄道
岡多線	愛知県	岡崎〜新豊田	19.5km	2757 人 / 日	1976/4/26	1988/1/30	愛知環状鉄道
能登線	石川県	穴水〜蛸島	61.1km	2045 人 / 日	1959/6/15	1988/3/24	のと鉄道
宮津線	京都府、兵庫県	西舞鶴〜豊岡	84.0km	3120 人 / 日	1924/4/12	1990/3/31	北近畿タンゴ鉄道
鍛冶屋線	兵庫県	野村〜鍛冶屋	13.2km	1961 人 / 日	1913/8/10	1990/3/31	バス
大社線	島根県	出雲市〜大社	7.5km	2661 人 / 日	1912/6/1	1990/3/31	バス
中村線	高知県	窪川〜中村	43.4km	2289 人 / 日	1963/12/18	1988/3/31	土佐くろしお鉄道
伊田線	福岡県	直方〜田川伊田	16.2km	2871 人 / 日	1893/2/11	1989/9/30	平成筑豊鉄道
糸田線	福岡県	金田〜田川後藤寺	6.9km	1488 人 / 日	1897/10/20	1989/9/30	平成筑豊鉄道
田川線	福岡県	行橋〜田川伊田	26.3km	2132 人 / 日	1895/8/15	1989/9/30	平成筑豊鉄道
宮田線	福岡県	勝野〜筑前宮田	5.3km	1559 人 / 日	1912/7/21	1989/12/22	バス
湯前線	熊本県	人吉〜湯前	24.9km	3292 人 / 日	1924/3/30	1989/9/30	くま川鉄道

第一次選定基準の路線として、1985（昭和 60）年に廃止された興浜北線の北見枝幸駅。列車は、郵便物の輸送も行なっていたため、到着後、ホーム上の郵便車に郵便物が移されている。

名寄本線の紋別駅。構内には貨車があり、貨物列車を牽引するディーゼル機関車が、普通列車のディーゼルカーとともに停車している。

廃止・転換された83路線を掲載した路線図

番号	路線名	番号	路線名	番号	路線名
①	天北線	⑳	岩内線	㊴	魚沼線
②	興浜北線	㉑	瀬棚線	㊵	神岡線
③	興浜南線	㉒	松前線	㊶	能登線
④	羽幌線	㉓	大畑線	㊷	清水港線
⑤	美幸線	㉔	黒石線	㊸	二俣線
⑥	名寄本線	㉕	久慈線	㊹	岡多線
⑦	渚滑線	㉖	宮古線	㊺	明知線
⑧	湧網線	㉗	盛線	㊻	越美南線
⑨	相生線	㉘	阿仁合線	㊼	樽見線
⑩	標津線	㉙	角館線	㊽	伊勢線
⑪	白糠線	㉚	矢島線	㊾	信楽線
⑫	池北線	㉛	丸森線	㊿	宮津線
⑬	士幌線	㉜	長井線	51	高砂線
⑭	広尾線	㉝	日中線	52	三木線
⑮	歌志内線	㉞	会津線	53	北条線
⑯	幌内線	㉟	真岡線	54	鍛冶屋線
⑰	万字線	㊱	足尾線	55	若桜線
⑱	富内線	㊲	木原線	56	倉吉線
⑲	胆振線	㊳	赤谷線	57	大社線

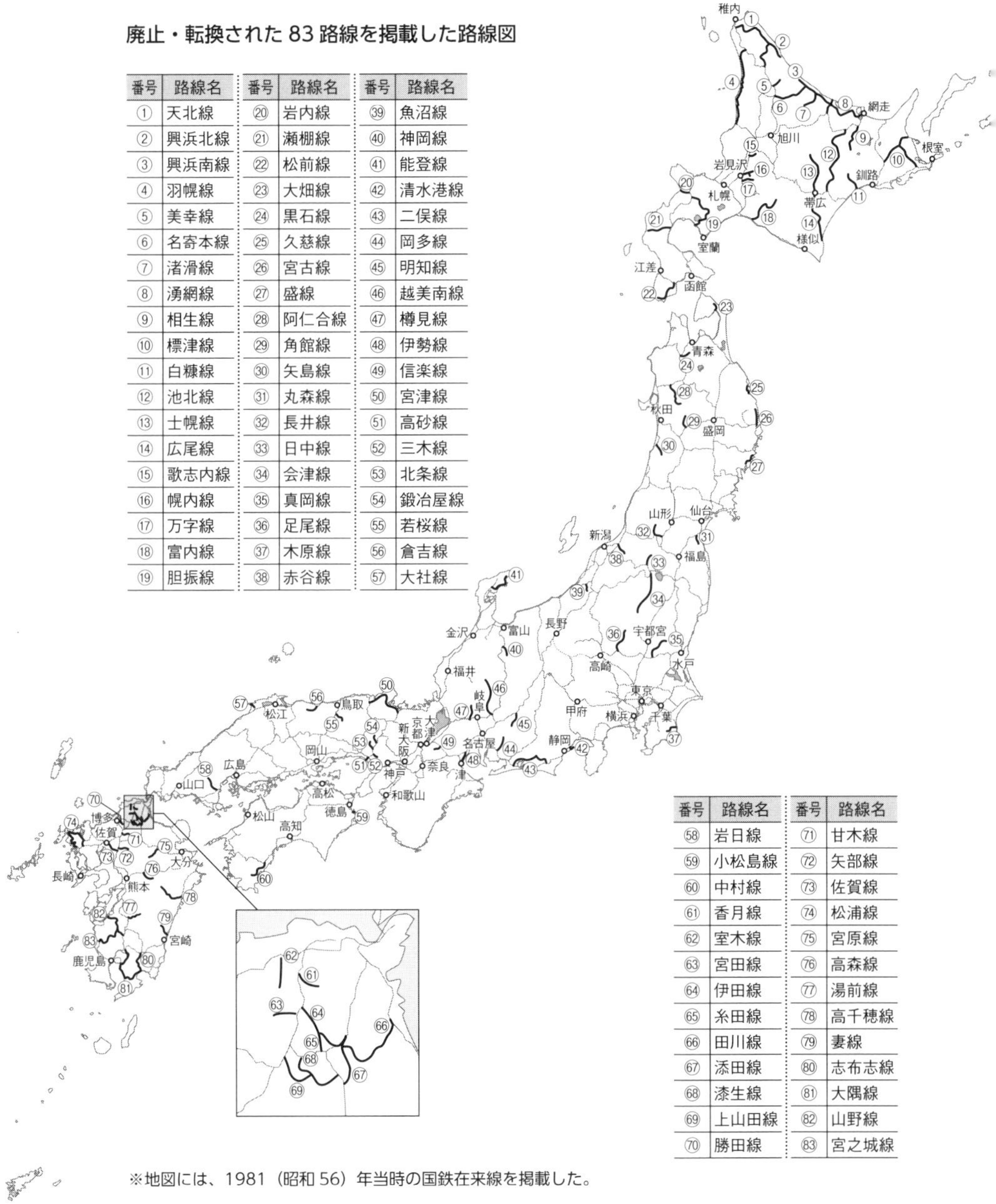

番号	路線名	番号	路線名
58	岩日線	71	甘木線
59	小松島線	72	矢部線
60	中村線	73	佐賀線
61	香月線	74	松浦線
62	室木線	75	宮原線
63	宮田線	76	高森線
64	伊田線	77	湯前線
65	糸田線	78	高千穂線
66	田川線	79	妻線
67	添田線	80	志布志線
68	漆生線	81	大隅線
69	上山田線	82	山野線
70	勝田線	83	宮之城線

※地図には、1981（昭和56）年当時の国鉄在来線を掲載した。

廃止された特定地方交通線の転換状況

行政側は、廃止する特定地方交通線の代替輸送機関は、おもにバスを想定していました。ところが、実際には、右下の表のとおり、バス転換と鉄道転換が拮抗する結果となりました。

この転換状況を見ると、第三次選定基準路線の高い鉄道転換率が目を引きますが、鉄道転換した9路線の平均輸送密度が2461人／日であることを考えると、1968（昭和43）年に国鉄諮問委員会がローカル線の廃止基準に設定した輸送密度2000人／日という数字が的を射ていたことがわかります。

一方、輸送密度2000人／日未満の第一次選定基準路線と第二次選定基準路線では、左下の地域ごとの転換傾向の表からもわかるように、地域による違いが顕著になっています。とくに、北海道のバス転換率と本州（とりわけ東北地方）の鉄道転換率の高さが際立っています。

除雪や凍結防止など、特有な費用がかさむ北海道では、莫大な赤字を生み出すことが確実な鉄道の運営に耐えうるほどの財政余力が自治体になかったことが、バス転換を決断せざるを得なかった理由ではないかと推察されます。そうしたこともあり、北海道で唯一の鉄道転換によって誕生した北海道ちほく高原鉄道ふるさと銀河線（旧池北線）も、結局は、2006（平成

地域ごとの転換傾向

	北海道		本州		四国		九州	
	バス	鉄道	バス	鉄道	バス	鉄道	バス	鉄道
第一次選定基準	8	0	6	16	1	0	7	2
第二次選定基準	13	1	0	8	0	0	7	2
第三次選定基準	0	0	2	4	0	1	1	4
合　計	21	1	8	28	1	1	15	8

特定地方交通線（83路線）の転換状況

選定基準	路線数	バス転換	鉄道転換
第一次	40	22 (55%)	18 (45%)
第二次	31	20 (65%)	11 (35%)
第三次	12	3 (25%)	9 (75%)
合　計	83	45 (54%)	38 (46%)

18）年4月に廃止となっています。

それに対して、同じように雪の多い東北地方でバス転換したのは、日中線だけでした。ほかの10路線が鉄道転換したのは、東北の人々の鉄道に対する愛着心や執着心の強さとしか説明しようがありません。

東北地方では、第三セクター鉄道のほか、民間企業が引き継ぎました。大畑線を下北バス（転換にあたって社名を下北交通に変更）が、黒石線を弘南鉄道が引き受けたのです。しかし、弘南鉄道黒石線が1998（平成10）年に、下北交通大畑線が2001（平成13）年に廃止となり、民間をもってしても、特定地方交通線の運営が困難であることが実証されます。あわせて、第三セクター鉄道を存続するために多額の公的資金の投入を続けることへの是非が、あらためて問われる結果となりました。

日中線の終点の熱塩駅に到着した列車。1984（昭和59）年の廃止前の運行は、朝、夕方、夜の3往復だけで、日中の運行はなく、すべてが、ディーゼル機関車が牽引する客車列車だった。

北海道ちほく高原鉄道ふるさと銀河線の廃止で、2008（平成20）年に観光鉄道として誕生した「ふるさと銀河線りくべつ鉄道」。北海道ちほく高原鉄道から車両を引き継ぎ、廃線跡を整備することで、運転体験や乗車体験などを行なっている。

大畑線を引き継ぎ、1985（昭和60）年7月1日に開業した下北交通の列車。使用されている車両は、国鉄から譲渡されたもの。

凍結された公団工事線

特定地方交通線の廃止を立案している運輸大臣が、赤字になることが目に見えているような新線の工事を鉄建公団に指示するのでは矛盾が生じるため、国鉄再建法に合わせて、開業後に見込まれる輸送密度が4000人／日未満の工事線の建設を「凍結」することにしました。「凍結」としたのは、第三セクターなど、国鉄以外の運営主体が見つかれば、工事を再開するとしたためです。

それでも、開業後に見込まれる輸送密度の算定には恣意的な要素が入り込みやすいため、原則として、地方開発線（A線）と地方幹線（B線）は、すべて凍結としました。ただし、臨海地区の貨物輸送が主目的の鹿島線（水戸〜北鹿島間）と、予讃本線のバイパス路線となる内山線（向井原〜内子間および新谷〜伊予大洲間）の2路線は、工事が継続されました。そして、鹿島線は、完成後に第三セクターの鹿島臨海鉄道が引き受けました。また、内山線は、完成後、向井原〜内子間および新谷〜伊予大洲間が予讃本線に編入されました。ところが、新谷〜内子間が内子線のまま残されたため（五郎〜新谷間は廃止）、現在も、前者は幹線、後者は地方交通線となっています。

工事が凍結されたAB線は、左ページの36線区です。そのうち22線区が、凍結時点で工事が50パーセント以上完成していましたが（表の凍結後の結果に★を付けた線区）、第三セクター鉄道に継承された12線区は、すべてこれに該当していました。

工事が凍結された地方開発線と地方幹線（AB線）

工事線区名	所在地	凍結後の結果	備考
名羽線（朱鞠内～羽幌）	北海道	中止★	
興浜線（雄武～北見枝幸）	北海道	中止★	
美幸線（北見枝幸～仁宇布）	北海道	中止★	
岩内線（岩内～黒松内）	北海道	中止	
紅葉山線（占冠～金山）	北海道	中止	
狩勝線（日高町～占冠）	北海道	中止	
芦別線（芦別～深川）	北海道	中止	
北十勝線（新得～足寄）	北海道	中止	
鷹角線（比立内～松葉）	秋田県	秋田内陸縦貫鉄道秋田内陸線★	1989.4.1 開業
久慈線（田老～普代）	岩手県	三陸鉄道北リアス線★	1984.4.1 開業
盛線（吉浜～釜石）	岩手県	三陸鉄道南リアス線★	1984.4.1 開業
岩泉線（岩泉～小本）	岩手県	中止	
北越北線（六日町～犀潟）	新潟県	北越急行ほくほく線★＊1	1997.3.22 開業
野岩線（新藤原～会津滝ノ原）	栃木県、福島県	野岩鉄道会津鬼怒川線★	1986.10.9 開業
下呂線（中津川～下呂）	岐阜県	中止	
中津川線（飯田～中津川）	長野県、岐阜県	中止	
佐久間線（遠江二俣～中部天竜）	静岡県	中止★	
氷見線（氷見～羽咋）	富山県、石川県	中止	
越美線（九頭竜湖～北濃）	福井県、岐阜県	中止	
樽見線（美濃神海～樽見）	岐阜県	樽見鉄道樽見線★	1989.3.25 開業
阪本線（五條～阪本）	奈良県	中止★＊2	
小鶴線（殿田～小浜）	京都府、福井県	中止	
智頭線（上郡～智頭）	兵庫県、岡山県、鳥取県	智頭急行智頭線★	1994.12.3 開業
宮福線（宮津～福知山）	京都府	宮福鉄道宮福線★	1988.7.16 開業
井原線（総社～神辺）	岡山県、広島県	井原鉄道井原線★	1999.1.11 開業
南勝線（中国勝山～山守）	岡山県、鳥取県	中止	
今福線（三段峡～浜田）	広島県、島根県	中止★	
岩日北線（錦町～日原）	山口県、島根県	中止★	
阿佐東線（海部～甲浦）	徳島県、高知県	阿佐海岸鉄道阿佐東線★	1992.3.26 開業
阿佐線（甲浦～奈半利）	高知県	中止	
阿佐西線（奈半利～後免）	高知県	土佐くろしお鉄道阿佐線★	2002.7.1 開業
宿毛線（宿毛～中村）	高知県	土佐くろしお鉄道宿毛線★	1997.10.1 開業
油須原線（豊前川崎～油須原）	福岡県	中止★＊3	
呼子線（虹ノ松原～呼子）	佐賀県	中止★	
北松線（松浦～吉井）	長崎県	中止	
高千穂線（高千穂～高森）	宮崎県、熊本県	中止★	

★は、凍結時点で工事が50パーセント以上完成していた線区。

＊1 高速運転のために、高規格に変更。

＊2 国鉄バスの専用道路に転用。

＊3 1975年に完成したものの、国鉄が受け取り拒否。

一方、主要幹線（C線）に位置づけられていた丸森線の福島～丸森間、岡多線の新豊田～瀬戸市間、瀬戸線のうちの瀬戸市～高蔵寺間も、開業後に見込まれる輸送密度が4000人／日未満と認定されたため、工事凍結の対象となりました。丸森線は、東北本線の藤田～越河《こすごう》間の急勾配を避けるために、岡多線と瀬戸線は、名古屋近郊の線路容量不足と笹島駅（名古屋地区の貨物ターミナル）の配線問題を解決するために、それぞれ迂回ルートとして計画されました。しかし、鉄道貨物輸送の衰退に加え、前者は電化に伴う機関車牽引力のアップにより、後者は貨物ターミナルの移転により、当初の目的を失ってしまい、工事凍結の対象となったのです。

その後、丸森線の未成区間は、工事再開時に線路規格が地方開発線（A線）に格下げされたうえで再開され、既成区間（槻木～丸森）とともに、阿武隈急行に継承されました。岡多線と瀬戸線の未成区間も、既成区間（岡崎～新豊田）とともに、愛知環状鉄道に継承されました。ただし、同じ瀬戸線の未成区間のなかでも、凍結基準に該当しなかった勝川～枇杷島間は、JR東海が引き受け、同社が100パーセント出資する子会社の東海交通事業が、城北線として運行を開始しました。

なお、特定地方交通線をバスまたは鉄道に転換する際には、営業1キロメートル当たり3000万円の転換交付金が支給されましたが、工事凍結後の新線開業路線に対しては、営業1キロメートル当たり1500万円の交付金が、継承事業者に支給されました。

公団工事線の工事の凍結で、使用されることなく奈良県五條市内に残る高架橋。旧国鉄五新線(未成線)鉄道構造物群として、公益社団法人土木学会から、選奨土木遺産に選定された。五條線は、五條と新宮（和歌山県）を結ぶ路線として建設が進められ、途中の阪本までを阪本線として開通させることになっていた。

写真提供：五條市

阿武隈川を渡る阿武隈急行の下り列車。阿武隈急行の開業に伴い、既成区間の槻木～丸森間（旧丸森線）も電化されたため、電車が使用されている。

東海交通事業城北線を走る列車。全線のほとんどが高架線で複線だが、電化されていないため、ディーゼルカーで運行している。

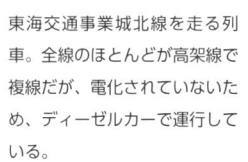

●国鉄分割・民営化後の在来線の動き

自民党の公約に守られたローカル線

重症患者であった国鉄にとって、国鉄再建法に基づく特定地方交通線の廃止は、あくまでも止血剤としての効果しかありませんでした。そのため、1981（昭和56）年に発足した第二次臨時行政調査会（土光臨調）が政府に翌年提出した基本答申には、「国鉄は5年以内に分割民営化すべき」と記載されていました。

これに対して政界では、鉄道行政に最も強い影響力を持つ田中角栄が一括しての民営化を主張したため、運輸省や国鉄幹部の分割反対派が勢いづき、一時は、一括民営化の潮流ができていました。しかし、竹下派が田中派から分裂したことに加え、田中が病に倒れたことによって潮目が変わり、自民党は一気に分割民営化に舵を切りました。そして、自民党は、国鉄問題で政争を仕掛ける野党に対抗するため、1985（昭和60）年から翌年にかけて、次のような意見広告を新聞に出しました。

（一部抜粋）

民営分割ご期待ください

○全国画一からローカル優先のサービスに徹します。

○会社間をまたがっても乗りかえもなく、不便になりません。運賃も高くなりません。

○ブルートレインなど長距離列車もなくなりません。

○ローカル線もなくなりません。

国鉄が独立採算制の公共企業体という中途半端な組織であったため、運賃の改定や新線建設などの経営に関わる事項の決定に国会の承認が必要であったことが、政治介入を招き、国鉄の財政を悪化させた一因でした。ところが、自民党が懲りずに、民営化後の各社の施策についてまで公言していることには、違和感を覚えます。もっとも、JR発足時には、実質的に国が株式を100パーセント保有していたので、自民党の政権公約は有効でしたが、2001（平成13）年に「旅客鉄道株式会社及び日本貨物鉄道株式会社に関する法律（JR会社法）」の適用で本州3社を除外する改正法が施行されてからは、本州3社に限っては、自民党の公約を遵守しなければならない道理はなくなりました。その結果、ブルートレインなど、会社間をまた

増毛駅に停車中の留萌本線の列車。留萌本線の留萌～増毛間は、2016（平成28）年12月5日限りで廃止された。

がって運行する列車が次々と廃止されていったのは、周知のとおりです。

さらに、あらゆる分野で規制緩和が進むなか、鉄道事業についても、２０００（平成12）年に鉄道事業法が改正され、路線の廃止手続きが許可制から1年前の事前届出制になりました。ただし、このことによって、各社に目立った動きは見られませんでした。

最近の留萌本線の留萌～増毛間および三江線（江津～三次間）の廃止は、自民党の公約違反だと指摘する人もいますが、1年前の政権公約を平然と覆す昨今の政治情勢を考えると、ＪＲが発足してから30年が経過しており、もう時効にしてあげてもいいような気がします。

最近目立ってきた赤字ローカル線の廃止

左ページ下の表は、ＪＲ発足以降、これまでに廃止された路線です。このなかには、ＪＲ在来線の輸送密度ランキング（２００８年度実績）で全国ワースト1位の岩泉線と2位の三江線が含まれています。

岩泉線は、２０１０（平成22）年7月31日に押角～岩手大川間で土砂崩れによる脱線事故が発生し、全線不通となりました。

押角～岩手大川間を走る岩泉線の列車。押角峠を越えるこの区間は、岩泉線の最大の難所だった。

当時の岩泉線は、輸送密度が49人／日で、私鉄を含めた全国の鉄道路線のなかでも最悪の超赤字路線でした。そのため、ＪＲ東日本は、復旧をせずに廃止することを表明しました。すると、沿線の自治体は反対の姿勢をとりましたが、何と言っても人が乗っていない現実と、並行道路が整備されていないのは岩手大川近辺だけで、沿線住民のほとんどが盛岡と宮古の双方に運行されているバスを利用している実態から、ＪＲ東日本が押角トンネルを道路用に提供することを条件に、廃止が決定しました。

以前にも、高千穂鉄道（延岡～高千穂間）など、自然災害が原因で廃止された前例はありますが、岩泉線の廃止以降、ＪＲ各社では、復旧よりも廃止を選択したがる傾向が強くなったように思えます。ＪＲ東日本管内では、東日本大震災以降、気仙沼線の柳津～気仙沼間と大船渡線の気仙沼～盛間はＢＲＴ（バス高速輸送システム）化され、山田線の宮古～釜石間は、復旧工事完了後の２０１９（平成31）年３月に、三陸鉄道に無償譲渡されました。ＪＲ北海道でも、高波の被

JR 発足後に廃止された路線（国鉄再建法に基づく廃止路線などを除く）

会社	路線名	区間	営業キロ	廃止年月日	備考
JR 北海道	函館本線上砂川支線	砂川～上砂川	7.3km	1994/5/15	
	深名線（全区間）★	深川～名寄	121.8km	1995/9/3	
	留萌本線（一部区間）	留萌～増毛	16.7km	2016/12/4	
	江差線（一部区間）	木古内～江差	42.1km	2014/5/11	五稜郭～木古内間は道南いさりび鉄道に転換
	石勝線夕張支線	新夕張～夕張	16.1km	2019/3/31	
JR 東日本	岩泉線（全区間）★	茂市～岩泉	38.4km	2014/4/1	土砂崩れで全線不通（2010/7/31）
JR 西日本	富山港線（全区間）	富山～岩瀬浜	8.0km	2006/2/28	一部区間を富山ライトレールに転換
	七尾線（一部区間）	和倉温泉～輪島	48.4km	1991/8/31	のと鉄道に転換
	三江線（全区間）★	江津～三次	108.1km	2018/3/31	
	可部線（一部区間）	可部～三段峡	46.2km	2003/11/30	可部～あき亀山間再開業（2017/3/4）
	美祢線大嶺支線	南大嶺～大嶺	2.8km	1997/3/31	

※廃止年月日は、岩泉線を除き、最終運行日。

★は、並行道路未整備により、廃止を免除されていた特定地方交通線。

害を受けた日高本線で、日高門別～様似間の廃止が決定的となっています。また、JR九州でも、熊本地震で被害を受けた豊肥本線や、九州北部豪雨の被害を受けた日田彦山線で、不通区間の復旧に目途が立っていない状況が続いています。

そうしたなか、2018（平成30）年7月の西日本豪雨の際に、広島県知事が、「災害を理由に鉄道路線が廃止されることはあり得ない」との声明を出し、JR西日本を牽制していたのが印象的でした。

もっとも、普通に考えれば、JR側が赤字ローカル線の復旧に何十億円も投資する方が道理の合わない話で、実際に復旧費用を地元自治体が負担するケースが増えています。ところが、山田線の場合は、JR東日本が総復旧費用210億円のうち、鉄道施設に関わる140億円を負担し、さらに5年間の赤字補填分として5億円を加え、第三セクターの三陸鉄道に無償譲渡したのです。これは、かなりの一時金を支給してでも

BRT（Bus Rapid Transit）化された気仙沼線。かつての気仙沼線の軌道は舗装され、バス専用道となり、そこをバスが運行している。

東日本大震災で不通となっていた山田線が、三陸鉄道リアス線として開通したことを祝い、多くの人々が訪れた陸中山田駅。　写真提供：三陸鉄道株式会社

早期退職を募る大企業のリストラ策と同じで、経営が順調な今のうちに企業体質をスリム化して将来に備えようとする、ＪＲ東日本の経営姿勢ではないでしょうか。

一方、ＪＲ東日本やＪＲ東海ほど財力に余裕のないＪＲ西日本は、ＪＲ東日本が岩泉線を廃止した事例を参考にしたのか、全国の鉄道路線のなかで輸送密度が最悪となった三江線の廃止に動き出し、利便性の悪さが利用客の少ない原因だとする地元の主張に対しては増便実験をして反証するといった努力を重ねた結果、廃止にこぎつけることができました。

廃止となった三江線の宇都井駅に進入する列車。地上から 20 メートルほどの高さにホームがあり、「天空の駅」として親しまれていた。

新潟県と長野県の県境付近を走る、大糸線の列車。険しい地形のため、トンネルと橋が連続し、雪崩から線路を守るスノーシェッドが設けられている

三江線の廃止問題では、JR西日本と地元との間でさまざまな葛藤があったことは当然ですが、マスコミ報道の論調や世間一般の反応は、誤解を恐れずに言えば、「仕方ない」と受け止めていたような気がします。もはや、「鉄道が地方経済を活性化させる」とした田中角栄の主張を真に受ける人はいません。さらに、鉄道が地域社会に不可欠な存在ではなくなっていることを、国民は冷静に感じ取っているものと思われます。こうしたことから、財力に余裕のあるJR東日本やJR東海でさえ、今後、何かのきっかけがあれば、赤字ローカル線を廃止する可能性は高いと考えられます。

ちなみに、2008年度の輸送密度ランキングでは、岩泉線と三江線に次ぐワースト3位は、大糸線（JR西日本管内の南小谷～糸魚川間）でした。

整備新幹線と並行在来線

整備新幹線*は、鉄建公団を前身とする鉄道建設・運輸施設整備支援機構（鉄道・運輸機構）が施設を建設・保有し、営業主体であるJRに対して施設を貸し付ける上下分離方式です。ただし、JRが支払う使用料の不足分は、国が3分の2、地方自治体が残りの3分の1を負担するとの規定が設けられていて、実際にJRが鉄道・運輸機構に支払う使用料は、保有にかかる維持管理費程度といわれているので、JRは建設費を負担しない制度（スキーム）になっています。

しかし、建設費の免除だけでは、鉄建公団から赤字ローカル線の運営を押し付けられた国鉄の悲劇を繰り返すことになってしまうため、新幹線の開業によって収益が悪化する並行在来線の運営を

ＪＲから分離することを、１９９０（平成２）年12月24日の「整備新幹線着工等についての政府・与党申合せ」で決定しました。その「政府・与党申合せ」は、「建設着工する区間の並行在来線は、開業時にＪＲの経営から分離することを認可前に確認すること」という難解な文面ですが、国土交通省のホームページでは、これを次のようにわかりやすく解説しています。

（国土交通省のホームページより）

「整備新幹線に加えて並行在来線を経営することは営業主体であるＪＲにとって過重な負担となる場合があるため、沿線全ての道府県及び市町村から同意を得た上で、整備新幹線の開業時に経営分離されることとなっています。」

一見すると、ＪＲに、沿線すべての道府県および市町村の同意の取り付けを求めているように感じますが、実は、「沿線すべての道府県および市町村が並行在来線の引き受けに同意しなければ、整備新幹線の建設は認可しませんよ」というのが真意です。なぜなら、ＪＲに代わって並行在来線の運営主体になり得るのは、沿線の道府県および市町村しかないからです。

ところで、並行在来線は、必ずしも地図上で新幹線と並行しているとは限りません。たとえば、飯山線の長野（豊野）～飯山間は北陸新幹線と並行していますが、新幹線の開業によって実際に利用客が減少するのは長野～直江津間なので、信越本線の長野～直江津間が並行在来線と位置づけられています。また、津軽線の青森～津軽二股間は北海道新幹線の新青森～奥津軽いまべつ間と並行していますが、在来線はＪＲ東日本、新幹線はＪＲ北海道というように、営業主体が別です。そのため、「整備新幹線に加えて並行在来線を経営することは営業主体であるJRにとって過重な負担となる場合がある」には当てはまらず、津軽線の青森～津軽二股間は並行在来線とは位置づけられていません。

　さらに、経営分離区間は、「当該区間に関する工事実施計画の認可前に沿線地方公共団体及びJRの同意を得て確定する」としていますが、実際には、国土交通省とJRの協議で決まった区間を、沿線の地方公共団体は追認するしかありません。具体的にいうと、並行在来線でも、新幹線開業後も利益が

整備新幹線の開業でJRから分離された並行在来線

整備新幹線	並行在来線	営業キロ	移管先
北海道新幹線	江差線（木古内～五稜郭）	37.8 km	道南いさりび鉄道
東北新幹線（盛岡以北）	東北本線（盛岡～目時）	82.0 km	IGRいわて銀河鉄道
	東北本線（目時～青森）	121.9 km	青い森鉄道
北陸新幹線	信越本線（軽井沢～篠ノ井）	65.1 km	しなの鉄道
	信越本線（長野～妙高高原）	37.3 km	
	信越本線（妙高高原～直江津）	37.7 km	えちごトキめき鉄道
	北陸本線（直江津～市振）	59.3 km	
	北陸本線（市振～倶利伽羅）	100.1 km	あいの風とやま鉄道
	北陸本線（倶利伽羅～金沢）	17.8 km	IRいしかわ鉄道
九州新幹線	鹿児島本線（八代～川内）	116.9 km	肥薩おれんじ鉄道
合計		675.9 km	

数少ない海の見える区間となる、熊本県と鹿児島県の県境付近を走る、九州新幹線の列車。

新青森を出て、東京に向かう東北新幹線の列車。

出る区間（信越本線の高崎～横川間、鹿児島本線の博多～八代間と川内～鹿児島中央間）や、運行体系上の問題が生じる区間（信越本線の篠ノ井～長野間）は、引き続きJRが運営しています。

これまでに、右ページの表に記した延べ675・9キロメートルがJRから分離され、第三セクター8社に移管されています。

＊整備新幹線…1970（昭和45）年制定の全国新幹線鉄道整備法に基づき計画された、北海道新幹線、東北新幹線（盛岡以北）、北陸新幹線、九州新幹線（鹿児島ルートと長崎ルート）の5つの新幹線。

九州新幹線の新八代～鹿児島中央間の開業で、2004（平成16）年に運行を開始した肥薩おれんじ鉄道を走る列車。肥薩おれんじ鉄道は、全線が電化していた鹿児島本線の八代～川内間を受け継いだが、電車ではなく、ディーゼルカーで運行している。

かつての東北本線を走る、青い森鉄道の列車。青い森鉄道は、2002（平成14）年の東北新幹線の盛岡～八戸間の開業に伴い、目時～八戸間で運行を開始し、2010（平成22）年の八戸～新青森間の開業で、目時～青森間での運行となった。

浅間山の麓を走る、しなの鉄道の列車。1997（平成9）年の長野新幹線の開業で、しなの鉄道は、軽井沢～篠ノ井間で運行を開始した。

碓氷峠をトンネルで抜けて軽井沢に向かう、長野新幹線（現在の北陸新幹線）の列車。

並行在来線の運命は

利用者（乗客）が新幹線に移行して閑散化してしまうことが並行在来線をＪＲの経営から分離する理由であることを考えると、並行在来線のもとの姿は主要幹線ということになります。なかでも、江差線、東北本線、北陸本線は、貨物輸送にとっては大動脈なので、引き続き第三セクターの区間を長大編成の貨物列車が通過することになります。そのため、並行在来線事業者は、自社では必要としないレベルの線路や電気設備を、貨物列車のために維持・管理しなければなりません。

そこで、国土交通省は、「経営分離された並行在来線を運営する鉄道事業者（並行在来線事業者）の経営環境は厳しいことから、使用実態に応じた線路使用料を確保することが必要」としながらも、「一方、ＪＲ貨物の負担増を回避する必要もあることから、差額相当分を調整金としてＪＲ貨物に交付する」としています。つまり、鉄道・運輸機構がＪＲ貨物に調整金を交付し、ＪＲ貨物がその調整金を並行在来線事業者に支払うという仕組みです。

第二種鉄道事業者[*1]であるＪＲ貨物は、第一種鉄道事業者[*2]のＪＲ旅客会社に線路使用料を支払いますが、使用料の算定にあたっては、アボイダブルコストルールが適用されています。アボイダブルコストとは、回避可能経費のことで、「貨物列車が走行しなければ回避できる経費のみＪＲ貨物が負担する」として、具体的には、「レールの摩耗に伴う交換費用」と明記しています。これは、あえて貨物列車が走行しなければ回避できる経費を少なく見積もることにより、ＪＲ貨物を救済する政策で、ＪＲ旅客会社も、残りの費用を負担することを容認しています。

ところが、この制度を並行在来線事業者に支払われる貨物調整金の算定にも適用したため、経営環境が厳しい並行在来線事業者から悲鳴が上がり、ＪＲ貨物に対して線路使用料の値上げを求めたものの、ＪＲ貨物が拒否するという問題が起きています。こうした問題の本質は、鉄道貨物輸送の大動脈を、パッチワークのように、第三セクターの繋ぎ合わせにしてしまったところにあるような気がします。もしも地方公共団体が、財政難から並行在来線の運営を断念したらどうなるのでしょうか。特定地方交通線のなかには、第三セクターへの転換後に廃

肥薩おれんじ鉄道を走る貨物列車。JR貨物が運行する貨物列車は、電化された旧鹿児島本線を走るので、電気機関車が牽引しているが、肥薩おれんじ鉄道の旅客列車は、ディーゼルカーを使用しているので（→P153）、電気関係の設備を使用していない。

第３セクター３社に転換された旧北陸本線を走る貨物列車。日本海縦貫線の一部として、多くの貨物列車が通過している。

止となったケースはいくつかありますが、貨物列車の問題を抜きにしても、曲がりなりにもかつて幹線であった並行在来線を、国が見捨てることはできないでしょう。

たとえば、ＪＲ東日本の場合、いまは首都圏輸送や駅ビジネスが好調なので、赤字ローカル線の面倒を見る余裕がありますが、そろそろ首都圏輸送にも人口減少の影響が出はじめるころで、多角経営化にはリスクもあります。仮にＪＲ東日本の経営環境が厳しくなったら、国鉄時代と同じように、最初に赤字ローカル線に目が向けられ、財政状況が厳しい地方公共団体には経営を引き継ぐ余裕はなく、三江線のように廃止されていくことでしょう。

一方で、並行在来線の場合は、地方公共団体が財政難になっても廃止できないので、国からの補助金によって第三セクターによる鉄道の運営を維持していく方策も考えられます。その場合は、どうせ補助金を出すのであれば、運行や安全に関する知識や経験、人材が豊富なＪＲに戻す方が賢明だと思います。

幹線鉄道は国有であるべきとした井上勝と、儲からないところに国有鉄道の意義があるとした田中角栄は、草葉の陰から、こうした並行在来線の現状をどのように見ているのでしょうか。

＊1　第二種鉄道事業者…他社が所有する線路を使って旅客または貨物を運ぶ鉄道事業者。
＊2　第一種鉄道事業者…自社が保有する鉄道で旅客または貨物を運ぶ鉄道事業者。

第二部

地域に見る国鉄在来線の栄枯盛衰

（地域を廻る国鉄在来線の変遷）

日本最北の地を走る路線として知られ、かつて天塩線（→P244）ともよばれた宗谷本線の普通列車。極寒の地を走り、抜海《ばっかい》駅に到着した列車の後部は、雪や氷に覆われている。　撮影：星野明弘

第二部は、地域を廻る国鉄在来線の変遷を、４つの地域の鉄道に焦点を当て、４つの章で見ていきます。第1章の「廻りゆく琵琶湖を廻る鉄道」は、北陸本線や湖西線などを、第2章の「伊那谷を廻る鉄道誘致の歴史」は、おもに飯田線を取り上げます。第3章の「二転三転した鹿児島を廻る鉄道」は、鹿児島本線や肥薩線、日豊本線などを、第4章の「天北を廻る天塩線四代の軌跡」は、宗谷本線を中心とした北海道北部の鉄道を紹介します。

1　廻りゆく琵琶湖を廻る鉄道

日本最大の湖として知られる琵琶湖の湖畔と、古くから日本海側の港湾都市として栄えた敦賀を結ぶ鉄道は、日本初の鉄道計画（1幹線3支線）のひとつとして、明治時代の初期から中期にかけて、琵琶湖の東岸に建設されます。明治時代後期から大正時代にかけて、全国の幹線の建設が進み、米原〜直江津間が北陸本線として全通すると、信越、羽越、奥羽の3線とともに日本海縦貫線を形成し、北海道や東北地方と京阪神を結ぶ大動脈の一部となります。しかし、今日では、その役割を1974（昭和49）年に琵琶湖の西岸に開通した湖西線に譲り、琵琶湖東岸から北岸にかけての路線は、京阪神との間の通勤路線となっています。

琵琶湖周辺の鉄道路線図

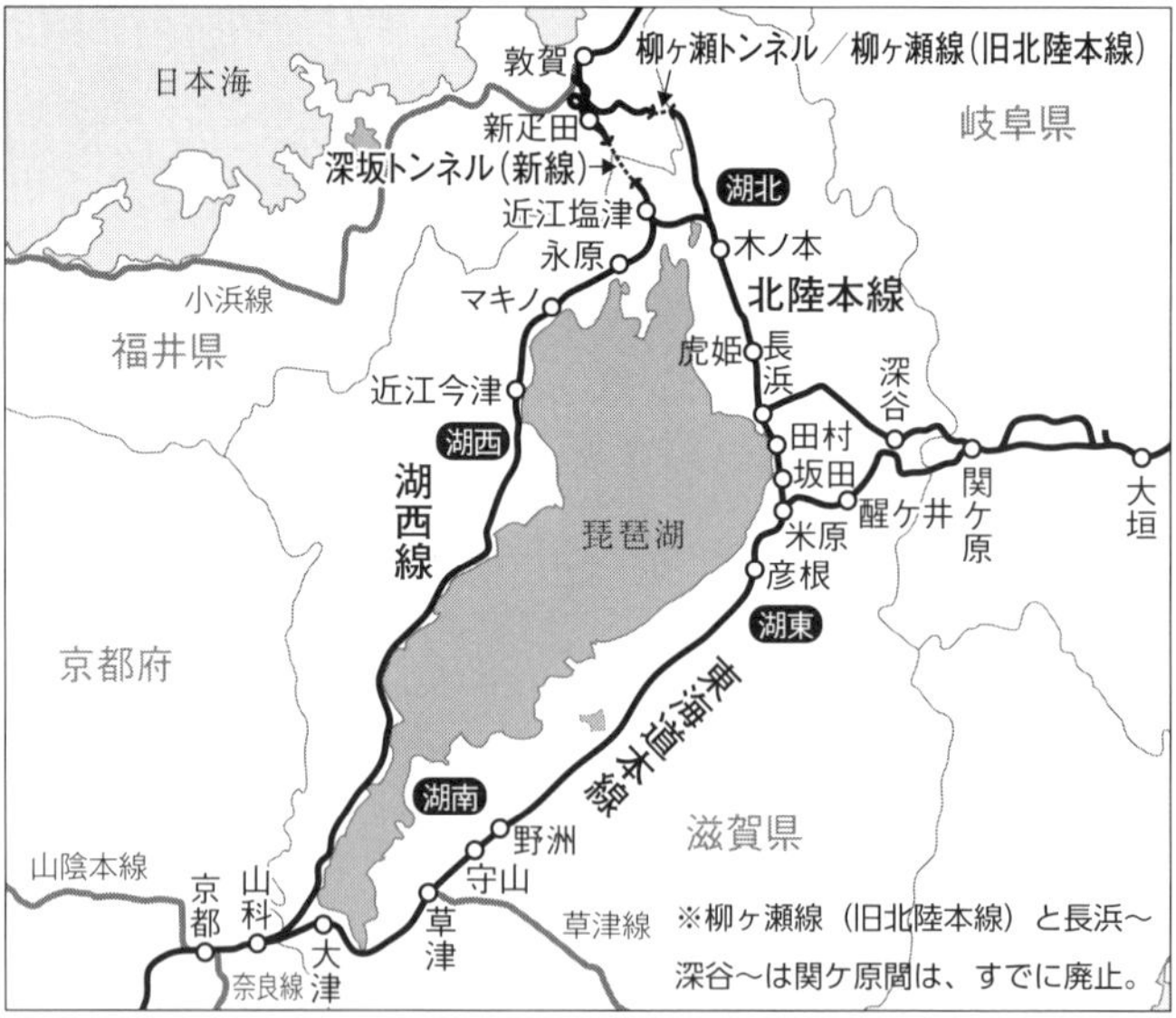

関連年表

年	ここで紹介する鉄道関係の主要事項
1869（明治 2 ）年	鉄道建設の廟議決定（1幹線と3支線）
1878（明治 11）年	京都～大津間の鉄道建設を日本人の手で着工
1879（明治 12）年	京都～大谷間の開業
1880（明治 13）年	逢坂山トンネル完成（大谷～大津間の開業）
1882（明治 15）年	長浜～柳ヶ瀬間の開業
	大津～長浜間の汽船連絡の開始
1883（明治 16）年	長浜～関ケ原間の開業
1884（明治 17）年	柳ヶ瀬トンネル完成
	関ケ原～大垣間の開業
1889（明治 22）年	馬場（現在の膳所）～米原～深谷間の開通で東海道線全通
	米原～長浜間の開業
1899（明治 32）年	長浜～関ケ原間の廃止
1913（大正 2 ）年	北陸本線（米原～直江津間）全通
1920（大正 9 ）年	江若鉄道の設立
1928（昭和 3 ）年	柳ヶ瀬トンネルで重大事故が発生
1931（昭和 6 ）年	江若鉄道の浜大津～近江今津間が全通
1957（昭和 32）年	北陸本線の交流電化完成（田村～敦賀間）
	木ノ本～敦賀間の新線（深坂トンネル経由）への切り替え
1969（昭和 44）年	江若鉄道の廃止
1970（昭和 45）年	東海道本線の京都～草津間を複々線化
1971（昭和 46）年	京都～西明石間の新快速の運転区間を草津まで延長
1974（昭和 49）年	湖西線（山科～近江塩津間）の開業
1985（昭和 60）年	新快速の運転区間を彦根まで延長
1988（昭和 63）年	新快速の運転区間を米原まで延長
1991（平成 3 ）年	田村～長浜間を交流電化から直流電化に変更
	新快速の運転区間を長浜まで延長
2006（平成 18）年	長浜～敦賀間を交流電化から直流電化に変更
	新快速の運転区間を敦賀まで延長

昭和初期の米原機関区。東海道本線が通り、北陸本線の始発駅でもある米原には、かつて機関区があったが、東海道新幹線や湖西線の開業で米原を経由する列車が減少したことに加え、電車の投入で機関車が牽引する列車が減少したことで、1986（昭和61）年に廃止された。

写真提供：米原市

京都府が要請した京都～敦賀間の鉄道

陸上交通手段が人馬しかなかった江戸時代までの日本では、大量かつ長距離の物資輸送は、海運および水運に頼らざるを得ませんでした。蝦夷地（北海道）の海産物や日本海側の地方の農産物を、当時の日本の中心地であった京都や大阪（畿内）に輸送するルートとしては、「西回り航路」が有名です。ただし、日本海から関門海峡や瀬戸内海を経由して畿内に至るため、遠回りであることが難点でした。そこで、若狭湾で荷物を陸揚げし、琵琶湖と淀川水系の水運を利用して畿内まで輸送する陸上ルートが、次第に主流となりました。

この短絡ルートの歴史は古く、紀元32年ごろに、朝鮮半島からの渡来人「都怒我阿羅斯等《ツヌガアラシト》」が、若狭湾から敦賀に上陸し、深坂古道から琵琶湖の水運を利用して奈良や京都に辿り着いたことが、『日本書紀』に記されています。余談ですが、朝鮮半島からの渡来人には角が生えていたため（実際は甲冑の角）、「角がある人」とよばれたのが都怒我阿羅斯等の語源で、地名の「敦賀」も、「ツヌガ」が由来だといわれています。

明治維新で誕生した新政府は、富国強兵と殖産興業の政策を推進するためには、近代的輸送機関の確立が急務であると判断し、早くも1869

敦賀駅前に立つ都怒我阿羅斯等の像。

（明治2）年11月には、東京と京都を結ぶ幹線（東西幹線鉄道）とともに、東京～横浜間、京都～神戸間および琵琶湖畔から敦賀までの3支線の鉄道建設計画を策定しました（➡P10）。この琵琶湖畔から敦賀までの支線からは、東西幹線鉄道のルートは白紙としながらも、政府が、琵琶湖畔を経由することを想定していたと考えられます。それは、東海道と中山道が琵琶湖東南岸の草津で合流するので、どちらのルートになっても、東西幹線鉄道が琵琶湖畔を経由することになると考えていたと思えるからです。

この鉄道建設計画に基づき、支線と位置づけられた東京～横浜間と京都～神戸間の鉄道から建設が進められ、1872（明治5）年10月14日、日本で最初の鉄道となった新橋～横浜間が開業し、次いで、1874（明治7）年5月11日には、大阪～神戸間が暫定的に開業しました。最初に東京～横浜間および京都～神戸間の鉄道建設に着手したのは、路線が平坦な臨海地区を通るので工事が比較的容易であったことと、横浜と神戸の二大貿易港と都市部を結ぶ鉄道の開通を優先したためと推察されます。

一方、琵琶湖畔から敦賀までの鉄道については、政府の鉄道建設計画に触発された京都府が、1870（明治3）年秋に、「越前方面ヨリ京都ヲ経テ鉄道ヲ敷設シ北海ノ物産ヲ南海ニ輸送スルノ国益ナル」ことを政府に建言します。そして、これを受けた政府は、翌1871（明治4）年の春に、工部省に対して、京都～敦賀間の測量実施命令を発しました。琵琶湖畔から敦賀までの鉄道が東西幹線鉄道の支線と位置づけられていたということは、京都から琵琶湖畔にかけて敷設する鉄道が、いずれは東西幹線鉄道の一部区間となるということなので、政府の鉄道建設計画の範囲内でした。そうしたこともあり、政府は、京都府の提言を受け入れたのです。また、政府が速やかに対応した背景には、東京遷都によって不満が溜まっていた京都府への配慮があったといわれています。

京都〜敦賀間の測量を実施したのは、お雇い外国人として新橋〜横浜間の鉄道建設を指揮しながら途中で亡くなった英国人建築師長エドモンド・モレルの後任として来日した、リチャード・ビカース・ボイルです。京都〜敦賀間の鉄道建設にあたっては、その間に横たわるいくつもの山地を越えるために複数のルートを検討する必要があり、あわせて、東西幹線鉄道の尾張以西についても測量調査を実施したので、ボイルが「西京敦賀間竝中山道及尾張線ノ明細測量ニ基キタル上告書」を政府に提出したのは、1876（明治9）年4月でした。

なお、政府からの京都〜敦賀間の測量実施命令に対し、琵琶湖水運介在の有無を工部省が確認したところ、政府は、全区間を陸路とする考えを示しています。さらに、ボイルが琵琶湖の東岸と西岸の双方を廻るルートを測量調査しようとしたところ、政府は、西岸ルートを早々に却下しました。西岸ルートを却下した理由は、「西岸の地域は寒郷貧村ばかりで通商興産の効果が少ないのに比べ、東岸は有名な市街地が連続しており、鉄道が地域開発に資すること多大である」としていますが、東岸の長浜を拠点に琵琶湖水運を仕切っていた近江商人と政府との関係性も見え隠れします。

ボイルが政府に提出した上告書は、京都と敦賀の間を、京都〜大津間、大津〜米原間、米原〜塩津間、塩津〜敦賀間の4区間に分けていました。ここで、大津と塩津が区切り点になっていることが、ボイルが琵琶湖の東岸と西岸の双方のルートを測量調査しようとしていた証です。

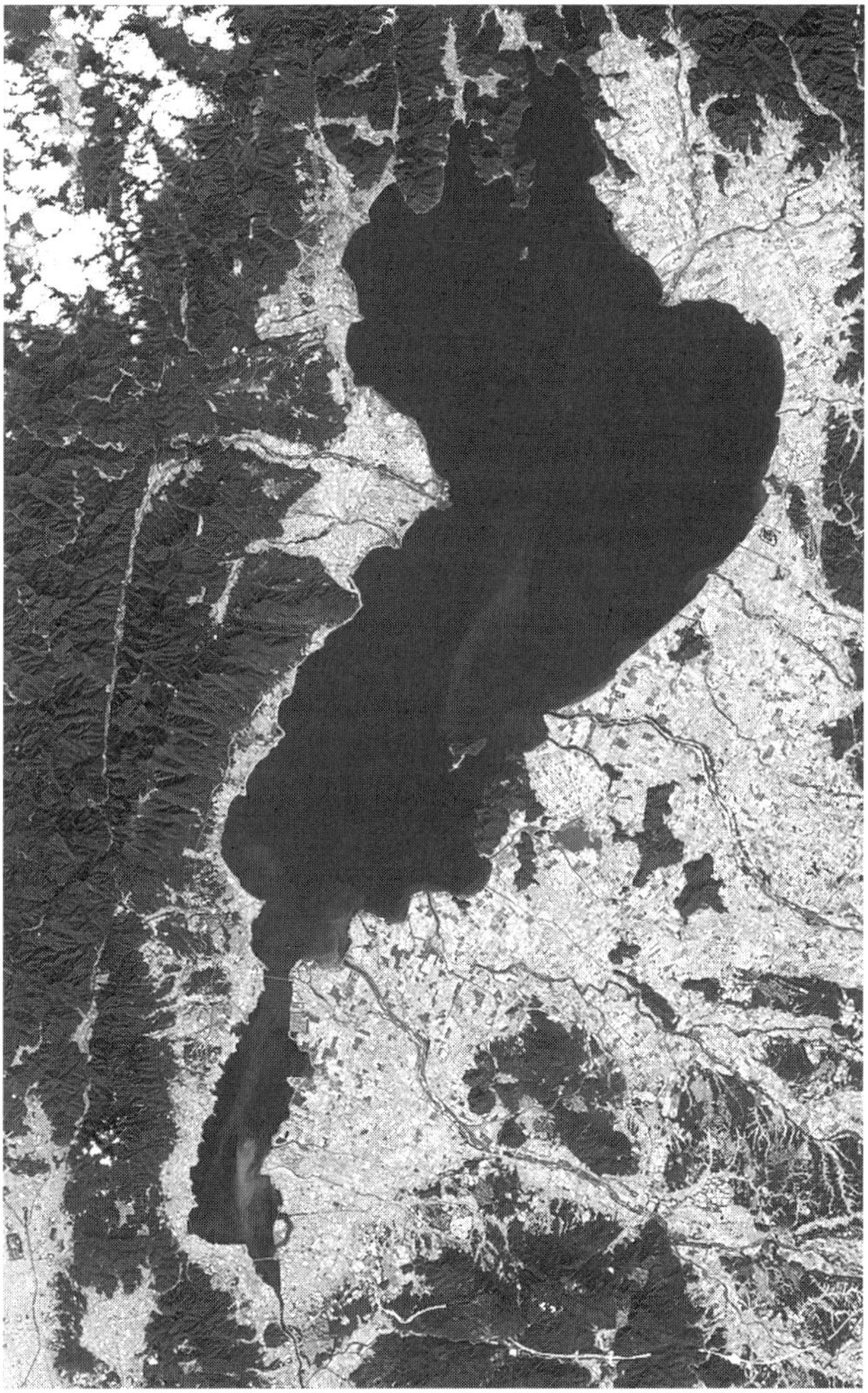

陸域観測技術衛星「だいち」による琵琶湖の衛星画像。近江盆地が広がる東岸は、西岸よりも市街地が連続していることがわかる。　©JAXA

迷走した琵琶湖周辺のルート

「日本の鉄道の父」とよばれる井上勝（↓P11）は、1843（天保14）年に長州藩に生まれ、伊藤博文らとともにロンドンに密航し、そこで鉱山や鉄道の技術を学びました。帰国後は、同じく長州藩士の木戸孝允に呼ばれて明治新政府に出仕し、大蔵省で伊藤博文に仕えることになりました。大蔵省では、鉄道推進派の伊藤博文や大隈重信らの下で、1幹線3支線の鉄道建設計画の策定に携わります。1870（明治3）年には、新設の工部省に移り、鉱山寮鉱山頭兼鉄道寮鉄道頭に就任します。そして、同じく1870（明治3）年から始まった新橋〜横浜間の鉄道建設では、モレルの下で工事に直接携わり、翌年にモレルが病に倒れてからは、工事を指揮して開業を果たしました。

その後、鉄道寮を大阪に移転し、京都〜神戸間の鉄道建設に携わりました。ところが、1877（明治10）年に勃発した西南戦争の鎮静化に伴う出費が原因で、政府が財政難に陥ったため、鉄道建設計画は凍結されることになりました。

そうしたなか、何としても東西幹線鉄道の建設を急ぎたい井上は、伊藤博文らを説得して鉄道債（国債）の発行にこぎつけ、1878（明治11）年8月、資金調達の目途が立ち、京都〜大津間の鉄道建設に着手しました。建設区間を京都〜大津間としたのは、ボイルの上告書で大津までが第一区間とされていたこともありますが、井上の頭の中は東西幹線鉄道の建設で占められており、そのルートが東海道と中山道のどちらに転んでも、両道が合流する草津以西であれば、無駄にはならないという考えがあったからだと思われます。

京都から大津に向かっては、現在の東海道本線のように、東山の直下を長大トンネルで貫通する最短ルートではなく、稲荷付近まで一旦南下してから北東に向かうルートをボイルは提唱しました。これは、当時の日本のトンネル掘削技術が未熟であり、加えて、長大トンネルを蒸気機関車が通過する際の煙害を危惧したためです。

京都〜大津間の工事は、外国人技師に頼らず、初めて日本人だけで行なわれ、わずか1年後に京都〜大谷間が開業します。その先は、これも日本で最初の山岳トンネルとなる逢坂山トンネル（665メートル）の掘削工事があったものの、着工から2年後の1880（明治13）年7月15日には、大津までの全区間の開業を果たしました。

しかし、このルートは、遠回りであるうえに25パーミル*の勾配区間がネックとなっていたため、1921（大正10）年8月1日には、東山トンネルと新逢坂山トンネルによる新線に切り替えられ、京都〜稲荷間は奈良線に転用され、稲荷から先は廃線となりました。後に、その廃線跡は、名神高速道路の建設に利用されました。

このときの大津駅は、琵琶湖水運の船舶が発着する附近（現在の京阪電気鉄道の浜大津駅）に設けられたので、京都から来た列車は、

逢坂山トンネルの東口（大津側の坑口）。鉄道記念物に指定され、保存されている。

琵琶湖南端近くの馬場駅（現在の膳所《ぜぜ》駅）で折り返し、大津駅に進入していました。これは、明らかに琵琶湖水運との連絡を前提とした線形で、京都から敦賀までをすべて陸路とする方針が転換されたことを意味していますが、それには、次のような経緯がありました。

ある文献によると、1879（明治12）年10月に、太政大臣の三条実美が工部卿に対して、「米原ヨリ敦賀ニ達スル線路建築ト可相心得事」との指令を出しています。この文章を咀嚼すると、「米原から敦賀までのルートを再調査しろ」となり、直ちに鉄道局（鉄道寮が改称）が再度測量調査を実施します。そして、ほんのわずかな期間で、塩津から深坂古道に沿って敦賀に至るルートを、木ノ本から北国街道沿いに北上して柳ヶ瀬峠を越えるルートに変更することを決定し、報告しています。記録によれば、鉄道局長の井上は、上申書の変更理由として、「塩津であれば、敦賀からの水陸連絡上で必須の鉄道は最短距離で済むが、三方を山地に囲まれた小さな平地に過ぎない塩津では将来の発展性に乏しい。一方、長浜であれば、鉄道の延長は長くなるものの、四方との交易が盛んな湖岸屈指の市街地であるため、長浜を選ぶのが得策である（要約）」と記しています。

三条は、工部省の変更を直ちに承認し、長浜〜敦賀間の工事に予算を付けますが、米原〜長浜間の予算は保留しました。このことから、三条の真意が、京都〜敦賀間の鉄道に琵琶湖水運を介在さ

当時の琵琶湖水運の船を描いた絵。　写真提供：滋賀県

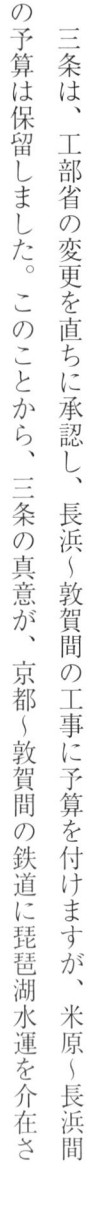

せることと、その水陸連絡地を大津と長浜にすることにあったことがわかります。そこからは、大津と長浜を結ぶ琵琶湖水運を取り仕切っていた近江商人が、既得権益を守るために政界に働きかけた図式が透けて見えてきます。

こうした経緯から、馬場でスイッチバックして（折り返して）大津に至る変則的な線形は、工事の途中で急な方針変更がなされた結果かもしれませんが、将来、馬場から草津方面へ東西幹線鉄道を延伸するという井上の意思表示であったようにも思えます。

＊25パーミル…水平距離1000メートルに対する高度差が25メートルの勾配であることを示す。1パーミルは1000分の1なので、1000分の25は40分の1。

●紆余曲折した琵琶湖畔から敦賀までの鉄道

太政大臣の三条実美の承認を得た長浜〜敦賀間の工事は、早くも1880（明治13）年に開始されますが、当時としては未曽有の長さとなる柳ヶ瀬トンネル（1352メートル）の工事が遅れ気味でした。それにもかかわらず、井上勝は、一刻も早く完成させようとする姿勢を見せず、むしろ、予算を絞って工事の遅れを助長していました。これは、井上が、京都〜敦賀間の鉄道ルートが琵琶湖水運を介在させることに変更され、大津〜米原〜長浜間の鉄道建設が宙に浮いた時点で、当面は東西幹線鉄道も琵琶湖水運を介在させざるを得ないと判断し、長浜〜敦賀間の工事予算を、少しでも多く長浜〜関ケ原間の鉄道建設工事に回したかったからです。関ケ原は、中山道から北国脇往還（中山道と北国街道を短絡する道で、現在の国道365号線）が分岐する地点で、街道輸送と鉄道輸送の接続点として、適していました。

1881（明治14）年6月、井上は、長浜〜関ケ原間の鉄道建設を政府に具申しますが、東西幹線鉄道のルートが決まっていないことを理由に却下されてしまいました。そこで、井上は方針を転換します。柳ヶ瀬トンネルの完成が遅れているのは、資材運搬の関係で、トンネルの工事現場近くまで鉄道が開通している西口側（敦賀側）からしか工事ができないことが原因だとします。そのうえで、東口側からも工事ができるようにするため、大垣から長浜まで資材運搬用の鉄道を敷き、間もなく開通する長浜〜柳ヶ瀬間と接続することを提案したのです。井上が大垣を選んだのは、伊勢湾から揖斐川水運で運んだ資材の陸揚げに適した場所であることが一番の理由でしたが、将来、東西幹線鉄道が大垣を通ること

滊車時間表　明治15年4月

長濱〜柳ヶ瀬間　洞道口〜金ヶ崎間

長濱・柳ヶ瀬間滊車發着時間表

驛名	下り 午前	下り 午後
長濱發	六時〇〇	四時一五
河毛發	六時二五	四時四〇
高月發	六時三三	四時四八
木ノ本發	六時四五	五時〇〇
中ノ郷發	七時〇〇	五時一五
柳ヶ瀬着	七時十五	五時三〇

柳ヶ瀬・長濱間滊車發着時間表

驛名	上り 午前	上り 午後
柳ヶ瀬發	七時三〇	五時四五
中ノ郷發	七時四五	六時〇〇
木ノ本發	八時〇〇	六時一五
高月發	八時一二	六時二七
河毛發	八時二〇	六時三五
長濱着	八時四五	七時〇〇

洞道口・金ヶ崎間滊車發着時間表

驛名	下り 午前		下り 午後	
洞道口發		八時五〇	四時二五	
刀根發		八時五八	四時三三	
麻生口着	／	／	／	／
麻生口發	六時五〇	九時二五	四時五〇	六時二五
疋田發	七時〇〇	九時三五	五時〇〇	六時三五
敦賀發	七時二〇	九時四五	五時二〇	六時五五
金ヶ崎着	七時二五	九時五〇	五時二五	七時〇〇

金ヶ崎・洞道口間滊車發着時間表

驛名	上り 午前		上り 午後	
金ヶ崎發	六時〇〇	七時三五	三時一〇	五時三五
敦賀發	六時一〇	七時四五	三時二〇	五時四五
疋田發	六時二六	八時〇一	三時三六	六時〇一
麻生口着	六時三五			六時一〇
麻生口發		八時一五	三時五〇	
刀根發		八時二八	四時〇三	
洞道口着		八時三五	四時一〇	

※日本國有鐵道百年史より

長濱・柳ヶ瀬間下等滊車賃錢表　明治15年4月

至＼自	長濱	河毛	高月	木ノ本	中ノ郷	柳ヶ瀬
長濱		八錢	十一錢	十五錢	二十錢	二十五錢
河毛	八錢		三錢	八錢	十二錢	十七錢
高月	十一錢	三錢		五錢	十錢	十五錢
木ノ本	十五錢	八錢	五		五錢	十錢
中ノ郷	二十錢	十二錢	十錢	五錢		五錢
柳ヶ瀬	二十五錢	十七錢	十五錢	十錢	五錢	

至＼自	洞道口	刀根	麻生口	疋田	敦賀	金ヶ崎
洞道口		三錢	五錢	八錢	十五錢	十五錢
刀根	三錢		三錢	六錢	十三錢	十三錢
麻生口	五錢	三錢		三錢	十錢	十錢
疋田	八錢	六錢	三錢		七錢	七錢
敦賀	十五錢	十三錢	十錢	七錢		三錢
金ヶ崎	十五錢	十三錢	十錢	七錢	三錢	

但　小児四才未満無賃　十二才未満半賃

※日本國有鐵道百年史より

旧長浜駅舎の内部に復元された、開業当時の時刻表と運賃表。

現存する最古の駅舎として知られる旧長浜駅舎。1882（明治15）年の長浜〜柳ヶ瀬間の開業時に建設された初代の長浜駅の建物で、長浜鉄道スクエアという博物館の一部として、内部が公開されている。

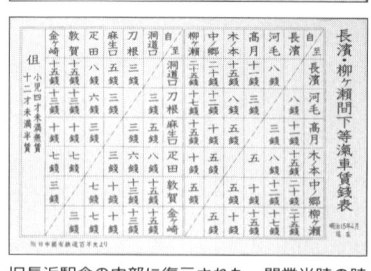

も考慮していたはずです。

これが功を奏し、今度は三条の承認を得ることができ、1883（明治16）年5月1日に長浜〜関ケ原間の鉄道が完成し、翌1884（明治17）年5月25日には、関ケ原〜大垣間も完成しました。道路が未整備で、トラックやトレーラーのなかった時代には、船舶で港まで運んだ資材を工事現場まで運搬するために鉄道を建設することは決して珍しいことではなく、直江津〜上田間や武豊〜熱田間の鉄道も、東西幹線鉄道を建設するための資材運搬線として建設された鉄道です。

しかし、柳ヶ瀬トンネルは、1884（明治17）年4月16日には開通しており、東口からの掘削距離がわずか270メートルであったことを考えると、長浜〜大垣間の鉄道を資材運搬用と見なすのには無理があり、井上が、東西幹線鉄道の一環としてとらえていたことは確かです。

ところが、1921（大正10）年に発刊された『日本鉄道史』の開業順位では、何と4位に、敦賀大垣間鉄道があげられています（1位は新橋横浜間鉄道、2位は京都神戸間鉄道、3位は官営幌内鉄道）。このことは、この路線が、1871（明治4）年に策定された鉄道建設計画に掲げられた「琵琶湖畔から敦賀までの支線」の代替路線としてとらえられていたことを示しています。

1889（明治22）年7月1日、関ケ原（厳密には敦賀大垣間鉄道の関ケ原駅下り方の分岐点で、後の深谷《ふかたに》駅）〜馬場間の開通により、東西幹線鉄道が全通し、これに合わせるかのように、米原〜長浜間も開業しました。この結果、本来の「琵琶湖畔から敦賀までの支線」が完成するとともに、1870（明治3）年の京都府の陳情が、約20年の歳月を経て結実しました。これにより、

1882（明治15）年3月10日の長浜～柳ヶ瀬間の開業に合わせて運航が開始された大津と長浜を結ぶ鉄道連絡船は廃止になりますが、運航会社の太湖汽船の申し立てに応じて政府が補償金を交付したことからも、近江商人のしたたかさがうかがえます。

なお、米原～敦賀間は、1895（明治28）年に官設鉄道の線路名称を定めた際には（→P37）、過去の経緯から東海道線の支線となっていますが、1902（明治35）年には、北陸線（敦賀～富山間）に編入されています。一方、分岐点（後の深谷駅）から長浜までの区間は、米原～長浜間の開業と同時に、休止扱いになってしまいました。これは、当時、北陸地方と名古屋方面との交易関係が薄かったこともありますが、この区間があくまでも米原～長浜間ができるまでの暫定路線であったことを示しています。

休止となった分岐点から長浜までの区間は、1891（明治24）年1月に貨物専用線として復活し、分岐点には深谷駅が設けられました。その後、東海道本線の関ケ原～長岡（現在の近江長岡）間が1899（明治32）年10月15日に柏原経由の新線（現行ルート）に切り替わると、同年12月28日をもって、旧線とともに深谷～長浜間は廃止され、開業4位にランクされた敦賀大垣間鉄道は、わずか15年で幕を閉じました。いまでは、深

かつて深谷駅があった大野木交差点。右側には、長浜に向かう線路が敷かれ、左側には、長岡に向かう線路が敷かれていた。

谷～長浜間の廃線跡の一部が国道365号線に転用され、深谷駅があった場所は、大野木交差点になっています。

西京から分断された湖北の鉄道

日本鉄道（→P16）に刺激を受け、北陸地方でも、私設鉄道会社を設立しようとする動きはありました。それでも、福井、石川、富山の3県の足並みがそろわず、最終的には、官設鉄道の敷設を請願することになりました。

こうしたこともあり、1892（明治25）年6月21日公布の鉄道敷設法の予定鉄道線路（→P29）には、北陸線の敦賀～富山間と富山線の富山～直江津間があげられます。そして、1899（明治32）年3月20日には富山までが開通し、1913（大正2）年4月1日に直江津までの全線が開通したことで、北陸本線となりました。さらに、1924（大正13）年7月31日の羽越本線（新津～秋田間）の全通により、北陸、信越、羽越、奥羽の4線による米原から青森までの日本海縦貫線が形成されると、北陸本線は、北海道や東北地方と西京（京都）方面を結ぶ大動脈の一端を担うようになりました。そうしたなか、北陸本線の発展とは裏腹に、敦賀や長浜は、輸送拠点としての存在感が薄れ、途中駅のひとつに埋没していきます。

北陸本線の大動脈化は、貨物列車の重量化を招き、ついに1928（昭和3）年12月6日、25パーミルの勾配が連続する長さ1352メートルの柳ケ瀬トンネル内で、3台の大型蒸気機関車から排出された煤煙と水蒸気により、14名の乗務員が窒息（うち３名が死亡）する重大事故が発生してしまいました。

　これを機に、木ノ本～疋田間の新線への切り替えが検討されることになります。その結果、１８７６（明治９）年にボイルが提唱した塩津から深坂古道に沿って疋田に至るルートが採用されましたが、33パーミルの勾配で峠を越えるボイル案とは異なり、長大トンネル（深坂トンネル）で山地を貫通することになりました。また、１９３１（昭和６）年に開通した上越線の清水トンネル（９７０２メートル／↓P48）以降、長大トンネルを有する区間は電化することが通例となっていたので、北陸本線でも、この深坂トンネルの使用に合わせて、田村～敦賀間の電化が計画されました。

　トンネル工事は、１９３８（昭和13）年に開始されたものの、第二次世界大戦の勃発や戦後の不況によって度々中断し、延長５１７０メートルの深坂トンネル

鉄道のトンネルとして使用されていた時代の柳ヶ瀬トンネルの福井県側の抗口。1964（昭和39）年の鉄道の廃止に伴い、道路のトンネルとなり、いまでも使用されている。　写真提供：京都鉄道博物館

柳ヶ瀬トンネルを抜ける蒸気機関車。滋賀県側の抗口の上には、煤煙と水蒸気による重大事故を受け、1933（昭和８）年に設置した送風設備のある建物が見える。　写真提供：長浜市

が完成したのは、15年後の１９５３（昭和28）年でした。ただし、電化対応の遅れにより、新線への切り替えは、１９５７（昭和32）年10月１日にずれ込みました。電化対応が遅れたのは、北陸本線が日本で初めての本格的な交流電化の導入事例となったことに起因します。

鉄道電化には、直流方式と交流方式があります。直流方式は、地上側の電気設備が大々的になる反面、車両側の機器は簡単な構造で済む（交流方式はその逆）ため、もともと電気設備が充実している都会周辺の鉄道電化に適しています。日本では、軌道（路面電車）から電気運転がスタートしたという経緯もあり、第二次世界大戦後までに電化された鉄道路線は、すべて直流方式でした。

深坂トンネル（左）と新深坂トンネル（右）の福井県側の坑口。1966（昭和 41）年、複線化のために並行して建設していた新深坂トンネルが完成し、深坂トンネルは、上り線のトンネルとなった。

そもそも国鉄は、都市近郊区間のほかは、信越本線の横川～軽井沢間、上越線の水上～石打間、中央本線の浅川（現在の高尾）～甲府間、仙山線の山寺～作並間、山陽本線の下関～門司間、奥羽本線の福島～米沢間など、トンネルの連続する区間や長大トンネルのある区間しか電化しておらず、電化率は10パーセント程度でした。それでも、戦後の混乱が収まり、景気が回復してくると、国鉄では、複線化とともに、電化による動力近代化が課題となりました。そこで国鉄は、これからは幹線を中心とした電化が予定されるため、１９５３（昭和28）年に「交流電化調査委員会」を内部に設置し、ヨーロッパを参考に勉強したうえで、仙山線の作並〜熊ヶ根間で実地試験を行なうことにしました。

ところが、この実地試験のためにフランスから交流電気機関車を輸入しようとしたところ、輸入した機関車をサンプルにして国産量産化を行なってきた過去の事例から、輸出を拒否されてしまいました。そこで急遽、日本を代表する重電3社（三菱、日立、東芝）に交流電気機関車の試作を依頼することになり、その完成を待ったため、仙山線での試験開始は1955（昭和30）年となりました。

この仙山線での試験が、北陸本線を交流電化するために行なわれたのか、試験の結果が良かったから北陸本線に本格導入したのかは定かでなく、北陸本線の電化方式が、途中で直流から交流に変更されたという説もあります。しかし、1957（昭和32）年の前半に、三菱製のＥＤ70形交流電気機関車18両が敦賀機関区に配属されていることを考えると、遅くとも1年以上前には方針が決定されていたことになるので、やはり、北陸本線を交流電化することを見据えての仙山線での試験だったのではないでしょうか。

ところで、北陸本線の電化区間が、起点の米原からではなく、米原の2つ先の田村からとしたのは、なぜでしょうか。

仙山線の作並〜熊ヶ根間を試験区間に選んだ理由は、作並〜山寺間が直流電化されていたので、

長浜鉄道スクエアに保存されている、ED70 形交流電気機関車の１号機。

饋電《きでん》（架線から車両に流れる電気）を直流と交流に切り替える試験が行なえたからです。直流電化区間と交流電化区間を通して列車を運行する方法には、架線にデッドセクション（無電区間または死電区間）を設け、その区間を惰行中に車両側で機器を切り替える方式（車上切替方式）と、直流と交流のどちらの饋電にも対応できる一定範囲の区域を設け、そこに在線する車両に応じた電気を流す方式（地上切替方式）の二種類があります。もちろん、車上切替方式には、交流区間でも直流区間でも走行可能な交直両用車両が必要ですが、交流電気機関車の製造すらままならなかった当時の日本の車両技術力では、交直両用電気機関車を製造することは不可能でした。そのため、地上切替方式を採用せざるを得なかったのです。ただし、地上切替方式を導入するには、それに適した構内配線であることに加え、電気機関車を交換するための余裕あるダイヤ（構内作業ダイヤという）が組めることが条件となります。

昭和 40 年代に米原駅付近を撮影した航空写真。駅構内の手前が在来線（東海道本線と北陸本線）で、奥が東海道新幹線。
写真提供：滋賀県

この条件が満たされたため、１９５９（昭和34）年７月１日の東北本線の黒磯～白河間の交流電化の際には、黒磯駅構内に地上切替方式が導入されましたが、１９５７（昭和32）年10月１日の北陸本線の交流電化では、米原駅構内に地上切替方式を導入することは見送られました。それは、東海道本線と北陸本線が合流する要衝である米原駅は、縦横無尽に往来する両線の列車に加え、構内での入れ換え作業もあり、複雑な構内配線と煩雑な列車取り扱いにより、地上切替が困難であったことが理由でした。

このため、米原から2つ先の田村駅を交流電化区間の始端とし、米原～田村間は蒸気機関車（後にディーゼル機関車）が列車を牽引してリレーすることになったのです。

その後、交直両用電車（471系）の運転に伴い、1962（昭和37）年12月28日から田村駅の上り方（米原寄り）にデッドセクションを設け、米原とセクションの間を直流電化とし、セクションと田村の間を交流電化としました。それでも、製造費が高額な交直両用電車の増産は進まず、北陸本線の大半の旅客列車は、相変わらず機関車が牽引する客車列車でした。一方で、その当時の東海道本線は、1958（昭和33）年に急行用の153系直流電車が登場し、1963（昭和38）年には近郊用の111系直流電車が登場したことで、客車列車の電車化が急速に進展していました。

こうしたことから、北陸本線内を走る旅客列車は、一部の長距離優等列車を除き、大部分が米原発着となり、東海道本線と北陸本線の運行系統が分断されてしまいました。もとを辿れば、京都府の要望により建設された米原～敦賀間ですが、このような事態は、乗り換えで増える所要時間以上に、西京（京都）と湖北を心理的に遠ざけてしまったのでした。

北陸本線の交流電化を祝い、列車の出発を見送る人々。　写真提供：滋賀県

●湖南、湖東に取り残された湖北の鉄道

私鉄優位とされてきた関西地区の国鉄在来線で、大阪万博終了後の１９７０（昭和45）年10月に、京都〜西明石間で「新快速」が運行を開始したことは、たいへん衝撃的でした。京都〜草津間の複々線化の実現もあり、翌年からは、運行区間が草津まで延長されます。これは、野洲《やす》に電車基地があり、回送を兼ねていた側面もありましたが、湖南の地域が京都や大阪と直結した効果は、時間短縮以上に大きく、草津市や守山市は、大阪や京都へ通勤する人々のベッドタウンと化したほか、京都市内から大学キャンパスが移転したこともあり、急激に人口が増加していきました。

こうした積極的な営業戦略は、大阪鉄道管理局が仕掛けたものでしたが、実は、この管理局制度が琵琶湖を廻る鉄道に、大きな影響を与えていたのです。というのは、米原と彦根の間が、大阪鉄道管理局と名古屋鉄道管理局の境界に、米原と坂田の間が、名古屋鉄道管理局と金沢鉄道管理局の境界となっていたからです。

国鉄時代のダイヤ作成は、特急や急行などの優等列車や長距離を走る普通列車の設定は本社が行なっていましたが、ローカル列車は、管理局ごとに設定していました。そのため、どうしても他局との調整を避ける傾向があり、大阪鉄道管理局内

東海道本線の京都〜草津間の複々線化に伴い、1970（昭和45）年3月に行なわれた開通式。

写真提供：滋賀県

を発着するローカル列車は、要衝駅である米原までは行っても、そこから名古屋鉄道管理局内や金沢鉄道管理局内に足を踏み入れることは稀でした。

しかし、それ以前の問題として、176ページでも記したように、電車化された東海道本線と旧態依然として機関車が客車を牽引する北陸本線との間では、相互直通運転は物理的に不可能になっていたのです。

一方、名古屋鉄道管理局内に目を向けると、大垣に電車基地が設けられていたことや、大垣と米原との間には大きな市街地がなかったこともあり、大垣を境に、上り方（名古屋方面）と下り方（米原方面）とでは列車の運転本数に大きな隔たりがありました。そのことが原因で、米原は、東海地区のネットワークからも外れていました。

こうした状況から、彦根などの湖東の地域と、米原や長浜など湖北の地域は、関西ネットワークに組み込まれた湖南の地域とは異なり、取り残されてしまいました。

東海道本線の複々線化が実現した1970（昭和45）年に、開発が進む草津駅周辺を撮影した航空写真。

写真提供：滋賀県

にわかに台頭してきた湖西の鉄道

琵琶湖の西岸は、１８７１（明治４）年から実施された京都〜敦賀間の測量・調査で、ボイルが琵琶湖を廻るルートの選択肢のひとつにしようとしたところ、「西岸の地域は寒郷貧村ばかりで通商興産の効果が少ない」との理由から早々に却下されて以来、しばらくは、鉄道建設の空白地帯になっていました。そうしたなか、１９２０（大正９）年２月に、滋賀県知事や比叡山延暦寺など、滋賀県の有力者の出資によって江若《こうじゃく》鉄道が設立され、１９３１（昭和６）年１月には、浜大津から近江今津までの51キロメートルが全通しました。なお、もとは近江と若狭を結ぶことが江若鉄道の社名の由来でしたが、近江今津以北の建設は、資金不足と需要が見込めないことで、中止となりました。

ところで、江若鉄道が設立された直後の１９２２（大正11）年に公布された改正鉄道敷設法の別表一覧には、予定線77号として、「滋賀県大津ヨリ高城（現在の堅田駅付近）ヲ経テ福井県三宅ニ至ル鉄道」が記載されています（↓P287）。これは、国による江若鉄道の買収を前提としていました。しかし、戦後になっても国有鉄道を敷設する動きは見られず、沿線の過疎化によって江若鉄道の経営は厳しさを増し、１９６１（昭和36）年

大津市の北小松付近を走行する江若鉄道の列車。　写真提供：滋賀県

には、京阪電気鉄道の援助を受ける有様でした。

一方、このころは高度経済成長期でもあり、増え続ける鉄道貨物需要に応じて増発された貨物列車により、北陸本線が合流する米原と関西地方の拠点貨物駅の吹田操車場との間の線路容量は限界に達していました。そこで、北陸本線の近江塩津から琵琶湖西岸を通って東海道本線の山科に至り、さらに山科から奈良線の新田と片町線の長尾付近を経て、吹田操車場に至るバイパス線を設けることが検討されました。

前者の近江塩津～山科間は、北陸本線と東海道本線を短絡する機能があるので旅客営業も行ない、後者の山科～吹田操車場間は、貨物専用線とする計画でした（後に後者は計画中止）。このため、改正鉄道敷設法別表一覧の予定線77号の「滋賀県浜大津ヨリ…」を「京都府山科ヨリ…」に変更し、あわせて、77ノ2号として「滋賀県今津ヨリ塩津（のちに沓掛附近に変更）ニ至ル鉄道」を追加したうえで、山科～近江塩津間を、1964（昭和39）年に、設立されて間もない日本鉄道建設公団（鉄建公団）の工事線（大都市交通線のD

三井寺下駅に停車中の江若鉄道の列車。写真提供：滋賀県

江若鉄道の最終運転日に、廃止を惜しんで駅を訪れた人々。　写真提供：滋賀県

線）に指定しました。そして、過去の約束どおり、江若鉄道の浜大津～近江今津間51キロメートルのうち、半分以上の31キロメートルの路盤を鉄建公団が買収し、江若鉄道は、1969（昭和44）年11月1日に廃止されました（バス会社として存続）。

工事は、1967（昭和42）年に開始され、1974（昭和49）年7月20日に、湖西線の山科～近江塩津間74・1キロメートルが開業しました。

湖西線は、短絡ルートであるうえに高規格で建設されたので、特急列車のスピードアップも相まって、関西と北陸間の所要時間の短縮効果は絶大でした。また、山科から途中までは、通勤・通学輸送も期待できる地域を走行するため、当初より京阪神都市近郊区間（アーバンネットワーク）に組み入れられ、

湖西線のマキノ～永原間に建設中の峰山トンネル。長さ3910mの峰山トンネルは、湖西線最長のトンネル。
写真提供：滋賀県

湖西線の開業を前に行なわれたレール締結式。
写真提供：滋賀県

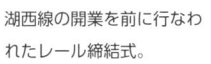

大阪方面からの新快速が堅田駅まで直通しました。そのこともあり、湖西線は直流電化とし、永原～近江塩津間にデッドセクションを設けましたが、このころには、北陸本線を走る特急列車に使用する電車や貨物列車を牽引する電気機関車は交直両用になっていたので、問題はありませんでした。

ただし、普通列車にまで高価な交直両用電車を製造する余裕がなかったのと、近江今津以北の旅客需要が極端に低かったため、京都からの電車は近江今津で折り返し、近江今津から先の普通列車には、電化区間にもかかわらず、気動車（ディーゼルカー）を使用しました。しかも、近江今津～近江塩津間の普通列車は1日にわずか3本しかなく、特急列車を利用しなければ、湖西線で京都と敦賀の間を往来することは困難でした。

湖西線の開業に伴い、西大津駅（現在の大津京駅）で行なわれた発車式。　写真提供：滋賀県

●JR化が明暗を分けた湖北の鉄道

１９７１（昭和46）年に新快速の運転区間が草津まで延長されたことで、草津市はもとより、その先の守山市や野洲町（現在の野洲市）も、大阪・京都への通勤圏となり、さらに大学のキャンパスや工場の誘致もあって、沿線の開発が進みました。このため、１９８５（昭和60）年には、草津止まりだった新快速が彦根まで延長されました。しかし、そこから一駅先の米原には、管理局の壁が立ちはだかっていました。

ところが、国鉄分割・民営化にあたり、北陸本線がＪＲ西日本に編入されることになると、１９８７（昭和62）年３月１日には、名古屋鉄道管理局と大阪鉄道管理局の境界が米原の下り方（米原～彦根間）から上り方（米原～醒ケ井《さめがい》間）に変更されます。そして、ＪＲが発足した４月１日からは、そのままＪＲ西日本とＪＲ東海の境界とされました。

米原までが管轄範囲となったＪＲ西日本は、当初、大阪～米原間の路線に「京都線」の愛称を付けましたが、滋賀県からクレームが出たため、すぐに、京都～米原間の愛称を「琵琶湖線」に変更しました。こうして、米原までが京阪神都市近郊区間（アーバンネットワーク）に組み入れられ、早くも１９８８（昭和63）年３月に実施されたダイヤ改正により、新快速が米原まで運転されるようになります。これは、実際の時間短縮効果以上に、京阪神の人々に米原を身近な存在に感じさせる効果がありました。

一方、普通列車の本数が少なく、米原駅で乗り換えが必要な北陸本線の長浜は、米原からわずか

7・7キロメートルの距離にもかかわらず、遥かに遠いイメージを持たれていました。また、特急列車や貨物列車の多くが湖西線経由となってしまったため、米原～近江塩津間は、本線といえども、ローカル線の色彩を帯びてきました。

こうしたことから、同じ湖北に分類される米原と長浜の格差は、広がっていくばかりでした。

●京阪神との一体化に街の命運をかけた長浜市

米原まで新快速が延長された一方で、湖西線では、国鉄時代の1986（昭和61）年11月に、新快速の運転区間が堅田から近江舞子まで延長され、JR西日本になってからは、多くのローカル列車が京都から永原まで直通するようになり、湖西も京阪神との繋がりを深めていきました。

こうした動向を注視していた湖北の人々は、沿線の市や町を活性化するためには京阪神と直通する列車の運行が不可欠と判断します。そして1986（昭和61）年には、滋賀県と沿線の市町村や商工会が「北陸本線直流化促進期成同盟会」を設立し、国鉄に対する要望活動を行ないました。そこで中心となって動いていたのは、長浜市でした。

長浜といえば、京都敦賀間鉄道のルートを決める際の近江商人による誘致活動が思い返されますが、後に、北陸新幹線の敦賀以西のルート選定で米原ルートを最も熱心に主導したのも長浜市でした。2006（平成18）年の長浜市長選挙では、北陸新幹線誘致を公約にした候補者が当選しています。

１９８７（昭和62）年以降、北陸本線がＪＲ西日本の管轄になったことは、北陸本線を京阪神と一体化させたい同盟会の主張に追い風となり、工事費約７億円を滋賀県と長浜市が負担することを条件に、従来の坂田～田村間の交直セクションを長浜～虎姫間に移設し、米原～長浜間を直流化することが決定しました。そして、工事完了後に実施された１９９１（平成３）年９月14日のダイヤ改正では、それまで米原を発着駅としていた新快速の半数が長浜まで直通するようになり、琵琶湖線の該当区間も、京都～長浜間に変更されました。

これにより、長浜市は、京阪神の通勤圏となったことによる人口増加と、伝統的建造物群を活かした黒壁スクエアなどに訪れる観光客の増加という二重の恩恵を授かり、街づくりの好例として、全国から注目されました。

北陸本線の米原～長浜間の直流電化への切り替えに伴い、1991（平成３）年９月に行なわれた式典。　写真提供：滋賀県

北陸本線の米原～長浜間の直流電化への切り替えと新快速の運行に伴い、長浜市で行なわれた記念式典。　写真提供：滋賀県

●敦賀にまで及んだ直流化の波

湖西では、永原までが京阪神都市近郊区間（アーバンネットワーク）となり、湖北では、長浜市がその仲間入りを目指していたこともあり、さらに一歩進んで、湖西と湖北とを直通して環状線化する構想が生まれます。その結果、1990（平成2）年5月には、湖西と湖北の自治体が一体となった「琵琶湖環状線促進期成同盟会」が結成されました。

こうした自治体からの働きかけに対し、JR西日本は、北陸本線の長浜と湖西線の近江今津を結ぶ区間運転の実施などで応えましたが、やはり交流区間と直流区間の問題がネックとなり、それ以上の拡大は困難な状況でした。

このため、湖北の各自治体は、長浜市の事例を参考に、直流化に要する工事費用を毎年基金として積み立てることにしました。さらに、長浜市の成功事例を目の当たりにした敦賀市は、京阪神からの観光客誘致には新快速の敦賀直通が必須との結論に至り、福井県を巻き込んでJR西日本に働きかけるとともに、琵琶湖環状線促進期成同盟会との連携を図りました。

JR側としても、賛同できる内容であり、滋賀県および福井県とJR西日本で協議の足並みはそろいました。しかし、交流から直流への変換距離が長く、膨大な額となる地上設備の工事費（約140億円）と、新快速の敦賀延長や湖北区間の列車増設のために増備しなければならない電車の新造費（約20億円）の負担が問題となりました。

話し合いの結果、工事費の全額を滋賀県と福井県で負担し（工事割合に応じて案分）、JR西日本が電車の新造費を負担することで合意しました。そして、北陸本線の長浜～虎姫間と湖西線の永原～近江塩津間にあったデッドセクションが敦賀～南今庄間（北陸トンネルの上り方）に移設され、２００６（平成18）年10月21日のダイヤ改正により、新快速の敦賀直通運転が実現しました。

敦賀発着の新快速は、湖西線ルートと米原からの北陸本線ルートの双方から交互に設定されましたが、琵琶湖環状線構想を反映して、新快速と接続する近江塩津発着の列車も設定され、湖西と湖北の連絡強化が図られました。

ただし、ＪＲ西日本が定めた京阪神都市近郊区間（北陸本線は長浜まで、湖西線は永原まで）も琵琶湖線の愛称が適用される区間（京都～長浜間）もそのままで、敦賀までは延長されませんでした。これについては、素直に考えると、敦賀は京都の近郊とは言い難く、琵琶湖から離れていることがその理由ですが、穿った見方をすると、近江塩津と新疋田の間が近畿統括本部京都支社と金沢支社の境界になっているという、ＪＲ西日本の内部事情が影響しているようにも思えます。

しかし、そんな些細なことよりも、敦賀市にとっては、京阪神の駅や電車の行き先表示に「敦賀」と記されることによる宣伝効果の方が、重要なことでした。

北陸本線の直流電化区間を走る新快速。

●時代は廻る（北陸新幹線の大阪延伸時には…）

京阪神からの直流電車は、敦賀以北は運行できないため、北陸本線の普通列車の運行形態は、敦賀を境に完全に分離されました。かつて名門とされた敦賀機関区があり、北陸本線随一の要衝であった敦賀駅が、北陸本線、東海道本線、湖西線の実質的な乗り継ぎ駅と化している現実に対し、年輩の人であれば、違和感を禁じ得ないはずです。しかし、もともと米原～敦賀間は、東海道本線の支線として敷設され、北陸本線は敦賀から富山に向かって建設されたという歴史的経緯を顧みると、廻り廻って本来の姿に戻ったのかもしれません。

日本海の海産物を西京（京都）へ輸送するためにスタートした琵琶湖を廻る鉄道は、一時は東西幹線鉄道の代役となり、やがては日本海側を縦貫する幹線の一角となるなど、その時代に求められた役割を担ってきました。そして、琵琶湖を廻る鉄道は、そのルートでも、時代によって栄枯盛衰の歴史を辿ってきたのです。

「大概寒郷貧村ニシテ通商興産ノ目的少ナク」との理由から井上勝に無視された湖西ルートでは、北陸本線のバイパス路線として建設された湖西線が、京阪神のベッドタウンとして沿線が注目されたことで、通勤・通学輸送を担う都市近郊路線となりました。一方、江戸時代より北国街道に沿って栄えてきた湖北には、早くから鉄道が敷設されたものの、やがて形成された北陸本線の一部に埋没してしまい、東海道本線沿いに拡大してきた近畿圏からの開発の波は届かず、さらに、湖西線にメインルートの座も奪われてしまいました。

　近年、北陸新幹線の敦賀以西のルートを選定する過程において、小浜・京都ルートの場合は湖西線が並行在来線（↓P150）の対象になるとJR西日本が示唆したことを、滋賀県知事が明らかにしています。もしそうなると、国有鉄道の流れを受け継ぐ琵琶湖を廻る鉄道は、再び北陸本線の米原〜敦賀間だけとなり、1869（明治2）年の鉄道建設計画に定められた「東京と京都（西京）を結ぶ幹線」と「幹線から分岐して敦賀に至る鉄道」が同時に全通した1889（明治22）年の姿に戻ることになります。

　こうしたことを考えると、栄枯盛衰・紆余曲折をしながら、時代は廻っているのです。

琵琶湖を左に眺めながら、湖西線を山科方面に向かう新快速。

2 伊那谷を廻る鉄道誘致の歴史

愛知県の豊橋と長野県の辰野を結ぶ飯田線は、豊川鉄道、鳳来寺鉄道、三信鉄道、伊那電気鉄道の4社の私鉄として建設された路線を、1943（昭和18）年に国有化することで誕生しました。なかでも、伊那谷を縦断する伊那電気鉄道は、東京と京都を結ぶ東西幹線鉄道のルートの候補になったこともあり、沿線の人々の鉄道への想いの強さが感じ取れます。2027年には、その伊那谷を、リニア中央新幹線が通ることになっています。

伊那谷を廻る鉄道路線図

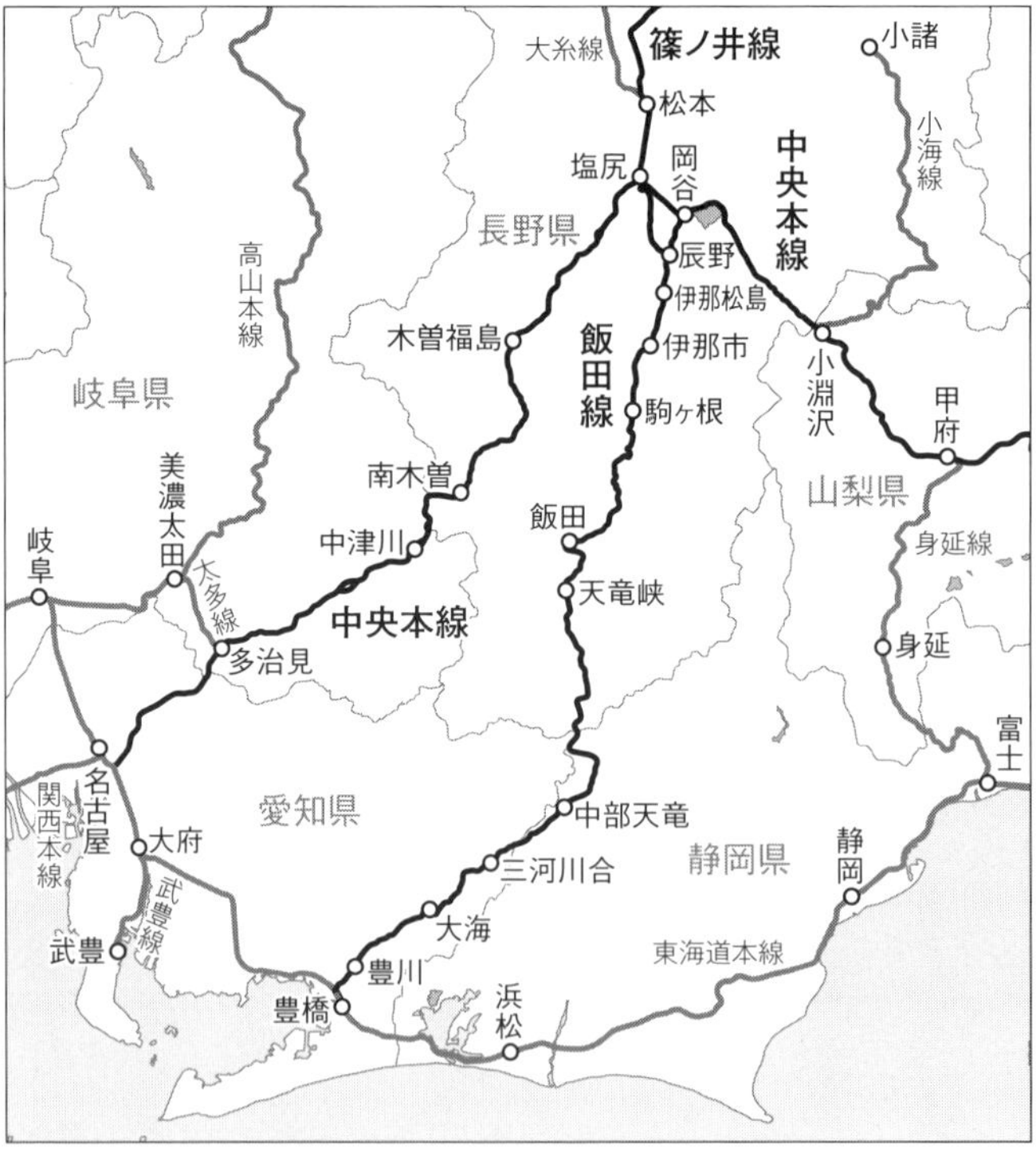

関連年表

年	ここで紹介する鉄道関係の主要事項
1869（明治 2 ）年	鉄道建設の廟議決定（1幹線と3支線）
1883（明治 16）年	東西幹線鉄道の中山道ルートでの建設を決定
1886（明治 19）年	東西幹線鉄道の建設を東海道ルートに変更
1892（明治 25）年	鉄道敷設法公布（中央鉄道が建設予定線となる）
1894（明治 27）年	中央鉄道の建設が決定（木曽谷経由）
1897（明治 30）年	吉田（現在の豊橋）〜豊川間で豊川鉄道が開業
1900（明治 33）年	豊川鉄道の吉田（現在の豊橋）〜長篠（現在の大海）間が全通
1906（明治 39）年	岡谷〜辰野〜塩尻間の開通で八王子篠ノ井間鉄道が全通
1907（明治 40）年	伊那電車軌道の設立（1919 年に伊那電気鉄道に改称）
1909（明治 42）年	伊那電車軌道の辰野〜松島（現在の伊那松島）間が開業
1923（大正 12）年	鳳来寺鉄道が長篠（現在の大海）〜三河川合間で開業
1927（昭和 2 ）年	伊那電気鉄道の辰野〜天竜峡間が全通
1929（昭和 4 ）年	三信鉄道の設立
1937（昭和 12）年	三信鉄道の天竜峡〜三河川合間が全通（現在の飯田線が全通）
1943（昭和 18）年	伊那電気鉄道、三信鉄道、鳳来寺鉄道、豊川鉄道の国有化
1967（昭和 42）年	中津川線（飯田〜中津川）の建設を開始
1973（昭和 48）年	東京都と大阪市を結ぶ中央新幹線の建設が決定
1980（昭和 55）年	国鉄再建法による中津川線の工事凍結
1983（昭和 58）年	塩嶺トンネルの開通で岡谷〜塩尻間の中央本線の新線が開業
2010（平成 22）年	中央新幹線（リニア中央新幹線）の南アルプスルートによる建設が決定

飯田線の普通列車と中央アルプス（木曽山脈）の山々。写真の 119 系電車は、すでに引退。

かつて中央本線の善知鳥《うとう》峠を走っていた貨物列車。善知鳥峠は、大八回り（→ P203）とよばれる岡谷〜辰野〜塩尻間の塩尻寄りにある峠。

東西幹線鉄道の誘致運動

1869（明治2）年に政府が策定した1幹線3支線の鉄道を建設する計画（→P10）に基づき、翌年には、土木司員の小野友五郎と佐藤政養《まさやす》が、「東京と西京（京都）を結ぶ幹線（東西幹線鉄道）」のルートを決定するために、東海道の測量調査を実施しました。その結果、東海道ルートは、箱根の峠越えとともに、富士川、大井川、天竜川などの広大な河川への架橋が技術的な課題となるとしながらも、それをもって実現性を否定するのではなく、「海運と競合する東海道より、険峻で交通が不便な中山道に鉄道を通した方が、経済発展に繋がる」という政策的な視点での提言を行なっています。それを受けた政府は、1874（明治7）年、お雇い外国人のボイル（→P162）に、中山道の測量調査を依頼します。ボイルは、その2年後に政府に提出した上告書で、中山道ルートを追認しました。それでも政府は、東京と西京（京都）を結ぶ幹線のルートを確定しませんでした。それは、新政府に対する士族の反乱が各地で相次ぎ、その鎮圧に多額の費用を要するため、鉄道建設どころではなかったからです。

ここで不思議なのは、江戸幕府によって整備された五街道のひとつである甲州街道が、ルートの選択肢にまったくあがらなかったことです。五街道といっても、東海道、中山道と、日光街道、奥州街道、甲州街道とでは格が違い、江戸と京都を連絡する道路だけに「道」の称号が与えられ、他の道路は、「街道」とよばれたのかもしれません。

そうしたこともあったのか、参勤交代のために中山道で江戸へ向かう場合、諏訪から先は、中山道よりも甲州街道の方が距離は短いにもかかわらず、大多数の藩は、インフラが整備された中山道を使い、甲州街道を利用したのは、高遠藩、高島藩、飯田藩だけだったと伝えられています。これら南信地方（諏訪湖から伊那谷までの天竜川流域一帯）の3藩だけが甲州街道を使っていた理由は定かではありませんが、現在の中央自動車道が伊那谷を経由している原点が、ここにあるような気がします。

1880年ごろに話を戻すと、1幹線3支線の鉄道建設計画のうち、東京（新橋）～横浜間と京都～神戸間の2支線は完成し、幹線から分岐して敦賀に至る支線も、京都敦賀間鉄道として着工していました。ところが、肝心な東京と西京（京都）を結ぶ幹線は、やはり財政上の理由から、白紙の状態でした。

そこで、遅々として進まない鉄道整備に業を煮やした岩倉具視や伊藤博文らは、私有資本を用いた鉄道建設を推奨し、1881（明治14）年11月には、私設鉄道会社「日本鉄道」が設立されました（↓P16）。日本鉄道の設立趣意書には、「東京より上州高崎に達し、さらに高崎より中山道を通し越前敦賀の線（京都敦賀間鉄道）に接続し、即ち東西京の連絡をなす」鉄道の建設が記載され、実際に1884（明治17）年5月には、上野から高崎までを全通させています。

こうした日本鉄道の動きに対して、鉄道国有論者である井上勝（↓P11）は反発し、1882（明治15）年には工部卿あてに建白書を提出します。その中で井上は、東西幹線鉄道の重要性から日本鉄道に建設を認可した上野～高崎間の工事を工部省鉄道局が受託して行なうことと、高崎から先は官営鉄道（国有鉄道）とすることを訴えました（↓P17）。この井上の訴えは認められ、日本鉄道が計画した東西幹線鉄道のルートを、図らずも井上が踏襲することになりました。ただし、東側は、日本鉄道によって上野から高崎までが開通間近であり、西側は、京都から大垣までの工事をなし崩し的に井上自身が進めてきたこと（↓P168）を考えれば、井上には、中山道ルート以外の選択肢はありませんでした。

このような経緯から、井上は、１８８３（明治16）年8月に政府からルートの内定を求められると、中山道ルートを具申します。それを受けた政府は、9月に正式決定したうえで、「中山道鉄道建設公債」の発行を決議しました。

こうして、東西幹線鉄道が中山道ルートで決定しましたが、中山道自体にレールを敷設するわけではないので、次は、具体的なルートが検討対象となります。ある文献によると、政府内部から工部省に対して諏訪から尾張に至るルートに関する照会があり、そのとき工部省は、かつてボイルが測量調査を行なった木曽谷を通過する西筑摩郡ルートで検討しているものの、木曽谷は地勢が狭小なため、場合によっては、木曽山脈の東南を迂回して三州（三河国）に抜けることもあり得ると回答しています。下伊那郡の有志が「鉄道布設ニ付具申書」を工部卿あてに提出したとする１８８４

陣場形山から伊那谷の中央部に位置する飯島町と中央アルプス（木曽山脈）を臨む。　写真提供：松島信幸

（明治17）年2月20日付けの記録が残っているので、このとき政府を動かしたのは、伊那谷を生活拠点とする有力者であったと思われます。具申書では、人口、物産、地形、気候など、すべてにおいて、西筑摩郡は上伊那郡・下伊那郡に劣ることをあげ、ルートの変更を訴えています。

こうしたこともあったためか、井上は、同年5月から約2か月間にわたり、中山道全域の視察を行なっています。結果は、思っていたよりも沿道の人口が少ないことが判明し、寒郷貧村に鉄道を敷いても意味がないと常々主張してきた井上にとっては、悩ましい状況でした。しかし、それよりも、険峻な碓氷峠（↓P48）に鉄道を敷設する方法が見つからず、１８９０（明治23）年に開催される第一回帝国議会までに東西幹線鉄道を開通させるという最重要課題の達成が困難であることを、井上は痛感させられました。

これを機に井上は、中山道鉄道（中山道ルート）の建設に懐疑的となり、密かに東海道ルー

陸域観測技術衛星「だいち」による伊那市周辺と南アルプス（赤石山脈）の衛星画像。天竜川の流れる伊那谷が、南アルプスの左側に並行している。

トを部下に視察させ、その結果などからルートの変更を決意します。その結果、政府は、沿岸ルートを嫌う軍部の反対を押し切り、1886(明治19)年7月、中山道から東海道へのルート変更を正式に決定しました。この決定に伴い、東西幹線鉄道が伊那谷を経由する可能性はなくなり、伊那谷の誘致運動は自然消滅することになりました。

●中央鉄道の誘致運動

諏訪湖の周辺で産出される生糸を横浜港まで鉄道で輸送することを目的に、1887(明治20)年に設立されたのが、私設鉄道会社の甲信鉄道です。御殿場~甲府~松本間の鉄道建設免許を鉄道局に出願したところ、御殿場~甲府間の建設計画が余りにも非現実的であったため、鉄道局長の井上勝は、甲府~松本間に限って仮免許を交付しました。1889(明治22)年になると、山梨鉄道が設立され、その年に新宿~八王子間を開業した甲武鉄道との接続を考え、八王子~甲府間の免許を出願したとの記録がありますが、こちらは、後に中央鉄道の建設計画により、会社自体が解散しています。

こうした甲信鉄道や山梨鉄道の動きは、甲州街道ルートの存在を井上に知らしめる結果となり、やがて井上は、中山道鉄道を途中で投げ出した汚名を、中央鉄道によって返上することを考えるようになりました。そこで井上は、1891(明治24)年7月に「鉄道政略ニ関スル議」を政府に提出し、軍部の威光を笠に、「東京名古屋ノ両所ヲ連絡スル中央鉄道ヲ以テ最大緊急ナリトスルハ軍人社会ノ定論」であるとして、中央鉄道の敷設を最優先課題にしています。

そこには、中央鉄道の具体的な経由地（ルート）までもが言及され、「信州上田ノ近傍ヨリ松本ニ出テ所謂木曾街道ヲ経テ名古屋ニ達スルモノ或ハ八王子ヨリ甲府ニ出テ夫ヨリ松本ノ平原ニ由リ木曾街道ニ入ルカ又ハ伊那地方ヲ経テ名古屋ニ至ルモノ等ノ数線アリ」としています。前段については、上田が中山道鉄道を建設するために直江津から資材を運搬する拠点として考えられていた場所であったことからも、中央鉄道としながら、明らかに中山道鉄道の復活であることが一目瞭然です。後段については、甲信鉄道や山梨鉄道の計画を一部流用していることや、甲府から名古屋に至る経路に木曽街道を経由するルートと伊那地方を経由するルートを併記していることが注目されます。さらに、「伊那地方ヲ経過スル線路ハ最モ直線ニ近キモノナレハ距離随テ最モ短カク、物産豊饒ナル甲信ノ要地」と讃えているのは、中山道鉄道の際に熱心に誘致運動を行ない、後に衆議院議員となった、下伊那郡出身の伊藤大八（→P202）に配慮したのかもしれません。

井上の「鉄道政略ニ関スル議」をもとにした鉄道敷設法（→P24）の制定の動きは、瞬く間に関係地方に伝播し、1891（明治24）年10月には、伊那谷出身の有力者一同の名で「中央鉄道伊那線布設ニ関スル趣意書」が政府に提出されます。そこでは、伊那谷経由の方が軍事・経済両面で木曽谷より有利なことが強調され、加えて、費用の一部を負担する意向も示されていたといいます。

こうした伊那谷側の誘致運動に対し、木曽谷側も、「中央鉄道中仙道即チ木曾線布設ニ関スル趣意書」を12月に提出し、軍事に関する伊那谷側の主張は事実無根であると否定したうえで、木曽街道ルートの方が距離は短く、工事も容易であることを強調し、用地の一部を提供する意向も示したとされています。

その後、水面下でどのような誘致合戦が繰り広げられたのかは明らかではありませんが、1892（明治25）年6月21日に公布された鉄道敷設法の第2条で定められた予定鉄道線路の筆頭には、「神奈川県下八王子若ハ静岡県下御殿場ヨリ山梨県下甲府及長野県下諏訪ヲ経テ伊那郡若ハ西筑摩郡ヨリ愛知県下名古屋ニ至ル鉄道」すなわち中央鉄道が掲げられ（→P264）、注目の甲府から名古屋に至るルートは、伊那線と西筑摩線が併記され、この時点では勝敗はつきませんでした。

なお、井上が画策した中山道鉄道の復活については、予定鉄道線路の二番目の「長野県下長野若ハ篠ノ井ヨリ松本ヲ経テ前項ノ線路ニ接続スル鉄道」で実現しようとしていますが、直江津線（1888年に全通した直江津〜軽井沢間の鉄道）から松本に至る分岐点が「信州上田ノ近傍」から「長野若ハ篠ノ井」に変更されています。また、本題から外れますが、甲信鉄道の御殿場から甲府に至る計画を実現不可能と断定し、中央鉄道の起点を八王子一本に絞っていた井上が、ここで「静岡県下御殿場ヨリ」を再び候補に加えるに至った事情は謎とされています。結局、このことが、「鉄道敷設法は実際の測量もしないで空想を列記したに過ぎない」として井上を批判してきた議会にとって、格好の攻撃材料となり、最終的に井上が鉄道局長を辞任させられる引き金となってしまったのです。

話を戻すと、鉄道敷設法第10条「政府ハ第一期ニ敷設スヘキ鉄道線路ヲ実測シ毎線路ノ工費予算ヲ定メ帝国議会ノ協賛ヲ求ムヘシ」に則り、第一期線に指定された中央鉄道の測量調査が公布直後の7月から実施されます。そして、結果が翌1893（明治26）年2月の鉄道会議（→P27）に報告され、加えて、併記された区間についての政府原案が提示されました。そこでは、諏訪からは西筑摩郡を経由して名古屋に至るルートが選ばれ、その理由を、「距離最モ短ク且ツ工事簡易ニシテ将来発展上適当」としています。

伊那郡経由（伊那線）が、最急勾配三十分の一（33・3パーミル）、線路延長142哩《マイル》26鎖《チェーン》（約229キロメートル）に対し、西筑摩郡経由（西筑摩線）が、最急勾配四十分の一（25パーミル）、線路延長129哩25鎖（約208キロメートル）という数字を比較すれば、政府が西筑摩線を推すのは、むしろ当然のことです。しかし、理由の中にあげた「将来発展上適当」のくだりは、寒郷貧村に鉄道を敷設しても意味がないと主張してきた井上の信条とは明らかに反し、あらためて、「鉄道政略ニ関スル議」で井上が「物産豊饒ナル甲信ノ要地」と伊那地方を讃えたのは、一体何だったのかという気がします。そうなると、政府が西筑摩線を選んだ理由としてあげた「工事簡易ニシテ」というフレーズが、にわかに重要な意味を持ってきます。

伊那線については、さらに阿智村から中津川に至る「神坂《みさか》線」、平谷村から明智を経由して多治見に至る「中馬線」、三州街道（国道153号線）に沿って豊田を経て名古屋に至る「三河線」の3つのルートが検討されています。延長距離が短いのは、神坂線、中馬線、三河線の順ですが、木曽山脈の横断距離が短くなるのは、三河線、中馬線、神坂線の順です（三河線は木曽山脈にかからない）。西筑摩線との差が13哩（約21キロメートル）であることと、最急勾配が三十分の一（33・3パーミル）であることを考えると、鉄道会議に諮られた伊那線は、神坂線の可能性が大です。

神坂線と同じく、標高1569メートルの神坂峠を横断している中央自動車道が、延長8650メートルの恵那山トンネルで木曽山脈を貫通していることを考えると、いくら三十分の一（33・3パーミル）の急勾配で高度を稼いだとしても、かなりの長大トンネルを掘らなければならないはずです。1352メートルの柳ヶ瀬トンネル（→P167）が最長であった当時の技術力を考えると、未曾有の長大トンネルの工事がかなりの障壁となったとしても、おかしくはありません。あわせて、その時点では想定できなかったかもしれませんが、その後、長大トンネルで蒸気機関車の煤煙による窒息事故が頻発したことからも、政府が西筑摩線を推挙したのは妥当であったと思われます。

政府原案に対しては、鉄道会議のメンバーに入っていた伊那谷出身の

陸域観測技術衛星「だいち」による長野県南部の衛星画像。中央部の大きな谷が伊那谷で、その左側には、並行する中央アルプス（木曽山脈）とともに、伊那谷と比較すると狭隘な木曽谷が見える。

伊藤大八らから異論が出たため（八王子～甲府間は異論なし）、メンバー23人による採決に持ち込まれました。結果は、伊那線6人、西筑摩線17人で、政府原案が通りました。

鉄道会議での審議を経て、政府は、第四回帝国議会に、八王子～甲府～塩尻～中津川～名古屋間をルートとする中央鉄道建設の協賛を求めます。ところが、衆議院での議決が次回先送りとなり、第五回帝国議会でも、再度未決となりました。確証はありませんが、こうした裏には、伊那谷からの執拗な巻き返し工作があったと推察されます。結局は、第六回帝国議会で政府原案は可決され、1894（明治27）年6月、中央鉄道の建設が正式に決定しました。

中山道鉄道のときは、木曽谷と共倒れに終わりましたが、今回は木曽谷に敗れたとあって、伊那谷の落胆は相当なものであったという記録が残っています。

●我田引鉄

中央鉄道の工事は、1896（明治29）年に八王子と名古屋の双方から始まり、1903（明治36）年末の時点で、八王子～韮崎間と名古屋～中津（現在の中津川）間が開業し、さらに、東西双方からの延伸工事を継続していました。ところが、1904（明治37）年2月に日露戦争が勃発したことで、国策上必要とされる鉄道を除き、建設が全面凍結となりました。中央鉄道の場合は、外貨獲得のための主要な輸出品であった生糸を輸送するため、岡谷までの延伸が特別に許可され、1905（明治38）年11月には、岡谷までの開通を果たしました。

このころ、日露戦争の影響で、石油を海外から調達することが困難となり、新潟で採掘される石油への依存度が高まったため、北越鉄道~官営鉄道（直江津線）~日本鉄道のルートによる東京方面への石油輸送は、軍部にとって、まさに生命線でした。ただし、急勾配が連続する碓氷峠（→P48）の貧弱な輸送力がネックとなり、当時の資料によると、「一日平均六千七百石ノ石油停滞」する事態を引き起こします。そこで、軍部から早急な対処を求められた政府は、すでに完成していた篠ノ井~塩尻間の鉄道（現在の篠ノ井線）と中央鉄道を接続し、直江津線の碓氷峠を救済するルートを構成することにしました。こうして、岡谷から塩尻までの鉄道建設を継続することになりますが、ここからが本題です。

下諏訪までは甲州街道に沿ってきた中央鉄道は、下諏訪からは、そこで合流する中山道を離れ、左ページの地図からもわかるように、諏訪湖沿いに進み、壮大な逆S字状に惰行して塩尻に至ります。こうなったのは、前に登場した下伊那郡出身の伊藤大八が、中央鉄道を上伊那郡伊那富村（現在の辰野町）に誘致したからだとする「伝説」があります。

伊藤大八（1858~1927）は、長野県下伊那郡上殿岡村の出身で、1890（明治23）年の第一回衆議院議員総選挙で当選し、1898（明治31）年

辰野町の下辰野公園にある伊藤大八の胸像。

写真提供：辰野美術館

から一時は、逓信省鉄道局長を務めています。後に、南満州鉄道の副総裁となり、江ノ島電鉄の創設にも関わったとされる人物です。

木曽谷との熾烈な誘致合戦に敗れた伊藤は、せめて伊那谷の玄関口となる伊那富村（以降、辰野とする）に中央鉄道を誘致しようと考え、さまざまな工作を行ない、これを実現したといわれており、本人も、それを吹聴していたそうです。このため、岡谷から辰野を経由して塩尻に至るルートは、「大八回り」とよばれ、その功績を讃えて、辰野町の公園に伊藤の胸像が建てられています。その一方で、我田引水ならぬ「我田引鉄」の典型事例として、揶揄されています。

しかし、これは伊藤自身が創出した「伝説」であって、このルートを決定した本当の理由は別にあるとするのが、最近の定説となっています。その理由とは、軍部からの圧力により、早期完成が最重要課題とされたことです。

上州からの中山道は、下諏訪の諏訪大社付近で甲州街道に合流したあと、西側に位置する標高999メートルの塩尻峠を越えて塩尻に至りますが、その先の岡谷まで南下した中央鉄道が、最短距離で塩尻に至るためには、標高1050メートルの勝弦峠を越えなければなりません。塩尻峠を

岡谷〜塩尻間の地図

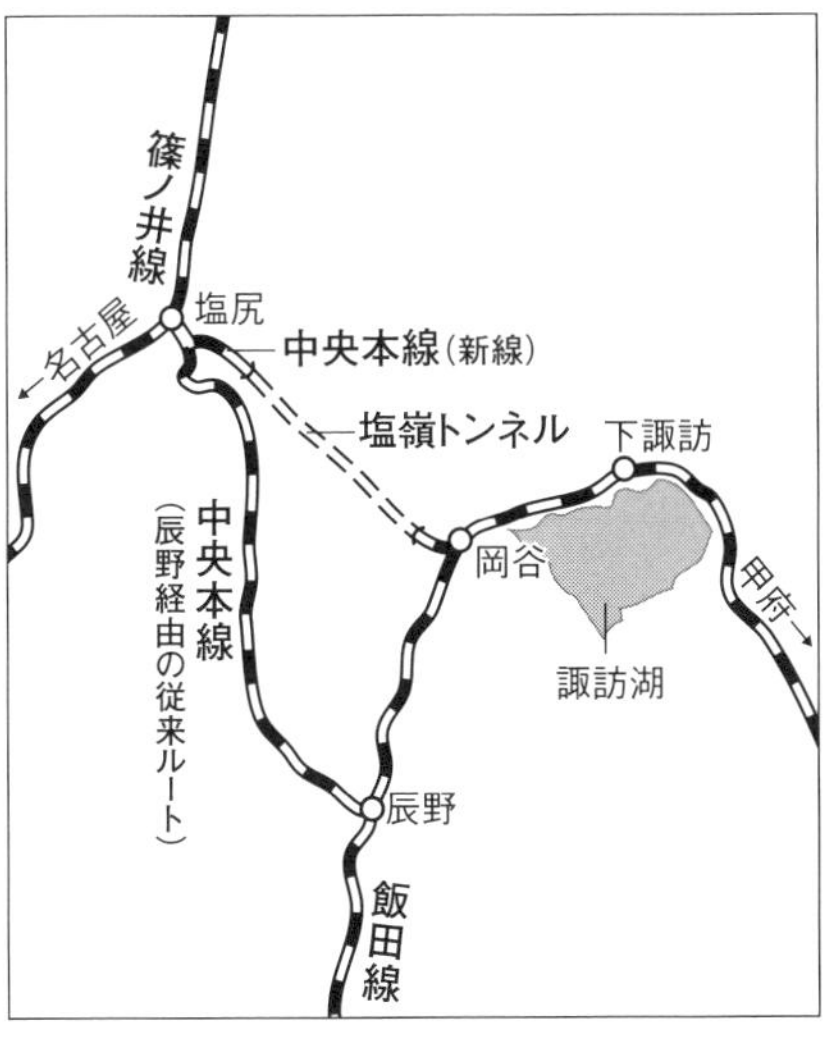

通る中山道も、ヘアピンカーブが連続する険しい山道なので、鉄道の併設は困難です。それよりも標高が高い勝弦峠を越えるためには、かなり長大なトンネルの建設が不可欠です。一方、「大八回り」の岡谷～辰野～塩尻間を見ると、岡谷から南下して辰野に至る伊那道沿いは平地で、辰野から塩尻までの三州街道が越える善知鳥《うとう》峠も、塩嶺峠（塩尻峠と勝弦峠一帯の総称）と比較すると、穏やかでした。

１９０３（明治36）年には、山梨県内の中央鉄道に、延長４６５６メートルの笹子トンネルを完成させているので、塩嶺峠を貫くルートも技術的には可能でしたが、相当な工期を覚悟しなければならず、軍部はそれを待ってはくれません。そうであれば、街道沿いで工事が容易な辰野経由のルートを選択するのは必然で、全国からレールなどの資材や作業員が集められたこともあって、岡谷～塩尻間２７・７キロメートルの工事は、わずか6か月余りで完了し、１９０６（明治39）年６月11日、八王子篠ノ井間鉄道が全通しました。

話が逸れますが、八王子篠ノ井間鉄道は、１９０６（明治39）年10月１日の甲武鉄道の国有化に伴い、御茶ノ水篠ノ井間鉄道となり、さらに、１９０９（明治42）年10月12日の国有鉄道線路名称の制定（→P40）により、昌平橋～塩尻～篠ノ井間が中央東線、名古屋～野尻間が中央西線となりました。その後、同年12月１日に塩尻～奈良井間が開業すると、塩尻～奈良井間が中央東線となり、塩尻～篠ノ井間は、中央東線の支線とされました。そして、１９１１（明治44）年５月１日に、宮ノ越と原野の間で東西双方からのレールが繋がると、昌平橋～塩尻～名古屋間が中央本線となり、塩尻～篠ノ井間は分離され、篠ノ井線となりました。なお、篠ノ井線の起点は篠ノ井となりましたが、中央本線との関係から、篠ノ井を発車する列車が「上り」となっています。

話を戻しますが、中央鉄道が辰野を経由したことは、伊那谷にとっては画期的なできごととなり、この後、伊那谷を廻る鉄道は、新たな展開に進みます。「大八回り」の真偽など詮索せずに、伊藤をはじめとする伊那谷出身者の熱くて根強い鉄道に対する想いが、上伊那郡の片隅であるにせよ、伊那谷に鉄道を通したと信じるべきかもしれません。

なお、岡谷～塩尻間は、1983（昭和58）年7月5日に、勝弦峠の直下を長さ5994メートルの塩嶺トンネルで貫通する新線に切り替えられ、線路延長距離が16キロメートル短縮されました。そのため、現在の飯田線の列車は、早朝の上りと深夜の下りの各1本を除き、岡谷またはそれ以遠の発着となり、かつては乗り換え客で活気に満ちていた辰野駅の現状は、まさに「兵どもが夢の跡」です。

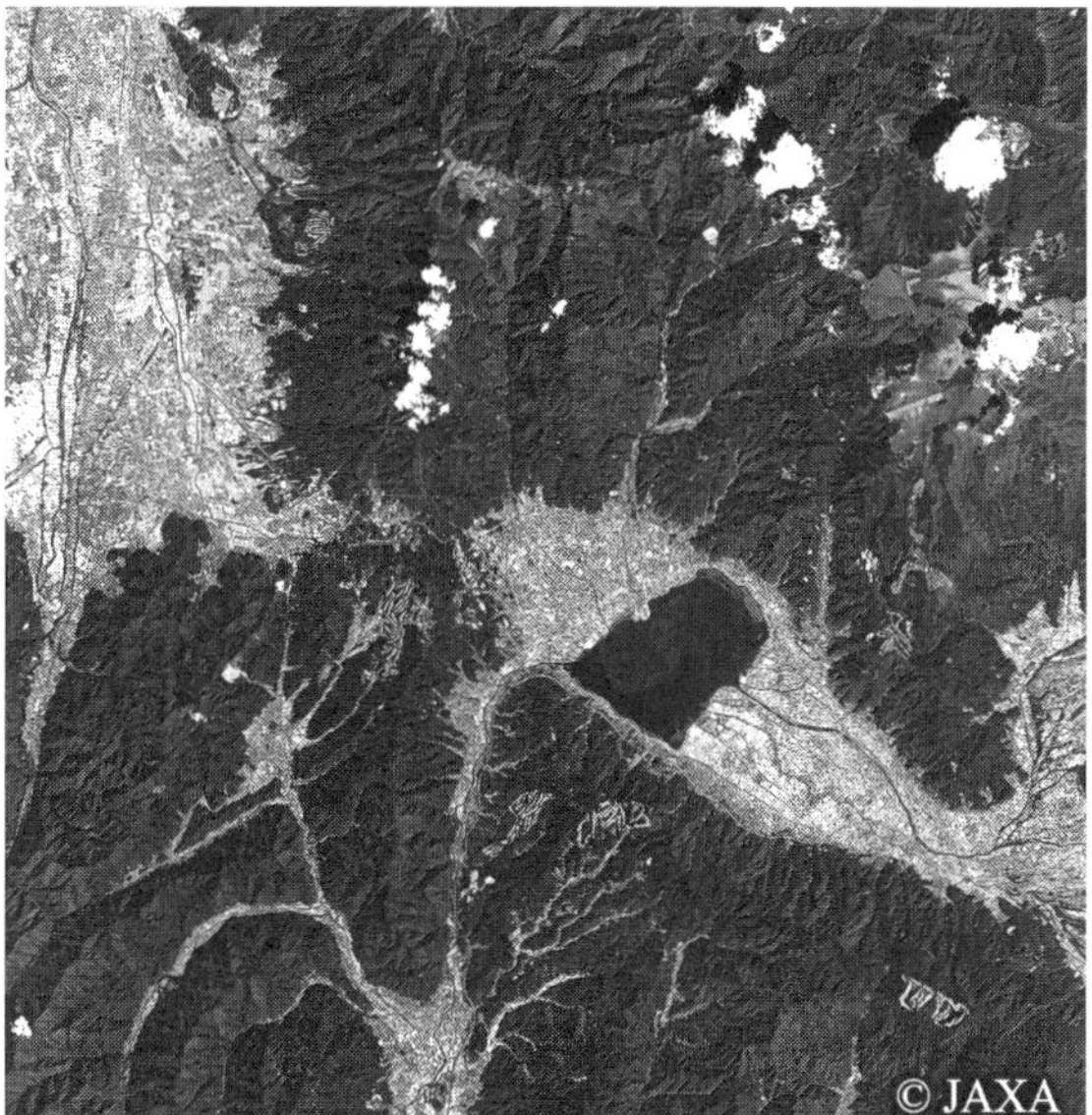

陸域観測技術衛星「だいち」による諏訪湖とその西側の地域の衛星画像。203ページの地図で示した地域が写っているので、岡谷市、塩尻市、辰野町の位置関係と周辺の地形が理解できる。

●伊那電気鉄道が化けた飯田線

辻新次（1842～1915）は、信濃国松本の出身で、文部省で教育行政に長く関わり、「明治教育界の元勲」と称される人物です。1896（明治29）年には、貴族院議員になっています。1886（明治19）年に中山道鉄道の誘致が頓挫した伊那谷では、やがて自らの手で鉄道を建設しようとする動きが生まれ、1895（明治28）年に、辻が音頭を取り、伊那富村（現在の辰野町）から飯田町（現在の飯田市）までの40哩《マイル》（約64キロメートル）の電気鉄道を計画します。ところが、折からの不況によって資本金が集まらず、実現には至りませんでした。

日本では、1895（明治28）年に京都で電気鉄道が開業したばかりでしたが、伊那谷の鉄道が電気鉄道で計画されたのは、大師電気鉄道（京浜急行電鉄の前身）を起こした高木守三郎が、辻の依頼に応じて計画を主導したことと、辻が、自身の経営する電気会社（諏訪電気）による電気供給を目論んだことが理由でした。

1906（明治39）年6月11日から、中央鉄道が辰野（伊那富村／駅名は当初から辰野）を通るようになると、伊那富村から飯田町までの鉄道計画が再燃し、伊原五郎兵衛（飯田町出身の実業家）が中心となり、1907（明治40）年9月に「伊那電車軌道」を設立し、初代社長を辻が務めました。軌道としたのは、1900（明治33）年に制定された私設鉄道法（↓P52）よりも規制が少ない軌道条例の適用を狙ったものでしたが、1919（大正8）年、私設鉄道法よりも大幅に規制を緩和した地方鉄道法（↓P64）が施行されると、地方鉄道法の適用を受ける鉄道会社に移行し、社名を「伊那電気鉄道」としました。

　そうしたなか、鉄道の建設は進み、1909（明治42）年に辰野（中央鉄道の辰野駅とは離れた場所）から松島（現在の伊那松島）まで開業したのを皮切りに、段階的な延伸を重ねた結果、18年を経た1927（昭和2）年には天竜峡まで全通し、念願の伊那谷を縦貫する鉄道が完成しました。

1909（明治42）に伊那電車軌道が開業した当時の辰野停車場。駅舎とともに、構内には電車が見える。　写真提供：福島史雄

伊那電車軌道の小町屋停留場（現在の小町屋駅）。写真は、1915（大正4）年の撮影。　写真提供：駒ヶ根市立博物館

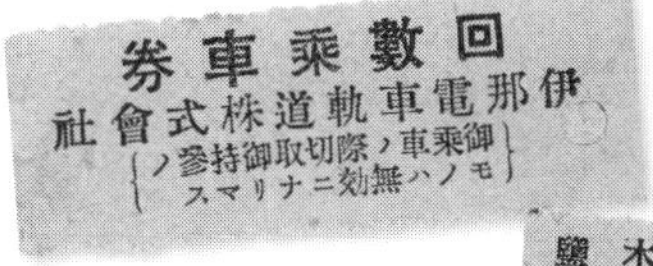

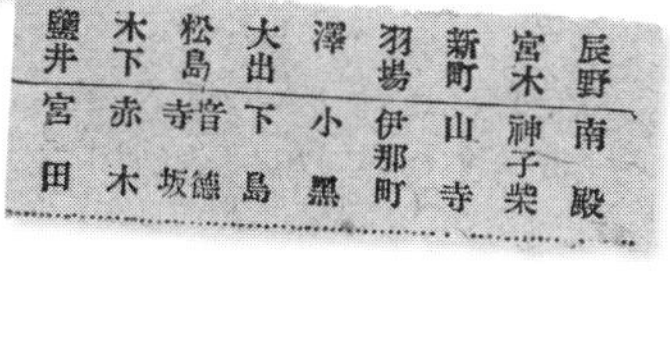

伊那電車軌道の回数券。裏面には、駅名が記されている。　写真提供：福島史雄

その後、豊川鉄道と鳳来寺鉄道によって吉田（現在の豊橋）から三河川合まで開通していた鉄道との一本化のために、天竜川電力と東邦電力が筆頭株主となり、１９２９（昭和４）年に三信鉄道を設立します。そして、天竜峡～三河川合間の鉄道建設を進めた結果、ようやく、１９３７（昭和12）年８月20日に同区間が全通し、後に飯田線となる豊橋～辰野間が、４つの鉄道会社によって繋がりました。

豊橋～辰野間では、４社による相互直通運転が実施されましたが、架線電圧１５００Ｖの三信鉄道、鳳来寺鉄道、豊川鉄道の３社に対し、伊那電気鉄道は１２００Ｖだったので、直通したのは、付随車（動力を持たない車両）のみでした（辰野～天竜峡間は１９５５年に１５００Ｖへ昇圧）。

しかし、豊橋～辰野間195・7キロメートルを通して乗る人など皆無に等しく、輸送需要は沿線地域に限定されたため、４社のなかでも、山間部の閑

1897（明治 30）年の開業当時の豊川鉄道の列車。豊橋と長篠（現在の大海）を結ぶ豊川鉄道は、1900（明治 33）年に全通した。

愛知県の鳳来峡沿いを走る鳳来寺鉄道の列車。長篠（現在の大海）と三河川合間を結ぶ鳳来寺鉄道は、1923（大正 12）年に開通した。

散地域を走る三信鉄道は、開業当初から大幅な赤字となりました。また、伊那電気鉄道は、何とか赤字を回避しようと、高い運賃を設定していましたが、沿線の住民からは、不満の声が多く上がっていました。こうしたことから、伊那電気鉄道と三信鉄道の沿線自治体は、富士身延鉄道の事例（↓P82）を参考にしながら、国による4社一括買収を希望し、国への働きかけを行ないました。

なお、すでに伊那電気鉄道が辰野から天竜峡に向けて鉄道建設を進めていたにもかかわらず、1922（大正11）年の改正鉄道敷設法の別表第60号には、「長野県辰野ヨリ飯田ヲ経テ静岡県浜松ニ至ル鉄道」と記載されています（↓P283）。このことから、伊那電気鉄道を国が将来買収することを前提としていたと解釈することもできます。

こうした動きに対して、豊川鉄道と鳳来寺鉄道は、名古屋鉄道の傘下に入って抵抗する姿勢を見せ

三信鉄道のトンネル（右）と建設中の三信鉄道の橋梁（上）。三信鉄道のなかでも、長野県と静岡県の県境付近は、天竜川の険しい峡谷が続くため、たいへんな難工事だった。　写真提供：株式会社熊谷組

ます。それでも、伝統的な伊那谷の政治力が勝ったのか、1941（昭和16）年に発令された改正陸運統制令に基づく戦時私鉄買収（→P86）の対象に組み入れられ、1943（昭和18）年8月1日に、4社一括で国有化されました。

あくまでも、戦時下において「幹線の連絡線として必要なもの」に該当する路線であったことが、4社を買収した国としての公式見解ですが、この経路が有事の際に東海道本線と中央本線の連絡線として機能し得ないことは明らかです。さらに、『日本国有鉄道百年史』では、「大規模な連結線を一挙に国有化し輸送経路の強化に役立てたという点でも画期的」と評価していることからも、戦時私鉄買収に名を借りた、改正鉄道敷設法に基づく買収と解釈した方が適切です。

まずは自分たちで鉄道を建設してから国に買収させるというやり方は、改正鉄道敷設法の予定線を実現するための荒業とも取れますが、こうして買収された辰野～豊橋間の線路名称を、伊那盆地南部の中心都市として知られる飯田の地名をとって「飯田線」としたのも、こうした伊那谷に対する敬意が込められていたのかもしれません。

昭和30年代になると、名古屋（大垣）からは急行「伊那」が、長野からは急行「天竜」が、新宿からは準急「赤石（後の急行「駒ヶ根」）」が、それぞれ飯田線に直通するようになり、風光明媚な観光行楽路線として注目を集めました。それも、やがて到来するモータリゼーションによって長続きはせず、現在は、豊橋～飯田間に特急「（ワイドビュー）伊那路」が運行しているものの、普通列車の運行が中心です。

戦前に京阪神間の急行電車として活躍し、晩年は飯田線を走っていたモハ52形式電車（豊橋駅で撮影）。流線型デザインから、「流電」の愛称で親しまれた。

1996（平成８）年まで運行していた、飯田線の貨物列車。

１日２往復運行している、飯田線の特急「（ワイドビュー）伊那路」。

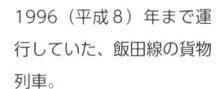

存在意義が失われた中津川線

思い起こせば、伊那谷が最初に誘致しようとした中山道鉄道と、次に誘致しようとした中央鉄道は、いずれも幹線鉄道です。幹線ルートが通ることによる伊那谷の知名度や地位の向上こそが、大きな魅力でした。

１９２０（大正９）年ごろになると、鉄道敷設法による予定鉄道線路の建設の目途が立ちます。伊那谷の人々は、これから敷設すべき新たな予定線を網羅しようとする国の動きを察知し、中央鉄道のルート選定で西筑摩線に敗れた伊那線の復活を画策します。その結果、１９２２（大正11）年の改正鉄道敷設法の別表第60号には、「長野県辰野ヨリ飯田ヲ経テ静岡県浜松ニ至ル鉄道及飯田ヨリ分岐シテ三留野ニ至ル鉄道」が記載されました（↓P283）。なお、伊那線は以前、神坂峠付近を経由して中津川に至るルートで検討されていましたが（↓P200）、今回は、なぜか三留野《みどの》（現在の南木曽《なぎそ》）に至るルートに変更されています。

しかし、その後の国内情勢は、経済的にも政治的にも不安定な時代が続き、やがて戦時体制に突入すると、新線の建設どころではなくなりました。

終戦後、しばらくすると、「飯田ヨリ分岐シテ三留野ニ至ル鉄道」の建設を求める動きが再燃したとされています。過去の経緯を顧みると、その震源地が伊那谷であったことは確かだと思われます。記録にはありませんが、おそらく、関係者への政治的な工作が行なわれた結果、１９５７（昭和32）年４月の鉄道建設審議会で、「飯田ヨリ分岐シテ三留野ニ至ル鉄道」が「調査線」に指定され、１９６１（昭和36）年6月に改正鉄道敷設法別表第60号ノ２として、「長野県飯田ヨリ岐阜県中津川ニ至ル鉄道」が追加されたと思われます（→Ｐ284）。これは、追加といっても、実質的に三留野から中津川への変更であり、あらためて、過去に実地調査まで行なった「神坂線」を、改正鉄道敷設法の予定線で「三留野ニ至ル」ルートに変更した理由が問われます。

改正鉄道敷設法の予定線となった「長野県飯田ヨリ岐阜県中津川ニ至ル鉄道」は、「中津川線」と命名され、早くも１９６２（昭和37）年には「建設線」に昇格し、翌年には、国鉄による実地調査が開始されました。１９６４（昭和39）年に国鉄の新線建設事業が日本鉄道建設公団（鉄建公団）に移行されると（→Ｐ110）、中津川線は、運輸大臣が指示する工事Ｂ線（地方幹線）に指定され、１９６７（昭和42）年から工事が開始されました。ただし、建設予定区間には、延長10キロメートルを超える「神坂トンネル」などの難工事が控えていました。

しかし、１９７０年代になると、中津川線に大きな影響を及ぼす２つのできごとが発生し、その存在意義が、あらためて問われることになりました。

一つ目のできごとは、東名高速道路の小牧ジャンクショ

中津川市の苗木城跡から見た恵那山と市街地。

ンから延伸してきた中央自動車道が、神坂峠の直下を貫く延長８４９０メートルの恵那山トンネルの完成により、１９７５（昭和50）年8月に駒ヶ根インターチェンジまで開通したことです。すでに交通手段の主役が鉄道から自動車に移行していたため、これにより、中津川線に対する伊那谷の期待は、一挙に低下しました。

二つ目のできごとは、１９７３（昭和48）年、「全国新幹線鉄道整備法」で定める「建設を開始すべき新幹線鉄道の路線を定める基本計画」に「中央新幹線」があげられたことです。このとき、中央新幹線（東京都～大阪市間）の主要経過地とされたのが、甲府市附近、名古屋市附近、奈良市附近の3か所であり、伊那谷の関心は、甲府～名古屋間のルートに集中します。そこで、中央鉄道のときの雪辱を果たすべく、中央新幹線の誘致に熱を上げます。一方で、中津川線に対する熱はすっかり冷めてしまい、鉄道を建設してもらえるのであれば、中津川線を止めて新幹線を誘致すべきという意見が大勢を占めました。

そうしたなか、１９７４（昭和49）年12月に、鉄道による国土開発を提唱していた田中内閣が倒れると、潮目が変わります。政府の国鉄に対する政策は、積極的な新線建設

中央自動車道の恵那山トンネルの上り線の抗口（中津川市側）。

から赤字ローカル線の廃止へと方針が転換され、ついに1980（昭和55）年には、国鉄再建法（↓P123）に基づき、中津川線の工事は凍結されました。

凍結された時点で、二ツ山トンネルと神坂トンネルの調査坑くらいしか工事が進捗していなかったこともありますが、工事B線（地方幹線）に指定された6線のうち、中津川線だけが第三セクターに転換されることなく、そのまま中止となった事実は、中津川線が地域から必要とされる路線ではなかったことを証明しています（残る5線は、久慈線、盛線、北越北線、野岩線、智頭線／↓P141）。

こうして中津川線は、中山道鉄道と同じく、計画自体が消滅してしまいましたが、伊那谷には、中山道鉄道のときのような後味の悪さは残らなかったはずです。

●南アルプスを回避した中央自動車道

明治時代から第二次世界大戦後にかけて、政府は、道路整備よりも鉄道敷設を優先する交通政策をとってきました。1965（昭和40）年ごろからは、急速なモータリゼーションの進展に伴い、

建設が進められていた中津川線のトンネル。

全国に高速道路網を形成していきます。そのころは、国鉄在来線が最後の輝きを放っていた時期と重なりますが、その後、鉄道は衰退の道を歩むことになります。伊那谷を廻る鉄道の変遷を考察するうえでも、高速道路（中央自動車道）の存在を無視することはできません。

我が国の高速道路の歴史は、戦前に内務省が策定した「自動車国道構想」から始まります。自動車国道構想は、国防的見地から海岸沿いに幹線道路を設け、必要に応じて、横断道路を建設するというものでした。これは、明治時代初期に、国防的見地から、東西幹線鉄道は内陸部のルートが好ましいとしたのとは好対照で、鉄道と道路のインフラの特性の違いを如実に示しています。

この自動車国道構想は、戦争に突入したことで実現に至りませんでしたが、戦後、静岡県沼津市を地盤とする実業家で、後に参議院議員となった田中清一（1892～1973）が、全国をネットワーク化する道路網の形成を提唱しました。ところが、田中の構想は、内務省の自動車国道構想とは真逆で、「本州の中央山地部を縦貫する高速道路を最初に建設する」というものでした。これに青木一男などの有力議員が賛同し、1953（昭和28）年には、議員立法による「国土開発中央自動車道事業法案」を提出し、これをもとに、1957（昭和32）年、「国土開発縦貫自動車道建設法」が成立しました。

国土開発縦貫自動車道は、東京と大阪を結ぶものです。経由地には、津久井郡相模湖町附近、富士吉田市附近、安倍郡井川村附近、飯田市附近、中津川市附近、小牧市附近、大垣市附近、大津市附近、京都市附近の9か所があげられていました。赤石山脈（南アルプス）を縦貫するルートの経過地に、静岡県の安倍郡井川村附近が選定されたのは、静岡県を活動拠点とする田中に配慮したとする説がありますが、長野県側に連なっている北岳や甲斐駒ヶ岳などの３０００メートル級の山々を回避したと見る方が妥当ではないでしょうか。

こうした田中や青木らの動きに対し、戦前の「自動車国道構想」を支持するグループは、開発が進んでいる東海道に高速道路を建設した方が経済効率性は勝るとの異論を唱えます。そして、中央道派と東海道派が拮抗する状況となり、１９６０（昭和35）年には、「東海道幹線自動車国道建設法」が成立しました。

結局、両者間での調整はつかず、中央自動車道と東海道幹線自動車国道（以下、東名高速とする）の双方が建設されることで決着しました。ただし、経済企画庁は、財政的な面から、同時に建設を進めることに難色を示しました。

１９６２（昭和37）年、双方が同時に着工しましたが、工事を担当する建設省は、内務省の流れを受け継ぎ、東名高速を支持していたため、東名高速には次々と工事施工命令を出しました。一方で、中央自動車道に対しては、東京～富士吉田間の工事施工命令だけを出し、残る区間は保留としました。建設省が富士吉田以西の工事を保留したのは、南アルプスを貫通するトンネルの建設費が莫大であったことが、おもな理由でした。

戦前に大蔵大臣を務めたこともある青木は、財政状況を考えると、南アルプス縦貫ルートでの実現は厳しいと判断し、１９６３（昭和38）年の第六回中央自動車道推進委員会で、経過地を静岡県安倍郡井川村附近から長野県諏訪市附近に変更することを提案したところ、賛成多数で決定されました。そのことでルートから外れるために反対した身延町に対しては、青木自身も説得に乗り出し、最終的には国道52号線の整備を条件に引き下がったことが、身延町の広報誌に記録されています。しかし、青木が中央自動車道のルートを北回りに変更したのは、青木の出身地である長野県への「我田引道」であったとする説もあります。

なお、中央自動車道下りの大月ジャンクションで、河口湖方面が直進、名古屋方面が分岐しているのは、南アルプス縦貫ルートの名残です。

このように、当初の計画で飯田市だけを経過地としていた中央自動車道が、伊那谷を縦貫することになり、中央鉄道の誘致に敗れた先人は、ほくそ笑んでいるのではないでしょうか。その反面、昨今の中央自動車道を走る高速バスの活況の裏に、国鉄在来線の衰退が垣間見えることは、残念としか言いようがありません。

身延町の東側にある三石峠からの眺め。町の背後には、南アルプスの高い山々が見える。

写真提供：身延町

時代は廻る（東西幹線鉄道が化けた中央新幹線）

１９７３（昭和48）年に東京都と大阪市を結ぶ中央新幹線の建設が正式決定されましたが、そのルートは、主要経過地として、甲府市附近、名古屋市附近、奈良市附近の３か所が指定されただけでした。

そこで、運輸大臣からルートの確定を指示された国鉄は、甲府から名古屋にかけては、地形や地質の調査を踏まえて、ＡＢＣの３つのルートを候補にあげました。Ａルートは木曽谷ルート、Ｂルートは伊那谷ルート、Ｃルートは南アルプスルートです。

このため、中山道鉄道と中央鉄道で誘致合戦を繰り広げた木曽谷と伊那谷が、中央新幹線の誘致で、再び競うことになりましたが、今回は、県（長野県）が仲裁した結果、１９８９（平成元）年には、Ｂルート要請、Ｃルート反対で、県内合意に至りました。いくら新幹線を誘致しても、駅ができなければ空を飛行機が飛んでいるのと同じで、むしろ、飛行機よりも騒音や振動などの害があるばかりで、一利なしです。

一般的に、新幹線の中間駅設置は、スピードアップのために絞られる傾向にあります。長野県内の設置駅を予想すると、甲府の次の駅としては、木曽谷ルートでも伊那谷ルートでも、諏訪市内に１つは固いところです。問題はその先で、伊那谷ルートでは駒ヶ根市と飯田市を経過しますが、木曽谷ルートでは、諏訪市と隣接している塩尻市以外に、大きな市街地はありません。そのため、長野県は、木曽谷ルートであれば、県内設置駅が諏訪市だけになる可能性があるのに対し、伊那谷ルートであれば、諏訪市と飯田市の２駅確保の可能性があると踏み、Ｂルートを要請したのではないでしょうか。

一方、国鉄分割・民営化で誕生したＪＲ東海は、東京〜名古屋間の所要時間短縮を重視していたため、一貫してＣルートでの建設を主張していました。そうしたなか、監督官庁である国土交通省は、静観する姿勢を崩しませんでした。

ところが、２００７（平成19）年にＪＲ東海が中央新幹線（リニア中央新幹線）を全額自己負担で建設すると宣言したことによって潮目が変わり、２０１０（平成22）年の国土交通省交通政策審議会で、「国は特定のルートへの賛否は明言しない」と表明したことで、Ｃルートでの建設が実質的に決定しました。

また、２０１３（平成25）年にＪＲ東海が公表した設置予定の中間駅は、神奈川県相模原市、山梨県甲府市、長野県飯田市、岐阜県中津川市の４つでした。トンネルで通過する静岡県を除いて各県一駅という発表に長野県も面子が保たれたのか、「ＪＲ東海の決定を尊重する」としています。

こうして、中央鉄道が通過できなかった木曽山脈を中央自動車道が克服し、中央自動車道が通過できなかった赤石山脈（南アルプス）をリニア中央新幹線が克服しようとしています。そして、東西幹線鉄道の誘致が叶わなかった伊那谷に、１５０年の歳月を経て、未来の東西幹線鉄道が通ることになったのは、偶然ではなく、時代の廻り合わせを感じます。

リニア中央新幹線が開業すると、飯田市は、東京圏と名古屋圏で20キロメートル程度の距離を移動する時間で、両圏と往来できるようになります。先人たちが夢にも思わなかった利便性を手に入れる伊那谷が、どのような変貌を遂げるのか、それとも見果てぬ夢であったのか、将来が注目されます。

山梨県内にある超電導リニアの実験線。超電導リニアとは、車両を浮き上がらせて走行する仕組みの「超電導磁気浮上式鉄道」とよばれるリニアモーターカーのこと。

リニア中央新幹線の路線図

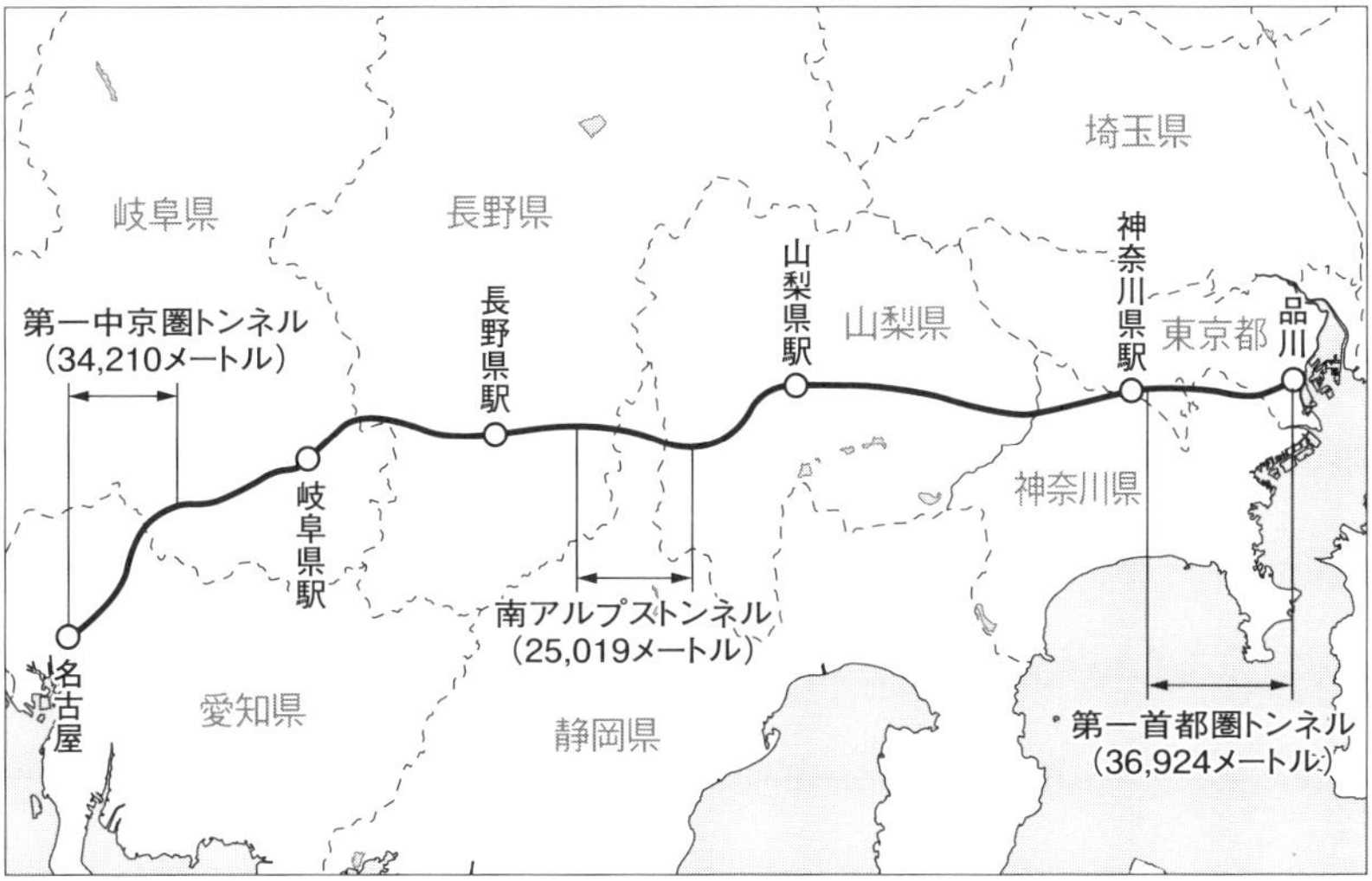

3　一転三転した鹿児島を廻る鉄道

鹿児島本線は、門司港と鹿児島を、熊本や八代海沿いを経由して結ぶ路線でしたが、２００４（平成16）年の九州新幹線の新八代〜鹿児島中央間の開業で、八代〜川内間が肥薩おれんじ鉄道となり、分断されています。そうした鹿児島本線ですが、１９０９（明治42）年に門司〜鹿児島間が全通したときには、八代から球磨川沿いに人吉に至り、そこから矢岳峠を越えて南下し、吉松と隼人を経由して鹿児島に向かっていました。

熊本および小倉と鹿児島を結ぶ鉄道の路線図

関連年表

年	ここで紹介する鉄道関係の主要事項
1888（明治 21）年	九州鉄道の設立
1892（明治 25）年	鉄道敷設法公布（熊本と小倉から鹿児島に至る鉄道が予定鉄道線路となる）
1895（明治 28）年	九州鉄道の小倉～行事（現在の行橋）間が開通
1896（明治 29）年	九州鉄道の熊本～八代間が全通
1897（明治 30）年	豊州鉄道（後に九州鉄道と合併）の行橋～長洲（現在の柳ケ浦）間が開通
1901（明治 34）年	鹿児島～国分（現在の隼人）間が鹿児島線として開通
1903（明治 36）年	国分（現在の隼人）～吉松間が開通
1907（明治 40）年	鉄道国有法による九州鉄道の国有化
1908（明治 41）年	八代～人吉間が開通（門司～人吉間が人吉線となる）
1909（明治 42）年	人吉～吉松間が開通（門司～鹿児島間が鹿児島本線として全通）
1911（明治 44）年	柳ケ浦～大分間が全通
1913（大正 2 ）年	吉松～都城間が宮崎線として全通
1914（大正 3 ）年	宮崎～広瀬（現在の佐土原）～妻間の宮崎県営鉄道妻線が全通
	鹿児島～川内町（現在の川内）が全通
1916（大正 5 ）年	都城～宮崎間が全通
	大分～佐伯間が全通
1917（大正 6 ）年	宮崎県営鉄道妻線の国有化
1920（大正 9 ）年	広瀬（現在の佐土原）～高鍋間が開通
1922（大正 11）年	佐伯～重岡間が全通
	高鍋～延岡間が全通
1923（大正 12）年	重岡～延岡間の全通で小倉～吉松間が日豊本線として全通
1927（昭和 2 ）年	八代～川内町（現在の川内）間が全通（八代～川内町～鹿児島間が鹿児島本線となる）
1932（昭和 7 ）年	都城～隼人間が全通（現在の日豊本線が全通）
2004（平成 16）年	九州新幹線の開業で八代～川内間を肥薩おれんじ鉄道に転換

肥薩線の嘉例川駅（上）と大隅横川駅（右）。どちらも 1903（明治 36）年に隼人～吉松間が開業したときの木造建築が残り、駅舎は、国の登録有形文化財となっている。

●九州における鉄道創設の動き

1881（明治14）年に、私設鉄道会社として設立された日本鉄道（↓P16）の動向は、全国から注目され、各地で追随する動きが起こりました。それでも、国土の根幹をなす鉄道路線、すなわち幹線は、国が建設・運営を行なうべきだと考える工部省鉄道局長の井上勝（↓P11）の牽制により、すぐに第二の日本鉄道は誕生しませんでした。

ところが、東西幹線鉄道（↓P17）の建設が本格化すると、井上は、さすがに自分ひとりで全国のすべての鉄道建設を請け負うことは不可能と判断し、容認姿勢に転じます。そのことを受け、1888（明治21）年には、関西鉄道、山陽鉄道、九州鉄道という私設鉄道会社が一挙に設立されました。そして、これら3社は、日本鉄道と北海炭礦道鉄道とともに、五代私鉄（↓P21）とよばれました。

九州鉄道は、福岡県が佐賀県と熊本県に声をかけることでスタートした経緯から、建設予定線として、門司～福岡～久留米～熊本～三角間、田代（鳥栖の隣の駅）～佐賀～早岐間、宇土～八代間、小倉～行事（行橋の対岸）間の3区間をあげました。

こうした九州北部の動きに対し、九州南部でも、1887（明治20）年に鹿児島県と熊本県を連絡する鉄道を建設する計画が持ち上がります。宮崎県もこれに参加する意向を示しますが、残念ながら、鉄道会社の設立には至りませんでした。

このとき検討された路線は、鹿児島～国分（現在の隼人）～栗野～吉松～人吉～八代～松橋《まつばせ》間でした。吉松を経由したのは、将来の宮崎延伸を考慮したからです。また、松橋までとしたのは、すでに九州鉄道が門司から松橋までの免許を申請していたためです。

なお、九州では、九州鉄道と同じ時期に筑豊鉄道（当初は筑豊興業鉄道）が、１８９０（明治23）年には、後の田川線や後藤寺線などになる豊州《ほうしゅう》鉄道が、それぞれ設立されます。この2社は、筑豊炭田からの石炭輸送を目的としていました。

かつての九州鉄道本社の建物。1891（明治 24）年に建設され、国の登録有形文化財にもなっているが、現在は、九州鉄道記念館として使用されている。　写真提供：九州鉄道記念館

九州鉄道記念館に展示されている明治時代の客車。座席は、写真のように畳敷きだった。　写真提供：九州鉄道記念館

余談ですが、筑豊鉄道は、1897（明治30）年に九州鉄道に合併されます。これは、筑豊鉄道の大株主の三菱財閥が、九州鉄道を手に入れるために仕組んだことだといわれています。そのため、実際に合併後の資本関係を見ると、筑豊鉄道側が株式の過半数を握っています。さらに、1901（明治34）年には、九州鉄道は豊州鉄道も合併します。しかし、こうした財閥による鉄道支配は、1906（明治39）年の鉄道国有法（↓P33）により終焉を迎えます。

●鉄道敷設法の鹿児島に至る2つの予定鉄道線路

1892（明治25）年6月に制定された鉄道敷設法には、33の予定鉄道線路（以下、予定線とする）が示されていました（↓P28）。そのうちの2つは、「熊本県下熊本ヨリ三角ニ至ル鉄道及宇土ヨリ分岐シ八代ヲ経テ鹿児島県下鹿児島ニ至ル鉄道」と「福岡県下小倉ヨリ大分県下大分、宮崎県下宮崎ヲ経テ鹿児島県下鹿児島ニ至ル鉄道」で、熊本と小倉の双方から鹿児島に至る鉄道でした。

どちらも、「早期に着工すべき」とする第一期線には含まれていませんでしたが、翌年にかけて実施された「全国鉄道線路調査」で、具体的なルートが検討されました。なお、前者が熊本を起点としたのは、すでに九州鉄道により、門司〜熊本間が開通していたからです。

「熊本から八代を経て鹿児島に至る鉄道」は、翌1893（明治26）年の「全国鉄道線路調査」で、次の3つのルートが調査されました。

①熊本〜八代〜人吉〜吉松〜国分（現在の隼人）〜加治木〜鹿児島

②熊本～八代～水俣～阿久根～川内～串木野～伊集院～鹿児島
③熊本～八代～水俣～大口～宮之城～川内～串木野～伊集院～鹿児島

このうち、②では八代から串木野までが、③でも、八代から水俣の間と川内から串木野の間が、それぞれ海岸沿いとなり、国防上の理由から海岸ルートを嫌う軍部の意向を反映したため、①が採択されました。ただし、このルートは、以前に鹿児島県が中心となって検討したルートと同じでした。

一方、「小倉から大分、宮崎を経て鹿児島に至る鉄道」は、宮崎を境に、豊日線と宮崎線に区分され、それぞれ別個に調査が行なわれました。

その結果、豊日線は、小倉から大分までが、国東半島を除いてほぼ海岸沿いに進み、大分からは、県南部の内陸部にある犬飼を経由し、日向市の細島に抜けるルートが採択されています。

宮崎線は、次の3つのルートが調査されました。

①宮崎～高岡～吉松
②宮崎～都城～吉松
③宮崎～都城～国分（現在の隼人）

これら3つのルートは、「鹿児島県下鹿児島ニ至ル鉄道」としながらも、吉松または国分で、「熊本より鹿児島に至る鉄道」に接続する計画に変更されています。これは、本来であれば、鉄道敷設法の改正を必要としたはずですが（→P68）、そのような手続きは最後まで取られませんでした。

調査の結果、①の宮崎から高岡を経由して吉松に至るルートが採択されました。このルートは、3つのなかでは最短距離であることは確かですが、それ以上の理由は明らかではありません。

この結果を受け、ルートから外れた都城を中心とする地域では、独自に鉄道を建設しようとする動きが起こり、1896（明治29）年に「西南鉄道」という名称の会社を設立しました。しかし、資金難により、実行に至らず解散しています。

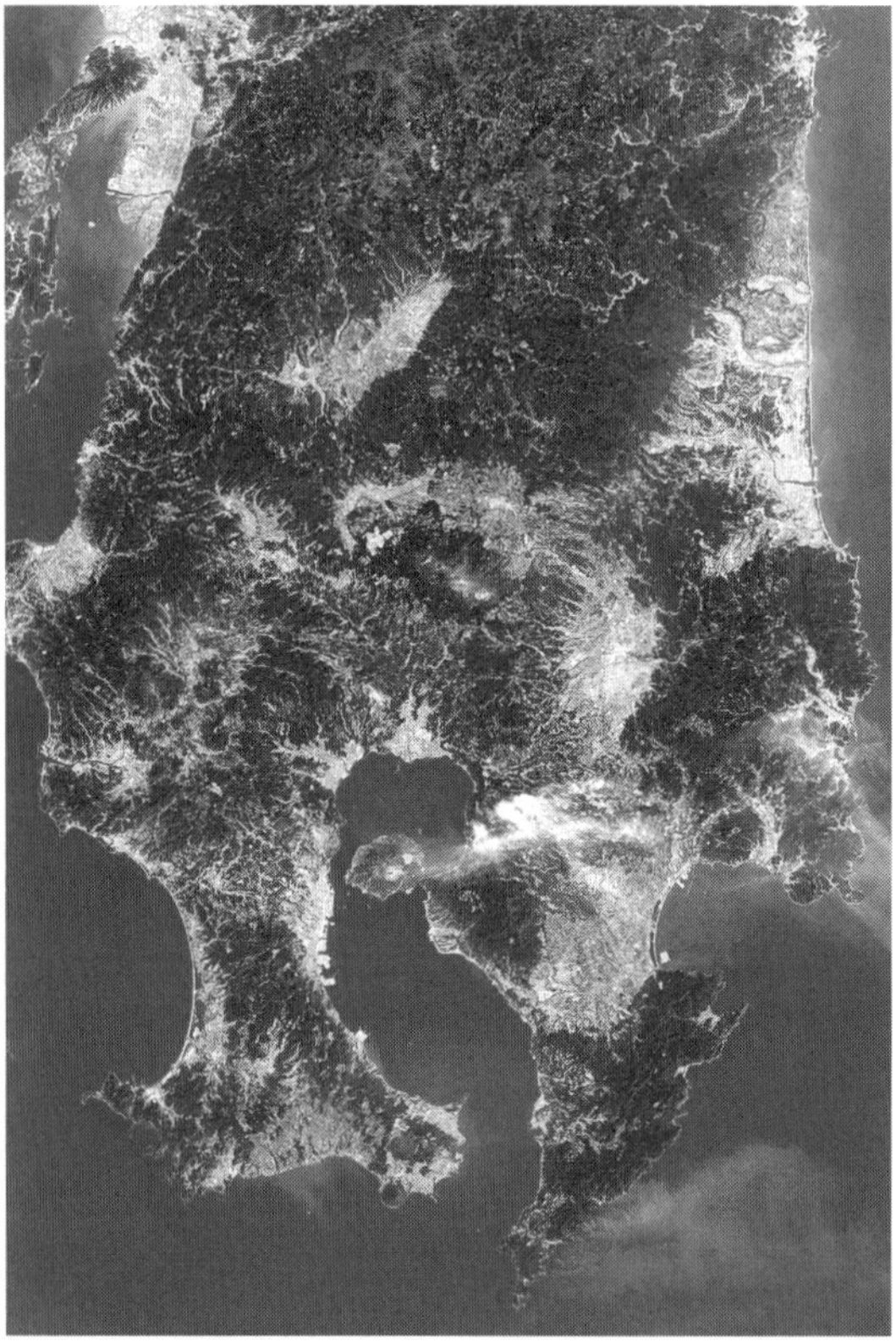

陸域観測技術衛星「だいち」による鹿児島県とその周辺の衛星画像。222ページの地図の下半分に示した地域が写っているので、隣接する熊本県南部や宮崎県南部の地域との位置関係とともに、現在の肥薩線や鹿児島本線などのルートの地形が理解できる。　©JAXA

●直ちに着工した熊本から鹿児島に至る鉄道

「熊本から八代を経て鹿児島に至る鉄道」は、ルートが決まるとすぐに、1894（明治27）年5月の第六回帝国議会で、「早期に着工すべき」とする第一期線に編入されました。この際、熊本〜八代間は九州鉄道とし、八代〜鹿児島間は官設鉄道（国有鉄道）とすることが決まっています。これは、鉄道敷設法の法案審議の場で、同法で定める予定線はあくまで官設鉄道とするとした原案に対し、経済界をバックにした議員が異論を唱えて議会が紛糾したため、その打開策として、民間（私設鉄道会社）に委ねることも可としたからです。

余談ですが、井上勝は、この修正を不服として不遜な態度をとったため、省内で孤立し、悲願であった鉄道国有法の成立を待たずして、鉄道庁を去ることになりました。

今回、熊本〜八代間の鉄道を民間に委ねることになった経緯で、九州鉄道の筆頭株主であった三菱財閥の力が働いたことは、想像に難くありません。一方、八代〜鹿児島間を官設鉄道とする理由は、「軍事上の必要から」とされていますが、具体的に何を意識していたのかは不明です。

九州鉄道の区間では、もともと熊本から宇土を経由して三角までの工事に取りかかっていたので、宇土から八代に向かっても工事を進めた結果、1896（明治29）年11月に八代まで開通しました。官設鉄道の区間では、予算措置の関係で九州鉄道よりも着工が遅れ、鹿児島からは1899（明治32）年8月に、八代からは1901（明治34）年1月に、それぞれ工事が始まりました。

●鹿児島本線の誕生

１８９９（明治32）年８月に始まった鹿児島からの工事は、１９０１（明治34）年６月には国分（後に西国分、現在の隼人）まで完成し、鹿児島～国分間は、「鹿児島線」となりました。

国分から先は、人吉街道に沿って北上し、栗野の手前で人吉街道から離れ、加久藤筋沿いに吉松に向かうルートで延伸され、１９０３（明治36）年９月に吉松まで開通しました。地図上では、栗野からそのまま人吉街道に沿って大口に出て、そこから大口筋（現在の国道２６８号）で水俣に抜けた方が近いように見えますが、このルートは、１９３７（昭和12）年に、山野線として全通しています。しか

激しい出水で苦労したものの、1909（明治 42）年に完成した矢岳第一トンネル（東側の抗口）。
写真提供：鹿島建設株式会社

人吉線に建設中の球磨川第一橋梁。トラス部は、アメリカの会社が製作した。トラスは、三角形を組み合わせた鋼鉄の骨組み。

し、その山野線が1988（昭和63）年1月限りで廃止されたことを考えると、国分〜吉松〜人吉〜熊本のルートを選択したことは、正しかったようです。

一方、1901（明治34）年1月に始まった八代からの工事は、人吉まで一挙に行なわれ、1908（明治41）年6月1日に八代〜人吉間が開通しました。これに先立ち、1907（明治40）年7月1日の九州鉄道の国有化に伴い、門司〜八代間は「八代線」になりましたが、人吉まで開通した際には「人吉線」に改められ、さらに、1909（明治42）年10月12日の「国有鉄道線路名称の制定（↓P40）」により、「人吉本線」になりました。

矢岳峠を延長2096メートルの矢岳第一トンネルや大畑《おこば》ループで越える人吉〜吉松間が最後に残りましたが、同区間も、1909（明治42）年11月21日に開通します。そして、門司〜鹿児島間は、鹿児島線が人吉本線を編入することで、「鹿児島本線」となりました。

1908（明治 41）年に全通した人吉線（八代〜人吉間）を走る列車。

写真提供：鍋屋本館

●五月雨式に建設されていった豊州本線

「熊本から八代を経て鹿児島に至る鉄道」に対して、「小倉から大分、宮崎を経て鹿児島に至る鉄道」は、「早期に着工すべき」とする第一期線には編入されなかったものの、小倉から行事までは、九州鉄道に免許が下ろされ、1895（明治28）年4月1日に開通しました。

行事駅は、同じ年の8月15日に豊州鉄道が行橋〜伊田（現在の田川伊田）間を開業したのを機に、行橋駅に移転し、豊州鉄道との接続を図りました。その豊州鉄道は、行橋から大分までの免許を取得していたので、1897（明治30）年9月25日には、行橋〜長洲間を開通させました。なお、長洲は、翌年3月1日に宇佐に改称し、1909（明治42）年10月15日には柳ケ浦に改称しています。

その後、1901（明治34）年9月3日に、九州鉄道が豊州鉄道を合併し、さらに、1907（明治40）年7月1日には九州鉄道が国有化され、1909（明治42）年10月12日の「国有鉄道線路名称の制定」により、小倉〜柳ケ浦間は「豊州本線」となりました。

柳ケ浦から大分までの工事は、最初に免許を取得した豊州鉄道を合併した九州鉄道が引き継ぎ、その後の国有化により、国有鉄道が引き継ぎました。しかし、第一期線に編入しなければ予算が承認されないため、1908（明治41）年3月に鉄道敷設法を改正して第一期線としたうえで着工し、1911（明治44）年11月1日に大分まで開通しました。

建設が遅れた宮崎線

鉄道敷設法の予定線になってから15年以上経過しても、まったく動きのない宮崎以南の地域では、着工を求める運動が起こります。そして、鉄道院総裁の後藤新平を視察に招くことに成功し、それを機に、１９１０（明治43）年に吉松～宮崎間が、「早期に着工すべき」とする第一期線に編入されました。区間を吉松～宮崎間としたのは、すでに鹿児島本線が全通していたので、吉松経由で、門司と宮崎が鉄道で繋がるからでした。

ところが、翌１９１１（明治44）年に実測調査を実施したのは、１８９３（明治26）年の「全国鉄道線路調査」で採択した宮崎～高岡～吉松ルートではなく、宮崎から都城を経由して吉松に至るルートでした。どのような経緯でルートが変更されたのかは不明ですが、建設に関わる技術的あいは費用的な理由でないことは確かで、わざわざ遠回りをしてでも都城を経由させようとする意図が強く感じられます。だれがその力を加えたのかは定かでないものの、高岡周辺地域からの反対運動を宮崎県は支援しなかったので、少なくとも、その変更に県が同意していたと考えられます。

工事は吉松からスタートし、１９１２（大正元）年10月1日に小林町（現在の小林）まで開通し、翌年10月8日には都城に到達して、吉松～都城間を「宮崎線」としました。

都城～宮崎間は、双方から工事が進められ、都城からは、１９１４（大正3）年8月15日に山之口までが開通し、宮崎からは、１９１５（大正4）年3月20日に清武まで開通します。最後に残った青井岳越えの山之口～清武間は、１９１６（大正5）年10月25日に開通し、吉松～宮崎間が全通しました。

この結果、大分～宮崎間が、未開業区間として残されたのです。

●日豊本線の誕生

大分から宮崎までの鉄道建設は、1911（明治44）年に議会に諮られ、可決されます。ただし、予算の関係で、当面は大分から佐伯《さいき》までとし、同区間だけを、「早期に着工すべき」とする第一期線に編入しました。1893（明治26）年の「全国鉄道線路調査」では、犬飼（大分県南部の内陸部）を経由して細島（現在の日向市）に抜けるルートが採択されましたが、どのような経緯で、海岸沿いのルートに変更されたのかは不明です。やはり、臼杵や佐伯といった市街地を素通りすることはできなかったのでしょうか。

なお、鉄道院は、大分から佐伯への工事と同時に、大分から犬飼に向けての軽便線の建設を進めており、1917（大正6）年には、犬飼軽便線として、大分～犬飼間が開通しています。同じ時期に、熊本から宮地軽便線が建設されているので、手続きの煩わしい鉄道敷設法の改正を行なわずに、軽便鉄道法（↓P51）によって現在の豊肥本線を建設しようとしたことは明らかです。このことが、犬飼をルートから外したことと関係しているのかもしれません。

大分～佐伯間の工事は、1912（明治45）年2月に始まります。同区間は、起伏は少ないものの、佐賀関半島を横断したり、山が海に迫るところを進んだりするので、多くのトンネルや橋梁を設ける難工事となり、佐伯まで開通したのは、1916（大正5）年10月25日でした。

佐伯までの開通を受け、1916（大正5）年に佐伯〜宮崎間を第一期線に編入し、延岡を境に、区間を2つに分け、工事を行なうことにしました。建設中の鉄道では、工事区間や暫定開業区間に線名を付ける習わしがあり、このときは、佐伯〜延岡間が日豊北線、延岡〜宮崎間が日豊南線とされました。非公式ながら、豊後国（佐伯）と日向国（宮崎）の双方の頭文字をとった「日豊」の文字が線路名称に登場したのは、これが初めてでした。

日豊北線の工事は、1917（大正6）年3月から始まります。佐伯から先は、渓谷沿いの山間部での工事となるため、重岡まで開通したのは、1922（大正11）年3月26日でした。

一方の日豊南線の工事ですが、ここではまず、宮崎県営鉄道について説明しなければなりません。

1911（明治44）年3月、第13代宮崎県知事に就任した有吉忠一は、前年に制定された軽便鉄道法に着目し、県営事業として、宮崎〜妻間（妻線）と油津〜飫肥《おび》間（飫肥線）の路線免許を取得します。そして、宮崎県営鉄道妻線は1914（大正3）年6月に、宮崎県営鉄道飫肥線は1913（大正2）年8月に、それぞれ開業しました。

ただし、宮崎〜妻間（妻線）は、宮崎から広瀬（現在の佐土原）までが鉄道敷設法の予定線と重複しており、免許を取得した時点で、宮崎線の宮崎到達が目前に迫っていたため、国有化を見越して、軌間1067ミリメートルで建設しました（飫肥線は762ミリメートル）。これは、鉄道敷設法により、予定線と重複する私鉄は、国有化に応じることを義務づけていたからです。その後の買収協議では、宮崎～広瀬間の買収を申し入れた国に対して、県は全線の売却を希望し、国が応じる結果となりました。

１９１７（大正６）年９月21日、広瀬からの着工に合わせて、宮崎県営鉄道妻線は国有化され、宮崎～妻間は「妻軽便線」となりました。これにより、妻軽便線が「宮崎線の部」に所属することになったため、子分を抱えた宮崎線は、「宮崎本線」に改称されました。

その後、妻軽便線は、１９２２（大正11）年８月に妻から杉安まで延伸され、翌月には、線路名称の変更に伴い、「妻線」になりました。しかし、妻線は、１９８４（昭和59）年11月30日限りで廃止され、現在は存在しません。また、宮崎県営鉄道は、１９３５（昭和10）年７月１日の飫肥線の国有化（線路名称は油津線に変更）により、消滅しています。

１９１７（大正６）年９月に工事が始まった日豊南線は、

宮崎県営鉄道飫肥線が開業した 1913（大正 2）年に、現在の南宮崎と内海の間で開業した宮崎軽便鉄道。軌間 1067 ミリメートルの鉄道として 1962（昭和 37）年まで運行していたが、廃止となり、その跡地の大部分が、現在の JR 日南線の建設に利用された。

写真提供：宮崎県鉄道整備促進期成同盟会事務局

１９２０（大正９）年９月11日には高鍋までが開通し、これに合わせて、吉松～高鍋間を宮崎本線とし、広瀬～妻間は、妻軽便線となりました。１９２２（大正11）年５月１日には、延岡まで開通し、日豊南線の工事は完了しました。この時点で、日豊北線は、重岡に到達したばかりでした。

その後の工事は、重岡から市棚にかけては、「宗太郎越え」と称される沿線随一の難所となるため、重岡と延岡の双方から行なうことになり、延岡側は、１９２３（大正12）年７月１日に市棚に到達しました。重岡側は、宗太郎までの一駅間だけでトンネルを14か所も設ける難工事でしたが、１９２３（大正12）年12月15日には、重岡～市棚間が開通します。これにより、小倉～吉松間が、ようやく全通しました。

宗太郎越えを走る寝台特急「彗星」。2005（平成 17）年の廃止時には、京都～南宮崎間で運行していた。

線路名称は、豊州本線が宮崎本線を編入したうえで「日豊本線」に改称しましたが、よくよく考えると、不思議なネーミングです。それは、小倉が豊前国なので「豊」というのは理解できますが、吉松は、日向国ではなく、大隅国です。小倉から鹿児島地方へは、鹿児島本線の利用を推奨し、こちらは、宮崎地方への路線であることを強調したかったのでしょうか。

川内線の誕生

1892（明治25）年6月に公布された鉄道敷設法の予定線に掲げられた「熊本から八代を経て鹿児島に至る鉄道」は、翌1893（明治26）年の「全国鉄道線路調査」の結果、国防上の理由から海岸沿いの鉄道に否定的な軍部の意向もあり、八代から人吉、吉松を経由して国分（現在の隼人）に抜けるルートが採択されました。ルートの候補にあがりながら落選した水俣、阿久根、川内などの地域では、独自に「南薩鉄道」という鉄道会社を設立する動きもありましたが、実現には至らず、官設鉄道を誘致することに方向転換しました。

かつての薩摩藩ということを政府が配慮したのではないでしょうが、1910（明治43）年の第二十六回帝国議会で鉄道敷設法を改正し、「八代ヨリ川内ヲ経テ鹿児島ニ至ル鉄道」が予定線となりました。これによると、八代から川内までのルートは、特定されていません。水俣や阿久根などの人口集積地が海に面していることを考えると、あえて詳細なルートを示す必要もなかったのでしょう。

ところが、八代〜川内〜鹿児島間が予定線となっても、「早期に着工すべき」とする第一期線への編入は鹿児島〜川内間に限られ、川内〜八代間の工事は先送りされました。その理由として、後者は海岸沿いの地域で、すでに海運の便があったことがあげられています。確かに、陸上交通が未発達な当時の状況を考えると、限られた予算のなかで鹿児島〜川内間を優先したのは理解できます。

鹿児島〜川内間の鉄道は「川内線」とし、1911（明治44）年2月に鹿児島から川内に向けて工事が始まります。そして、1913（大正2）年12月15日には串木野までが開通し、翌1914（大正3）年6月1日には、川内町（現在の川内）までが全通しました。

ひっくり返った鹿児島本線と肥薩線

1909（明治42）年11月21日に門司〜鹿児島間が全通した鹿児島本線は、九州の大動脈として、輸送需要は旺盛でした。しかし、碓氷峠（↓P48）や板谷峠（奥羽本線）と並び称される「矢岳越え」がネックとなり、早くも、人吉〜吉松間の輸送力が、限界を迎えようとしていました。

そこで、もともと鉄道敷設法の予定線になっていた、八代から海沿いに川内に至る鉄道を建設し、川内線と接続させることで、鹿児島本線の八代以南の救済ルートとすることになります。そして、1918（大正7）年には、「八代ヨリ水俣、米ノ津、阿久根ヲ経テ川内ニ至ル鉄道」が第一期線に編入され、9か年継続事業として、翌1919（大正8）年3月に工事が始まりました。

工事は、川内と八代の双方から行なわれ、川内からは川内線の延伸ということで建設が進められました。八代から建設された区間は、「肥薩線（初代）」となり、路線ブロック（↓P40）では、「鹿児島本線の部」に入りました（川内線は「川内線の部」で独立）。

前後2両の蒸気機関車が力を合わせ、矢岳峠を越える肥薩線の列車。

川内からは、1922（大正11）年10月15日に阿久根まで開通し、1926（大正15）年7月21日には、水俣に到達しました。なお、1924（大正13）年10月20日には、宮之城線（川内町～樋脇）が開業して「川内線の部」に入ったため、川内線は「川内本線」に改称されています。

八代からの肥薩線は、1923（大正12）年7月15日に日奈久（現在の日奈久温泉）までが、1925（大正14）年4月15日に佐敷までが、1926（大正15）年9月12日に湯浦までが、それぞれ開通しました。その後、1927（昭和2）年10月17日の湯浦～水俣間の開通により、「八代ヨリ川内ヲ経テ鹿児島ニ至ル鉄道」が完成し、こちらのルートが「鹿児島本線」を名乗ることになりました。

これにより、それまで鹿児島本線だった八代～人吉～吉松～国分～鹿児島間は「肥薩線（二代目）」となり、鹿児島本線と肥薩線の線路名称がひっくり返りました。初代の肥薩線は、薩摩国に至らずに終わりましたが、二代目の肥薩線が正真正銘の肥後国と薩摩国を結ぶ路線となったことは傑作です。

さらに、川内本線は、肥薩線（初代）とともに鹿児島本線に編入され、宮之城線も「鹿児島本線の部」に移動したことで、「川内本線の部」は廃止となりました。

こうして、鹿児島本線としての栄光の時代がわずか18年で終焉した人吉・吉松ルートは、日豊本線の全通によって5年後に再び転機を迎え、八代から国分（現在の隼人）の区間は、さらに衰退への道を辿ることになります。一方で、川内ルートは、その後77年の間、本線として活況を呈します。ところが、2004（平成16）年3月13日の九州新幹線（鹿児島ルート）の鹿児島中央～新八代間の開業で、状況は一変します。八代～川内間は、第三セクターの肥薩おれんじ鉄道となり、JRに残された鹿児島～川内間は、鹿児島本線の一部ではあるものの、時代が廻り、再び当初の川内線の姿に戻ったのです。

こうなると、悲哀を味わいながらも、未だJRに残っている二代目肥薩線の方が、初代肥薩線よりも幸運であったようにも感じられます。

鹿児島本線の八代海沿いの区間（現在は肥薩おれんじ鉄道）を走る寝台特急「なは」。2004（平成16）年の九州新幹線の開業で、運行区間が新大阪～熊本間となるまでは、西鹿児島（現在の鹿児島中央）まで運行していた。

日豊本線の完成

1892（明治25）年6月に制定された鉄道敷設法で予定線となった「福岡県下小倉ヨリ大分県下大分、宮崎県下宮崎ヲ経テ鹿児島県下鹿児島ニ至ル鉄道」は、翌年の現地調査の結果、宮崎から高岡を経由して吉松に至るルートとされました。そして時を経て、1916（大正5）年10月25日に全通した吉松～宮崎間のルートは、なぜか都城を経由するルートに変更されていました。

これは、都城の人々にとっては歓迎すべきことでしたが、こうなると、次に1893（明治26）

年の現地調査の際に候補にあがった都城〜国分（現在の隼人）間の鉄道建設を要望する声が出るのは必至で、１９２２（大正11）年４月11日に制定された改正鉄道敷設法の別表第１２５号に、「鹿児島県国分ヨリ宮崎県都城ニ至ル鉄道（↓Ｐ297）」があげられたのは当然のことでした。

ただし、都城から大隅半島方面へは、軽便鉄道法を「悪用」して鉄道が建設され、１９２３（大正12）年１月14日に都城〜西都城〜末吉間が志布志線として開業していたので、予定線の区間は、厳密に言うと、国分から西都城まででした。なお、志布志線は、１９４１（昭和16）年に北郷まで延伸されましたが、１９６３（昭和38）年に志布志〜北郷間は日南線に編入され、残った西都城〜志布志間は、１９８７（昭和62）年３月27日限りで廃止されました。

都城〜国分間が予定線になっても、しばらくの間は動きがありませんでしたが、１９２７（昭和２）年10月７日に鹿児島本線が川内ルートに変更されると、都城と鹿児島を鉄道で結ぶ必要性が高まり、同年中に第一期線に編入し、着工することになりました。線路名称は、都城からは国都東線、国分からは国都西線とし、国都東線は「日豊本線の部」、国都西線は「鹿児島本線の部」に入りました。

国都東線の工事は、志布志線の西都城から開始され、１９３１（昭和６）年11月１日に大隅大川原まで開通しました。一方、国分からの国都西線は、１９３０（昭和５）年７月10日に霧島神宮まで開通しました。なお、国分は、１９２９（昭和４）年９月１日に西国分に改称され、さらに、１９３０（昭和５）年９月15日に隼人に改称されています。

そして、1932（昭和7）年12月6日に大隅大川原～霧島神宮間が開通し、西都城～隼人（かつての国分）間が全通しました。これにより、志布志線の都城～西都城間、国都東線、国都西線、肥薩線の隼人～鹿児島間が、一挙に日豊本線に編入され、40年の歳月を経て、正真正銘の「福岡県下小倉ヨリ大分県下大分、宮崎県下宮崎ヲ経テ鹿児島県下鹿児島ニ至ル鉄道」が完成しました。

そのため、それまで日豊本線だった都城～吉松間は「吉都線」となり、八代～隼人間となった肥薩線は、隼人がかつての大隅国なので、再び線路名称に反する路線となりました。

隼人～鹿児島間は、鹿児島線、鹿児島本線、肥薩線、日豊本線と、4回も線路名称が変わり、川内線が鹿児島本線に格上げされた一方で、肥薩線と吉都線となった路線は、本線から格下げされてしまいました。

まさに栄枯盛衰を感じますが、それでも、80余年を経過した今日の肥薩線や吉都線の状況からすれば、当時は、古き良き時代でした。

スイッチバック構造の大畑《おこば》駅付近を走る肥薩線の列車。人吉方面（写真上）から来た列車は、引込線（写真左方向）に入って進行方向を変え、バックで大畑駅（写真右方向）に進入し、再び進行方向を変えて吉松方面（写真下）に向かう。吉松方面から来た列車は、その逆を辿る。

肥薩線の球磨川第二橋梁を渡る「SL 人吉」。蒸気機関車が展望ラウンジやビュッフェなどを備えた客車を牽引する観光列車として、熊本～人吉間で運行している。

4 天北を廻る天塩《てしお》線四代の軌跡

天北とは、1869（明治2）年に蝦夷地を北海道としたときに置かれた天塩国（北海道の北西部）と北見国（北海道の北東部）のことをいいます。現在、天北を通る鉄道路線は、旭川と稚内を結ぶ宗谷本線だけですが、初代から四代目までの天塩線（現在の宗谷本線の大部分とすでに廃止された羽幌線の一部）を中心に、天北に建設されていった路線を詳しく見ていくことで、この地が開拓されてきた歴史の一端に触れることができます。

天塩線に関連する鉄道の路線図

関連年表

年	ここで紹介する鉄道関係の主要事項
1880（明治 13）年	手宮～札幌間の鉄道が開通
1882（明治 15）年	札幌～幌内間が開通（官営幌内鉄道の全通）
1889（明治 22）年	官営幌内鉄道の北海道炭礦鉄道会社への払下げ
1896（明治 29）年	北海道鉄道敷設法の制定
1900（明治 33）年	北海道鉄道の設立
1903（明治 36）年	旭川～名寄間が全通（初代の天塩線）
1906（明治 39）年	北海道炭礦鉄道の国有化
1907（明治 40）年	北海道鉄道の国有化
1910（明治 43）年	留萌線の深川～留萌間が開通
1911（明治 44）年	名寄～恩根内間が開通
1912（大正 元）年	天塩線を宗谷線に改称
	恩根内～音威子府間が開通
1921（大正 10）年	留萌～増毛間の開通で留萌線が全通
1922（大正 11）年	音威子府～小頓別～浜頓別～鬼志別～稚内間が全通（宗谷線の全通）
	音威子府～誉平（現在の天塩中川）間が開通（二代目の天塩線）
1923（大正 12）年	稚内～大泊間の稚泊連絡船が運航開始
1926（大正 15）年	音威子府～幌延～稚内間が全通（三代目の天塩線）
1930（昭和 5）年	幌延経由の天塩線が宗谷本線となる
	浜頓別経由の宗谷本線は北見線となる（後に天北線に改称）
1932（昭和 7）年	羽幌線の留萌～羽幌間が全通
	幌加内線（当初は雨竜線）の深川～朱鞠内間が全通
1935（昭和 10）年	幌延～天塩間が開通（四代目の天塩線）
1936（昭和 11）年	天塩線の天塩～遠別間が開通
1941（昭和 16）年	名雨線の名寄～朱鞠内間が全通（深川～朱鞠内～名寄間を深名線に改称）
	羽幌線の羽幌～築別間が開通
	羽幌炭礦鉄道の築別～曙～築別炭砿間が開通
1958（昭和 33）年	初山別～遠別間の開通で羽幌線（留萌～幌延間）が全通
1980（昭和 55）年	名羽線（朱鞠内～曙）の工事凍結
1987（昭和 62）年	羽幌線の廃止
1989（平成 元）年	天北線の廃止
1995（平成 7）年	深名線の廃止

宗谷本線を走る除雪車。左の川は天塩川。右後方の山は利尻山（利尻島）。
撮影：星野明弘

●北海道の鉄道概史

幌内川上流の炭田から産出される石炭を小樽港まで運搬するために、１８８０（明治13）年11月28日、開拓使（北海道開発のために置かれた官庁）により、手宮〜札幌間に鉄道が開通します。この鉄道は、日本で３番目の開業と記録されています。

１８８２（明治15）年２月８日に開拓使が廃止され、札幌県、函館県、根室県になると、鉄道と炭鉱は工部省の管轄となります。同年11月には、札幌〜幌内間に鉄道が開通し、官営幌内鉄道が全通しますが、その式典には、かの井上勝（↓Ｐ11）も参列しています。

官営幌内鉄道の開業を前に行なった試運転で走行する蒸気機関車。鉄道の建設に伴い、「義経号」と「弁慶号」の２両の蒸気機関車が、アメリカから輸入された。

北海道大学付属図書館所蔵

１８８６（明治19）年１月26日に北海道庁が発足すると、炭鉱と鉄道は、北海道庁が管轄することになりますが、官営幌内鉄道は、開業してから欠損を出し続ける厳しい経営状況でした。それは、国策によって石炭輸送を無料化したことが大きく影響していました。

ところで、開拓使では、後に第二代内閣総理大臣となる黒田清隆（１８４０〜１９００）が、１８７４（明治７）年から７年間、長官を務めますが、自らを含めて薩摩藩出身者で固めた組織は、次第に腐敗の温床となります。そのため、黒田自身も、１８８１（明治14）年の「開拓使官有物払下げ事件」により、一時失脚しています。

その黒田の腹心の部下であった薩摩藩出身の村田堤が、北海道庁炭鉱鉄道事務所長になったあたりから、怪しい動きが出てきます。

村田は、１８８８（明治21）年3月に北海道庁を退官して「北有社」という団体を設立し、4月には、「官営幌内鉄道」の運営を受託しました。同年6月には、村田の後輩で、やはり薩摩藩出身の永山武四郎が第二代北海道庁長官に就任します。また、１８８９（明治22）年11月には、こちらも薩摩藩出身で、開拓使に奉仕した後に、いわゆる政商に転じた堀基《ほりもとい》が、北海道炭礦鉄道会社を設立しました。そうしたなか、村田は永山に対し、赤字続きの官営幌内鉄道の民間への払下げを進言し、１８８９（明治22）年12月には、北海道炭礦鉄道会社への払下げが実現しました。

京都鉄道博物館に、走行可能な状態で保存されている7100形蒸気機関車「義経号」。写真は、大阪府で1990（平成２）年に開催された「国際花と緑の博覧会」での走行シーン。
写真提供：京都鉄道博物館

開拓使号客車。官営幌内鉄道の建設に伴い、蒸気機関車とともに、アメリカから輸入された８両の客車のなかの１両で、開拓使長官や政府高官の視察用の車両として使用された。
写真提供：鉄道博物館

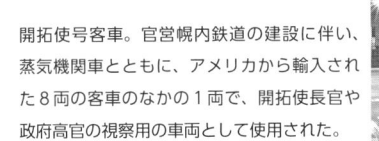

こうした一連の動きを、「民業育成のため譲り渡した」とする文献もありますが、開拓使官有物払下げ事件と同じく、世論の批判を受けるべきできごとのようにも思われます。

その後、「北海道炭礦鉄道」は、室蘭～岩見沢間などを自らの手で建設し、延長300キロメートルを超える鉄道網を築きましたが、鉄道国有法（→P33）により、1906（明治39）年10月1日にすべての鉄道路線を国に売却し、鉄道事業から撤退しました。そして、北海道炭礦汽船株式会社に社名を変更し、海運事業のほか、空知、夕張、真谷地、天塩などの多くの炭鉱を運営する北海道有数の名門企業となりました。しかし、戦時中の海運統制令により海運事業からは撤退し、戦後は、石炭需要の減少と度重なる炭鉱事故が経営に打撃を与え、1995（平成7）年には、炭鉱事業から完全撤退したうえで、会社更生法の適用を申請しました。現在は、ロシアからの石炭輸入を中心とする専門商社となっています。

話を明治時代に戻すと、こうした北海道での動きから、1892（明治25）年制定の鉄道敷設法（→P27）では、北海道が対象から除外されました。その年の7月、琵琶湖疏水の建設で知られる北垣国道（1836～1916）が、第四代北海道庁長官に就任します。北垣は、北海道炭礦鉄道会社による鉄道支配に疑問を感じ、北海道庁による鉄道の建設と運営を計画し、「北海道官設鉄道」の設立を考えました。

北垣の意向を受け、政府は、1896（明治29）年5月14日に北海道鉄道敷設法（→P29）を制定し、予定鉄道線路の建設と運営を北海道庁が直接行ないました。ただし、予定鉄道線路のうち、

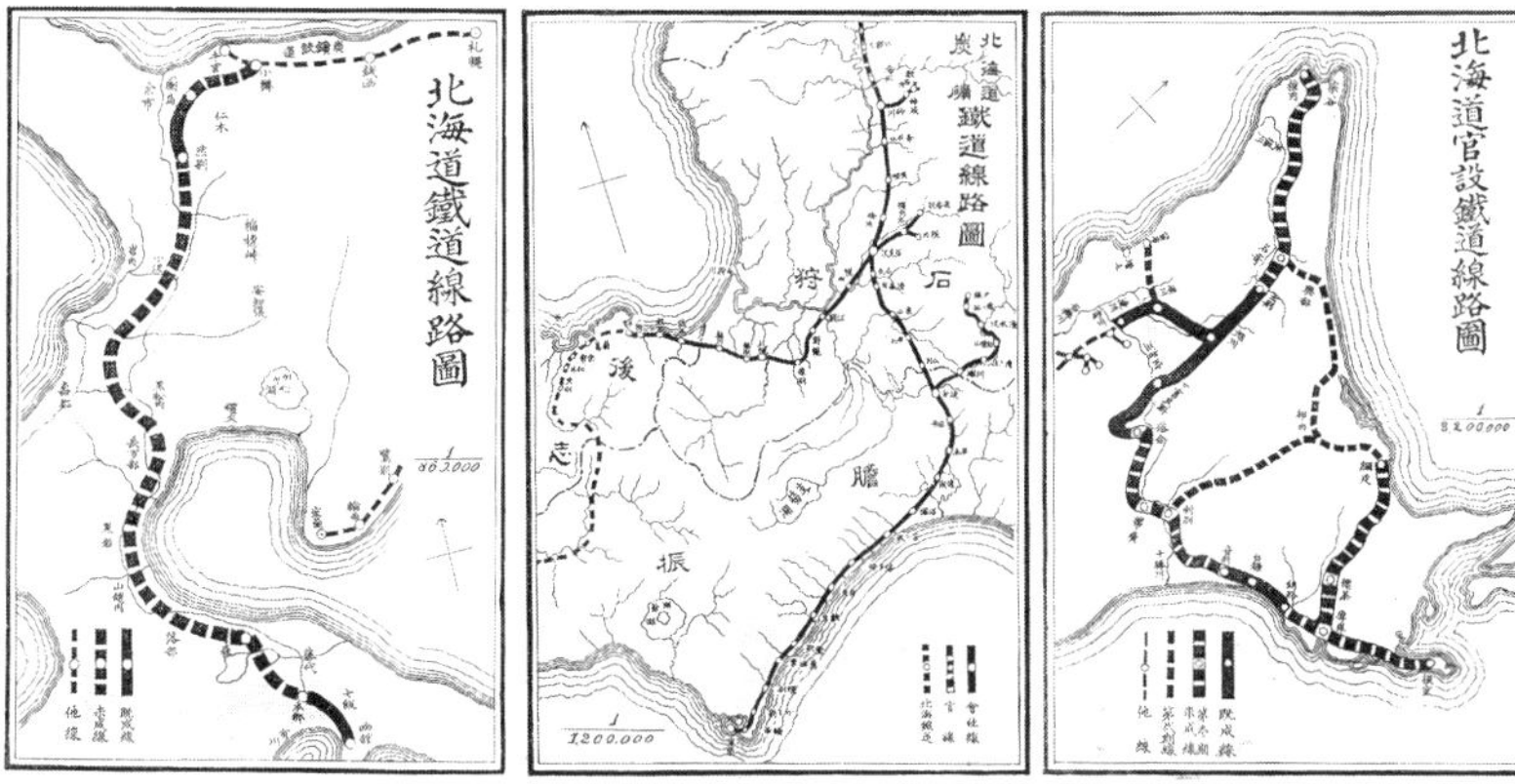

1903（明治 36）年の帝國鐵道要鑑に掲載された北海道の鉄道線路図（路線図）。左から、北海道鉄道、北海道炭礦鉄道、北海道官設鉄道のもの。　提供：小樽市総合博物館

最も距離が長く、重要とされた「後志《しりべし》国小樽ヨリ渡島国函館ニ至ル鉄道」は、1900（明治33）年に設立された「北海道鉄道（初代）」に任されました。北海道鉄道は、北海道庁長官を退官した北垣が社長を務めた民間鉄道ですが、財政状況が厳しかった北海道庁が、民間資本を活用したことがうかがえます。

ところが、国による鉄道の一元管理の波は北海道官設鉄道にも及び、鉄道国有法が発令される1年前の1905（明治38）年3月31日をもって、北海道庁鉄道部は廃止され、その間に建設された上川線（空知太～旭川間）、天塩線（旭川～名寄間）、十勝線（旭川～下富良野間）、釧路線（釧路～利別間）の4路線は、逓信省札幌鉄道作業局出張所に移管されました。さらに、1906（明治39）年10月1日の北海道炭礦鉄道に続き、1907（明治40）年7月1日には、北海道鉄道（函館～小樽間）も国有化されました。

●初代の天塩線（旭川～名寄間）

北海道鉄道敷設法の予定鉄道線路「石狩国旭川ヨリ北見国宗谷ニ至ル鉄道」として、1903（明治36）年9月3日に全通した旭川～名寄間を、北海道庁鉄道部は、「天塩線」としていました。その後、1909（明治42）年10月12日の国有鉄道線路名称の制定（↓P40）で、正式に「天塩線（初代）」となりました。

「天塩」は、天塩川に由来し、天塩川は、アイヌ語の「テシュ（梁）オ（多い）川」が語源とされています。

「石狩国旭川ヨリ北見国宗谷ニ至ル鉄道」にもかかわらず、線路名称に天塩（天塩国）を用いたり、「天塩国奈与呂（名寄）ヨリ北見国網走ニ至ル鉄道」を「天北線」とせずに「名寄線」としたりするなど、線路名称の付け方に一定のルールを見出すことは困難です。

ところで、1903（明治36）年9月3日の旭川～名寄間の全通後

宗谷岬。宗谷海峡の向こうに、樺太（サハリン）を臨む。

に、「石狩国旭川ヨリ北見国宗谷ニ至ル鉄道」の必要性が飛躍的に高まる事態が発生します。それは、日露戦争（1904～1905）の終結後、1905（明治38）年9月5日に締結された「ポーツマス条約」により、北緯50度以南の樺太（サハリン）が日本の領土になったことです。これにより、宗谷岬が樺太に最も近い本土として注目されることになり、連絡船を介して本土と樺太を結ぶため、「石狩国旭川ヨリ北見国宗谷ニ至ル鉄道」の建設が急務となったのです。

それにしては工期が長いような気もしますが、天塩線は、その6年後の1911（明治44）年11月3日に恩根内まで延伸され、翌年の11月5日には、音威子府《おといねっぷ》まで延伸されました。この間の1912（大正元）年9月21日には、線路名称が天塩線から「宗谷線」に改称されます。「宗谷」とすることで、宗谷海峡の向こうにある樺太を連想させることを意図したのでしょうか。

●二代目の天塩線（音威子府～誉平《ぽんぴら》間）

音威子府から先の宗谷線は、浜頓別を経由してオホーツク海沿いに鬼志別まで北上し、そこから内陸部を通って稚内に至るルートで建設されます。普通に考えれば、天塩川に沿って北上し、幌延からほぼ一直線に稚内に向かう現在の宗谷本線のルートになるはずですが、わざわざ遠回りをして、しかも、峠越えがあるルートを選択したのは、不思議というより謎です。「北見国宗谷ニ至ル鉄道」の終着駅が宗谷岬であれば、このルートが適当ですが、すでに小樽や樺太との定期航路が開設されていた稚内を目指すことは、最初から決まっていたはずです。

宗谷線は、1914（大正3）年11月7日には小頓別まで、1918（大正7）年8月25日には浜頓別まで開通します。その後、1920（大正9）年11月1日には鬼志別まで進み、1922（大正11）年11月1日には、稚内（初代の稚内駅）まで全通しました。

なお、宗谷線は、1919（大正8）年に名寄線を傘下に入れて宗谷本線となり、その2年後には、名寄線が独立したため、宗谷線に戻ります。さらに1922（大正11）年には、石北線を傘下に入れ、再び宗谷本線となっています。

宗谷本線が稚内まで開通したことで、1923（大正12）年5月1日、稚内と樺太の大泊（コルサコフ）を連絡する鉄道連絡船（稚泊連絡船）の鉄道省による運航が始まります。連絡船には、冬季に海が氷結するため、本格的な砕氷船が使われていました。

写真提供：公益社団法人 土木学会

稚内港北埠頭に接岸した稚泊連絡船「亜庭丸」。右のドームは、北防波堤とよばれ、北埠頭が稚泊連絡船の発着場として使われていたときに、ここに通じる道路や鉄道に波の飛沫がかかるのを防ぐ目的で、1931（昭和6）年から1936（昭和11）年にかけて建設された。高さは13.6m、総延長は427mあり、1978（昭和53）年から3年をかけて改修され、上の写真のように、今日に受け継がれている。

余談になりますが、稚泊航路に就役していた「宗谷丸」と「亜庭丸」の命運は大きく分かれ、宗谷丸は、戦後も青函連絡船や貨物船として1965（昭和40）年まで活躍したのに対し、亜庭丸は、戦時中に米軍機により撃沈されています。また、この鉄道連絡船を使って樺太鉄道と樺太庁鉄道用に送られた9600形蒸気機関車は、戦後は日本に戻され、長く国鉄で使われました。ほかにも、「宗谷」と名がつく船としては、南極観測事業の礎を築いたと評される、海上保安庁の巡視船「宗谷（PL107）」が有名ですが、こちらは、船の科学館（東京都品川区）に展示されています。

こうして稚内まで全通し、樺太との連絡を果たした宗谷本線ですが、実は、その全通を前に、幌延を経由する代替ルートの建設が進んでいました。新線が開通する前から代替となる別線を建設するという異例の事態となった真相は明らかではありませんが、おそらく、鉄道による樺太への物資輸送の重要性が再認識されたからだと思われます。しかし、そのことは、1912（大正元）年に音威子府まで延伸されたときには十分わかっていたはずです。

1922（大正11）年4月に公布された改正鉄道敷設法の別表一覧（↓P69）には、「幌延ルート」ともよばれるこの別線（代替線）の記載はありません。ただし、別表144号の「天塩国羽幌ヨリ天塩ヲ経テ下沙流別（サロベツ）附近ニ至ル鉄道」が下沙流別（豊富町）付近で幌延ルートとの接続を前提としているので、かなり早い時期から、幌延ルートの計画があったことがうかがえます。

幌延ルートは、音威子府から天塩川に沿うルートを辿り、宗谷本線が稚内まで全通した7日後の1922（大正11）年11月8日には、誉平（現在の天塩中川）まで開通し、線路名称を「天塩線（二代）」としました。宗谷本線全通のわずか7日後に、音威子府～誉平間が開通していることからも、かなり長い間、宗谷本線の延伸工事と天塩線の工事が並行して行なわれていたことがわかります。

開通が急がれた天塩線の工事は、稚内からも行なわれ、1924（大正13）年6月25日には、稚内～兜沼《かぶとぬま》間が開通しました。そして、稚内～兜沼間を「天塩北線」とし、この時点で問寒別《といかんべつ》まで開通していた天塩線を、「天塩南線」に改称しました。

このとき、稚内～兜沼間を北見線とし（稚内は北見国）、全通後に「天北線」とする選択肢もあったはずです。そうすることなく、稚内～兜沼間を天塩北線としたのは、おそらく、全通した暁には、再び天塩線の名称に戻すことを考えていたからで、「天塩線」という線路名称に執着する鉄道省の意思を感じます。

●三代目の天塩線（音威子府～幌延～稚内間）

天塩南線は、1925（大正14）年7月20日に幌延まで開通し、その後、1926（大正15）年9月25日の幌延～兜沼間の開通により、音威子府～幌延～稚内（初代の稚内駅）間が全通し、「天塩線（三代）」となりました。天塩線の開通後も、浜頓別経由の路線は宗谷本線を名乗り続けましたが、急行列車を幌延経由に変更したこともあり、天塩線が実質的な本線となりました。そして、1930（昭和5）年4月1日の「国有鉄道線路名称に関する通達」に伴い、天塩線は宗谷本線に編入され、またしても「天塩線」の線路名称は消滅しました。

一方、宗谷本線を名乗っていた音威子府〜浜頓別〜稚内間は、「北見線」となります。ところが、1942（昭和17）年に常呂郡野付牛《のつけうし》町が北見市になり、網走本線の野付牛の駅名が北見となったこともあり、1961（昭和36）年になって、北見線は「天北線」に改称されました。

しかし、天北線の輸送量は、旅客も貨物も減少の一途を辿り、1980（昭和55）年の国鉄再建法により、特定地方交通線（→P123）に指定され、1989（平成元）年4月30日限りで廃止されました。148・9キロメートルに及ぶ天北線の廃止は、未だに廃止最長路線の記録を保持していますが、2位の名寄本線の143・0キロメートルと3位の羽幌線の141・1キロメートルとは僅差です。また、それ以前に廃止された興浜《こうひん》北線、興浜南線、湧網《ゆうもう》線に続き、天北線と名寄本線が廃止されたことで、網走以北のオホーツク海沿岸の鉄道は、すべて消滅しました。

天北線時代の鬼志別駅に停車中の列車。左は、天北線経由で札幌と稚内を結んでいた急行「天北」。　写真提供：猿払村

四代目の天塩線（幌延〜天塩〜遠別間）

北海道鉄道敷設法は、「石狩国雨龍原野ヨリ天塩国増毛ニ至ル鉄道」を、予定鉄道線路にあげています。しかし、1910（明治43）年に深川〜留萌間が留萌線として開通して以降、しばらく延伸工事が行なわれませんでした。

増毛《ましけ》は、古くから漁業で栄え、1897（明治30）年には、北海道庁の支庁が置かれましたが、1914（大正3）年に、支庁は留萌に移転しています。増毛までの延伸が進まなかったのは、こうした事情が絡んでいたのかもしれません。

ようやく増毛まで全通したのは、1921（大正10）年11月5日でした。そして、翌年に公布された改正鉄道敷設法の別表135号に「石狩国札幌ヨリ石狩ヲ経テ天塩国増毛ニ至ル鉄道」を記載し、札幌と留萌を石狩湾沿いに結ぶつもりでしたが、こちらは、調査線にも指定されませんでした。

一方で政府は、1919（大正8）年の軽便鉄道法（→P51）の廃止を見据え、1918（大正7）年に駆け込むように軽便鉄道の建設を決定します。その1つにあげられたのが留萌〜羽幌間で、1932（昭和7）年9月1日に全通しました。なお、その前年に留萌から古丹別までが開通したときの線路名称は、深川〜留萌〜増毛間と同じく、留萌線でしたが、1931（昭和6）年10月10日の「国有鉄道線路名称に関する通達」に合わせて、「羽幌線」に改称されました。

羽幌線の羽幌から先は、しばらく工事が据え置かれたものの、満州事変などに伴う外国との軋轢によって石炭の輸入が困難になると、築別の内陸部に位置する羽幌炭鉱*がにわかに注目を集め、築別まで延伸されることになりました。羽幌から築別までの鉄道建設は、改正鉄道敷設法の別表144号「天塩国羽幌ヨリ天塩ヲ経テ下沙流別附近ニ至ル鉄道」に基づくものと解釈されます。また、羽幌炭鉱から築別駅までの石炭運搬は、羽幌炭鉱の開発を手がけていた太陽曹達株式会社が、1938（昭和13）年に羽幌鉄道（後の羽幌炭礦鉄道）を設立し、築別〜曙〜築別炭砿間に建設する専用鉄道が担うことになっていました。

こうしたことを経て、太平洋戦争が始まった翌日の1941（昭和16）年12月9日、羽幌線は築別まで開通し、すでに完成していた羽幌炭礦鉄道も、12月14日から運行を開始しました。

ところが、「天塩国羽幌ヨリ天塩ヲ経テ下沙流別附近ニ至ル鉄道」の建設が、羽幌〜築別間が開

羽幌線で留萌と結ばれ、羽幌炭礦鉄道が運行を開始したころの築別駅。羽幌炭鉱から運ばれてきた石炭は、築別駅からは羽幌線で留萌に運ばれ、留萌港で船に積まれて本州方面に運ばれた。
写真提供：鈴木商店記念館

羽幌炭礦鉄道の列車に付けられていた「築別ー築別炭砿」のプレート。
写真提供：鈴木商店記念館

通するかなり前から宗谷本線の幌延から行なわれており、1935(昭和10)年6月30日に幌延～天塩間が開通したため、こちらの線路名称を「天塩線」としました。「下沙流別附近」ではなく、幌延を宗谷本線(四代)との接続駅としたのは、天塩川に鉄橋を架けることを回避したためではないかと推察されます。

1936(昭和11)年10月23日、天塩線は遠別まで開通します。その後、戦時体制に突入したために工事は中断し、羽幌線の築別と天塩線の遠別の間の38・3キロメートルが、未開通のまま終戦を迎えることになります。

開業時に羽幌炭礦鉄道で運行していた5860形蒸気機関車。1898(明治31)年のアメリカ製で、当初は、阪鶴鉄道(→P34)で使用されていた。　写真提供：鈴木商店記念館

＊羽幌炭鉱…羽幌本坑、築別坑、上羽幌坑の3つの炭坑の総称。

●名羽線――使用された未成線

改正鉄道敷設法の別表144号「天塩国羽幌ヨリ天塩ヲ経テ下沙流別附近ニ至ル鉄道」は、別表143号「天塩国名寄ヨリ石狩国雨龍ヲ経テ天塩国羽幌ニ至ル鉄道」と接続する計画でしたが、留萌～羽幌間に鉄道が敷設されたことが、別表143号の鉄道建設にも影響を及ぼすことになります。

1918（大正7）年、政府は、軽便鉄道法による深川と朱鞠内《しゅまりない》を結ぶ鉄道建設を決定し、1922（大正11）年に着工します。1932（昭和7）年10月25日には完成し、当初は「雨竜線」としていた線路名称を、途中で「幌加内線」に変更しました。

この幌加内線の開通により、別表143号「天塩国名寄ヨリ石狩国雨龍ヲ経テ天塩国羽幌ニ至ル鉄道」の名寄～朱鞠内間を建設する機運が高まり、1935（昭和10）年に着工します。1937（昭和12）年11月10日には、名寄～初茶志内《はっちゃしない》（後の天塩弥生）間が開通し、線路名称を「名雨線」としました。

その後、名雨線は、1941（昭和16）年10月10日に朱鞠内まで開通します。ところが、あろうことか、深川～朱鞠内～名寄間を一本の路線と見なし、幌加内線が名雨線を編入したうえで、線路名称を「深名線」としたのです。名寄～朱鞠内～羽幌間の鉄道を、名寄～朱鞠内～深川間に変更したのは、すでに深川と羽幌が、留萌経由で繋がっていたことが大きく影響したと考えられます。

これにより、朱鞠内から羽幌までの鉄道敷設は宙に浮くことになり、これで困ったのが、羽幌炭礦鉄道でした。それは、羽幌炭礦鉄道（その当時は羽幌鉄道）が、築別～曙～築別炭砿間に加え、曙から上羽幌坑までの路線免許も申請したものの、同区間は、改正鉄道敷設法の別表143号に重複するとして却下されていたからです。

実は、こうして宙に浮いた朱鞠内〜羽幌間の鉄道が、20年以上を経て建設されることになるのですが、これには、羽幌炭礦鉄道が絡んでいました。

戦後の1951（昭和26）年、日本炭鉱労働組合は、全国一斉に大々的なストライキを実施します。そのため、蒸気機関車の燃料として大量の石炭を必要とする国鉄は、窮地に追い込まれました。このとき、大規模炭鉱のなかで、唯一組合に加盟していなかった羽幌炭鉱が、国鉄に優先的に石炭を提供し、救済したのでした。

やがて高度経済成長期に入り、保留されていた予定線の建設が行なわれるようになると、国鉄は、羽幌炭鉱への恩返しのため、真っ先に朱鞠内

羽幌炭礦鉄道の曙駅を発車する列車。曙〜三毛別間の名羽線の工事が完了するまでは、羽幌本坑と上羽幌坑から産出した石炭の集約地だったこともあり、構内には、貯炭場があった（写真左の建物）。　写真提供：鈴木商店記念館

蒸気機関車に牽引され、築別炭砿駅を発車する石炭運搬列車。駅には、羽幌炭礦鉄道のディーゼルカーが停車している。
写真提供：鈴木商店記念館

～羽幌間の建設を決めたといわれています。このとき、国鉄は、朱鞠内～羽幌間の工事線名を、「朱羽線」ではなく「名羽線」としましたが、完成の暁には、名寄～羽幌間を名羽線とし、深川～朱鞠内間を幌加内線に戻すつもりだったのでしょうか。

名羽線は、曙からは羽幌炭礦鉄道の線路を使って築別（羽幌ではない）に至る計画だったので、実際の工事区間は、曙～朱鞠内間でした。曙からの工事は、1962（昭和37）年に開始され、3・8キロメートル先の三毛別《さんけべつ》までの工事が完了すると、国鉄は、その時点で、同区間の線路を羽幌炭礦鉄道に貸し出し、羽幌炭礦鉄道が運炭列車を運行しました。この未成線に列車を走らせるという極めて異例な取り扱いには、国鉄の羽幌炭鉱への恩返しの気持ちが込められており、その後、工事が鉄建公団（→P110）に移行しても、継続し

深名線の朱鞠内駅に停車中の列車。1995（平成７）年の廃止直前の深名線は、深川と名寄を直通する列車は１日１往復だけで、朱鞠内を境に、運行系統が分断されていた。

ました。

しかし、1970（昭和45）年9月、羽幌炭鉱は、突如として札幌地方裁判所に会社更生手続きの開始を申請し、さらに2か月後には、これを撤回して閉山してしまいました。この時点で年産100万トンを超える国内有数の優良鉱といわれた羽幌炭鉱が、経営判断とはいえ、突然閉山したことに、世間は驚きました。

その後、国鉄の財政悪化の要因として、無謀な新線建設がやり玉にあげられたこともあり、名羽線の工事は低調となり、ついに、1980（昭和55）年の国鉄再建法の制定で工事は凍結され、第三セクター鉄道などの引き受け手も見つからず、未完成で終わりました。

なお、深名線は、「冬季の代替道路が未整備」との理由から、国鉄再建法による特定地方交通線の指定からは除外されたものの、その後の協議を経て、1995（平成7）年9月3日限りで廃止されました。

●永遠に消えた天塩の名がつく鉄道

戦争によって中断された羽幌線と天塩線の延伸工事は、昭和20年代後半になると、築別と遠別の双方から再開されます。築別からは、1957（昭和32）年11月6日に初山別《しょさんべつ》までが開通し、遠別からの工事が1958（昭和33）年10月18日に初山別に到達すると、羽幌線が天塩線を編入することで、留萌～幌延間を羽幌線としました。

全線が天塩国の範囲で、しかも天塩町を通っているにもかかわらず、天塩線としなかったのは、残念としか言いようがありません。ところが、そうした羽幌線も、1987（昭和62）年3月30日限りで廃止されてしまったので、遅かれ早かれ、「天塩線」の運命は尽きていたということです。

これで、国鉄から天塩線は消えましたが、実は、ほかにも「天塩」の名がつく鉄道があったのです。

1937（昭和12）年の日中戦争の始まりで、石油の輸入が困難となったため、人工的に石炭を液化する「北海道人造石油」という半ば国策会社が設立され、あの「北海道炭礦汽船」の傍系会社とされました。北海道人造石油は、岩見沢と留萌に工場を設置しますが、北海道炭礦汽船が所有していた天塩炭鉱から留萌工場に石炭を運ぶために、留萌～達布《たっぷ》間25・4キロメートルの鉄道を建設し、「天塩鉄道」として、1941（昭和16）年12月18日に運行を開始しました。なお、北海道炭礦汽船が天塩鉄道としたのは、すでに留萌鉄道が存在していたためでした。

戦後、北海道人造石油は清算され、北海道炭礦汽船が天塩炭鉱の閉山を検討したところ、天塩鉄道が炭鉱を譲り受けて運営することになり、社名を「天塩炭鉱鉄道」に変更しました。しかし、その後の輸送は、旅客も貨物も振るわず、1967（昭和42）年7月31日に天塩炭鉱が閉山され、鉄道も廃止されました。

なんとも寂しい幕切れでしたが、これが天塩の名がつく鉄道の最後でした。

★鉄道敷設法の予定鉄道線路33路線（区間）一覧

ここでは、鉄道敷設法（→P28）で定められた33の予定鉄道線路を列挙するとともに、敷設実績を掲載しますが、次の点に留意してください。

・字体は、原文と異なる部分もある。
・各予定鉄道線路に付けた番号は、本書が便宜的に付けたもので、原文は、すべて「一」となっている。
・カッコ内の線名は、当時の予定鉄道線路が該当すると思われる国鉄時代の線路名称で示した。

なお、鉄道敷設法第7条の「第一期ニ於テ其ノ実測及敷設ニ着手ス」の第一期線（→P28）に該当するのは、1、5の前段、7、9、16、18もしくは22、19、23、28です。

中央線

1. 神奈川県下八王子若ハ静岡県下御殿場ヨリ山梨県下甲府及長野県下諏訪ヲ経テ伊那郡若ハ西筑摩郡ヨリ愛知県下名古屋ニ至ル鉄道（中央本線）
　八王子～名古屋：官設により1911（明治44）年全通
2. 長野県下長野若ハ篠ノ井ヨリ松本ヲ経テ前項ノ線路ニ接続スル鉄道（篠ノ井線）
　塩尻～長野：官設により1902（明治35）年全通
3. 山梨県下甲府ヨリ静岡県下岩淵ニ至ル鉄道（身延線）
　甲府～岩淵（現在の富士）：富士身延鉄道により1928（昭和3）年全通／1941（昭和16）年国有化

中央線及北陸線ノ連絡線

4. 岐阜県下岐阜若ハ長野県下松本ヨリ岐阜県下高山ヲ経テ富山県下富山ニ至ル鉄道（高山本線）
　岐阜～富山：官設により1934（昭和9）年全通

北陸線

5. 福井県下敦賀ヨリ石川県下金沢ヲ経テ富山県下富山ニ至ル鉄道及本線ヨリ分岐シテ石川県下七尾ニ至ル鉄道（北陸本線、七尾線）

敦賀〜富山：官設により１８９９（明治32）年全通

津幡〜七尾：七尾鉄道により１８９８（明治31）年全通／１９０７（明治40）年国有化

6. 富山県下富山ヨリ新潟県下直江津ニ至ル鉄道（北陸本線）

富山〜直江津：官設により１９１３（大正２）年全通

7. 新潟県下直江津又ハ群馬県下前橋若ハ長野県下豊野ヨリ新潟県下新潟及新発田ニ至ル鉄道（信越本線）

春日新田〜沼垂：北越鉄道により１８９８（明治31）年全通／１９０７（明治40）年国有化

北陸線及北越線ノ連絡線

8. 新潟県下新発田ヨリ山形県下米沢ニ至ル鉄道若ハ新潟県下新津ヨリ福島県下若松ヲ経テ白河、本宮近傍ニ至ル鉄道（米坂線、磐越西線）

米沢〜坂町：官設により１９３６（昭和11）年全通

郡山〜喜多方：岩越鉄道により１９０４（明治37）年全通／１９０６（明治39）年国有化

喜多方〜新津：官設により１９１４（大正３）年全通

奥羽線

9. 福島県下福島近傍ヨリ山形県下米沢及山形、秋田県下秋田、青森県下弘前ヲ経テ青森ニ至ル鉄道及本線ヨリ分岐シテ山形県下酒田ニ至ル鉄道（奥羽本線、陸羽西線）

福島〜青森：官設により１９０５（明治38）年全通

新庄〜酒田：官設により１９１４（大正３）年全通

10. 宮城県下仙台ヨリ山形県下天童若ハ宮城県下石ノ巻ヨリ小牛田ヲ経テ山形県下舟形町ニ至ル鉄道（仙山線、石

巻線、陸羽東線）
仙台〜山形：官設により1937（昭和12）年全通
小牛田〜石巻：仙北軽便鉄道により1912（大正元）年開通／1919（大正8）年国有化（仙北軽便線）
小牛田〜新庄：官設により1917（大正6）年全通

11. 岩手県下黒澤尻若ハ花巻ヨリ秋田県下横手ニ至ル鉄道（北上線）
黒澤尻（現在の北上）〜横手：官設により1924（大正13）年全通

12. 岩手県下盛岡ヨリ宮古若ハ山田ニ至ル鉄道（山田線）
盛岡〜陸中山田：官設により1935（昭和10）年全通／2019年（平成31）年に宮古〜陸中山田間を三陸鉄道に転換

総武線及常磐線

13. 東京府下上野ヨリ千葉県下千葉、佐倉ヲ経テ銚子ニ至ル鉄道及本線ヨリ分岐シテ木更津ニ至ル鉄道（総武本線、内房線）
錦糸町〜銚子：総武鉄道により1897（明治30）年全通／1907（明治40）年国有化
蘇我〜木更津：官設により1912（大正元）年全通

14. 茨城県下水戸ヨリ福島県下平ヲ経テ宮城県下岩沼ニ至ル鉄道（常磐線）
水戸〜岩沼：日本鉄道により1898（明治31）年全通／1906（明治39）年国有化

近畿線

15. 奈良県下奈良ヨリ三重県下上柘植ニ至ル鉄道（関西本線）
奈良〜柘植：関西鉄道により1899（明治32）年全通／1907（明治40）年国有化

16. 大阪府下大阪若ハ奈良県下上八木又ハ高田ヨリ五條ヲ経テ和歌山県下和歌山ニ至ル鉄道（関西本線、和歌山線）
大阪〜和歌山：大阪鉄道、南和鉄道、紀和鉄道の3社により1900（明治33）年全通（3社は関西鉄道に

合併）／１９０７（明治40）年国有化

17. 京都府下京都ヨリ五條ヲ経テ奈良県下奈良ニ至ル鉄道（奈良線）
京都～奈良：奈良鉄道により１８９６（明治29）年全通（奈良鉄道は関西鉄道に合併）／１９０７（明治40）年国有化

18. 京都府下京都ヨリ舞鶴ニ至ル鉄道（山陰本線、舞鶴線）
京都～園部：京都鉄道により１８９９（明治32）年全通／１９０７（明治40）年国有化
福知山～東舞鶴：官設により１９０４（明治37）年開通（阪鶴鉄道へ貸与）／１９０７（明治40）年国有化
園部～綾部：官設により１９１０（明治43）年開通
※参考（現在の福知山線）
尼崎～福知：阪鶴鉄道により１８９９（明治32）年全通
福知～福知山：阪鶴鉄道により１９０４（明治37）年開通

山陽線

19. 広島県下三原ヨリ山口県下赤間関ニ至ル鉄道（山陽本線）
三原～赤間関（後の馬関、現在の下関）：山陽鉄道により１９０１（明治34）年全通／１９０６（明治39）年国有化

20. 広島県下海田市ヨリ呉ニ至ル鉄道（呉線）
海田市～呉：官設により１９０３（明治36）年開通／１９０４（明治37）年に山陽鉄道へ貸与／１９０６（明治39）年国有化

山陰線

21. 京都府下舞鶴ヨリ兵庫県下豊岡、鳥取県下鳥取、島根県下松江、浜田ヲ経テ山口県下山口近傍ニ至ル鉄道（山陰本線、山口線）

京都〜益田：官設により１９２３（大正12）年全通
小郡（現在の新山口）〜益田：官設により１９２３（大正12）年全通

山陰及山陽連絡線

22. 兵庫県下姫路ヨリ生野若ハ笹山ヲ経テ京都府下舞鶴又ハ園部ニ至ル鉄道若ハ兵庫県下土山ヨリ京都府下福知山ヲ経テ舞鶴ニ至ル鉄道（播但線、加古川線）
姫路〜新井：播但鉄道により１９０１（明治34）年全通（播但鉄道は山陽鉄道に合併）／１９０６（明治39）年国有化
新井〜和田山：山陽鉄道により１９０６（明治39）年開通／１９０６（明治39）年国有化
加古川〜谷川：播州鉄道（後に播丹鉄道）により１９２４（大正13）年全通／１９４３（昭和18）年国有化

23. 兵庫県下姫路近傍ヨリ鳥取県下鳥取ニ至ル鉄道又ハ岡山県下岡山ヨリ津山ヲ経テ鳥取県下米子及境ニ至ル鉄道若ハ岡山県下倉敷又ハ玉島ヨリ鳥取県下境ニ至ル鉄道（姫新線、因美線、津山線、山陰本線、境線、伯備線）
姫路〜津山：官設により１９３６（昭和11）年全通
鳥取〜用瀬：官設により１９１９（大正８）年開通（因美軽便線）
用瀬〜津山：官設により１９３２（昭和７）年全通
岡山〜津山口：中国鉄道により１８９８（明治31）年開通／１９４４（昭和19）年国有化
鳥取〜米子：官設により１９０８（明治41）年全通
米子〜境（現在の境港）：官設により１９０２（明治35）年開通
倉敷〜米子：官設により１９２８（昭和３）年全通

24. 広島県下広島ヨリ島根県下浜田ニ至ル鉄道（可部線）
横川〜可部：大日本軌道により１９１１（明治44）年全通（大日本軌道は、後の可部軌道、広島電気、広浜鉄道）／１９３６（昭和11）年国有化
可部〜三段峡：国鉄により１９６９（昭和44）年全通／２００３（平成15）年廃止

三段峡～浜田：未成

可部～あき亀山：ＪＲ西日本により２０１７（平成29）年開通

※参考：１９３４（昭和９）年に官営バス広浜線（広島～浜田港）運行開始

四国線

25. 香川県下琴平ヨリ高知県下高知ヲ経テ須崎ニ至ル鉄道（土讃本線）

琴平～三縄：官設により１９３１（昭和６）年全通

三縄～須崎：官設により１９３５（昭和10）年全通

26. 徳島県下徳島ヨリ前項ノ線路ニ接続スル鉄道（徳島本線）

徳島～川田：徳島鉄道により１９００（明治33）年全通／１９０７（明治40）年国有化

川田～阿波池田：官設により１９１４（大正３）年開通

27. 香川県下多度津ヨリ愛媛県下今治ヲ経テ松山ニ至ル鉄道（予讃本線）

多度津～松山：官設により１９２７（昭和２）年全通

九州線

28. 佐賀県下佐賀ヨリ長崎県下佐世保及長崎ニ至ル鉄道（長崎本線、佐世保線、大村線）

佐賀～長崎：九州鉄道により１８９８（明治31）年全通／１９０７（明治40）年国有化

早岐～佐世保：九州鉄道により１８９８（明治31）年開通／１９０７（明治40）年国有化

29. 熊本県下熊本ヨリ三角ニ至ル鉄道及宇土ヨリ分岐シ八代ヲ経テ鹿児島県下鹿児島ニ至ル鉄道（鹿児島本線、三角線、肥薩線、日豊本線）

宇土～三角：九州鉄道により１８９９（明治32）年開通／１９０７（明治40）年国有化

熊本～八代：九州鉄道により１８９６（明治29）年全通／１９０７（明治40）年国有化

鹿児島～国分（現在の隼人）：官設により１９０１（明治34）年開通

国分（現在の隼人）～吉松：官設により1903（明治36）年開通
八代～人吉：官設により1908（明治41）年開通
人吉～吉松：官設により1909（明治42）年開通

30. 熊本県下熊本ヨリ大分県下大分ニ至ル鉄道（豊肥本線）
大分～玉来：官設により1925（大正14）年全通（犬飼軽便線を経て犬飼線）
熊本～宮地：官設により1918（大正7）年全通（宮地軽便線を経て宮地線）
玉来～宮地：官設により1928（昭和3）年開通

31. 福岡県下小倉ヨリ大分県下大分、宮崎県下宮崎ヲ経テ鹿児島県下鹿児島ニ至ル鉄道（日豊本線）
小倉～重岡：官設により1922（大正11）年全通
重岡～都城：官設により1923（大正12）年全通
都城～国分（現在の隼人）：官設により1932（昭和7）年全通
国分（現在の隼人）～鹿児島：官設により1901（明治34）年開通

32. 福岡県下飯塚ヨリ原田ニ至ル鉄道（筑豊本線）
飯塚～長尾（現在の桂川）：九州鉄道により1901（明治34）年開通／1907（明治40）年国有化
長尾～原田：官設により1929（昭和4）年全通

33. 福岡県下久留米ヨリ山鹿ヲ経テ熊本県下熊本ニ至ル鉄道
全区間：未成

★北海道鉄道敷設法の予定鉄道線路6路線（区間）一覧

ここでは、北海道鉄道敷設法（↓P29）で定められた6つの予定鉄道線路を列挙するとともに、敷設実績を掲載しますが、留意点は、「鉄道敷設法の予定鉄道線路33路線（区間）一覧」と同じです（↓P264）。

1. 石狩国旭川ヨリ十勝国十勝太及釧路国厚岸ヲ経テ北見国網走ニ至ル鉄道（富良野線、根室本線、釧網本線）
旭川〜富良野：北海道官設鉄道により1900（明治33）年全通／1905（明治38）年国有化
富良野〜釧路：官設により1905（明治38）年全通
釧路〜別保信号所（現在の東釧路）：官設により1917（大正6）年開通
東釧路〜網走：官設により1931（昭和6）年全通

2. 十勝国利別ヨリ北見国相ノ内ニ釧路国厚岸ヨリ根室国根室ニ至ル鉄道（池北線、根室本線）
池田〜野付牛（現在の北見）：官設により1911（明治44）年全通／1989（平成元）年に北海道ちほく高原鉄道に転換／2006（平成18）年廃止
厚岸〜根室：官設により1921（大正10）年全通

3. 石狩国旭川ヨリ北見国宗谷ニ至ル鉄道（宗谷本線、天北線）
旭川〜名寄：北海道官設鉄道により1903（明治36）年全通／1905（明治38）年国有化
名寄〜稚内（浜頓別経由）：官設により1922（大正11）年全通

4. 石狩国雨龍原野ヨリ天塩国増毛ニ至ル鉄道（留萌本線）
深川〜留萌：官設により1910（明治43）年開通
留萌〜増毛：官設により1921（大正10）年開通／2016（平成28）年廃止

5. 天塩国奈与呂ヨリ北見国網走ニ至ル鉄道（名寄本線、湧網線）
名寄〜中湧別：官設により1921（大正10）年全通／1989（平成元）年廃止
中湧別〜網走：国鉄により1953（昭和28）年全通／1987（昭和62）年廃止

6. 後志国小樽ヨリ渡島国函館ニ至ル鉄道（函館本線）
函館〜高島（現在の小樽）：北海道鉄道（初代）により1904（明治37）年全通／1907（明治40）年国有化

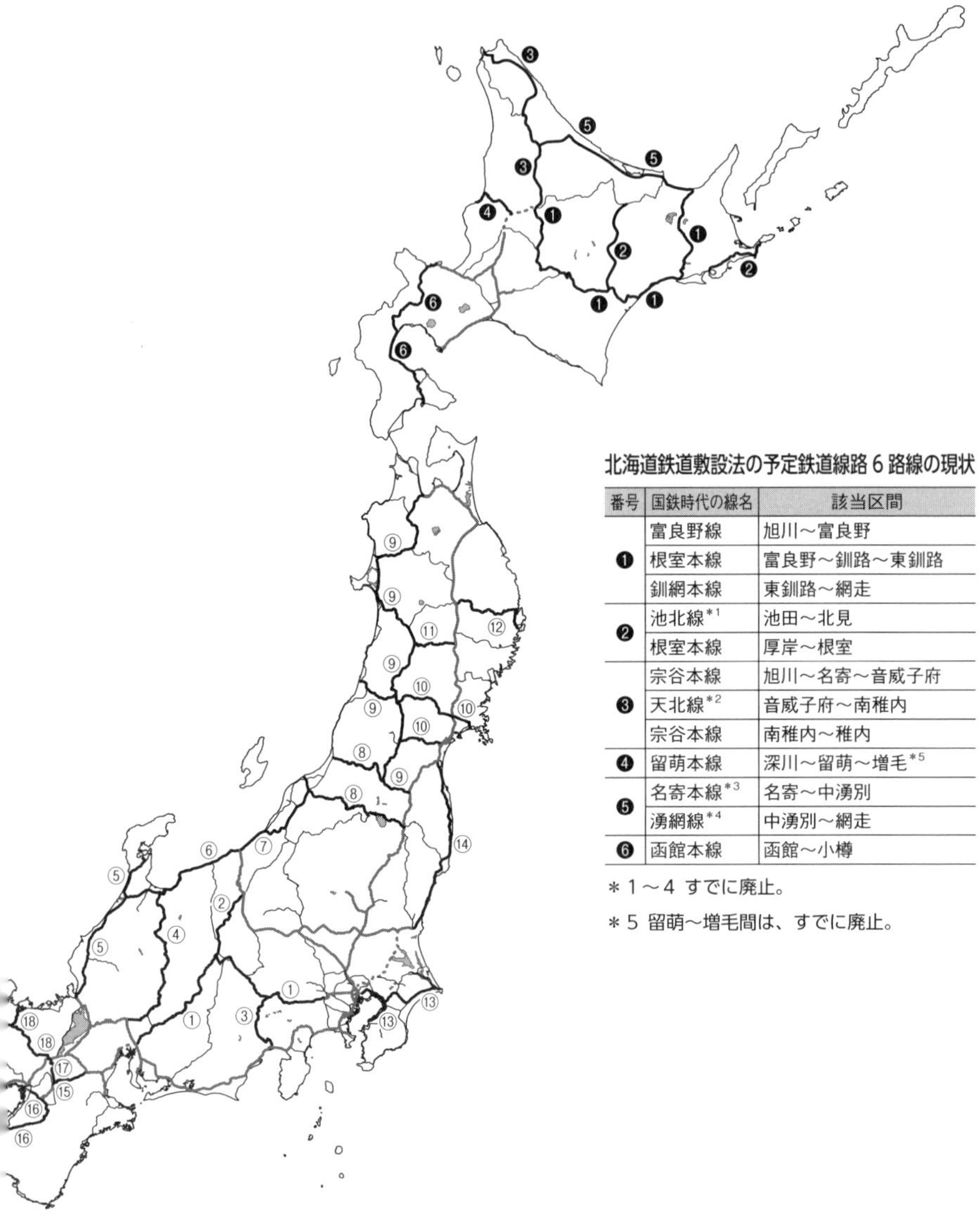

北海道鉄道敷設法の予定鉄道線路6路線の現状

番号	国鉄時代の線名	該当区間
❶	富良野線	旭川～富良野
	根室本線	富良野～釧路～東釧路
	釧網本線	東釧路～網走
❷	池北線*1	池田～北見
	根室本線	厚岸～根室
❸	宗谷本線	旭川～名寄～音威子府
	天北線*2	音威子府～南稚内
	宗谷本線	南稚内～稚内
❹	留萌本線	深川～留萌～増毛*5
❺	名寄本線*3	名寄～中湧別
	湧網線*4	中湧別～網走
❻	函館本線	函館～小樽

＊1～4 すでに廃止。

＊5 留萌～増毛間は、すでに廃止。

凡例	
黒の太線	鉄道敷設法または北海道鉄道敷設法で定められた予定鉄道線路
灰色の太線	鉄道敷設法または北海道鉄道敷設法の公布以前に開業していた路線
灰色の点線	鉄道敷設法または北海道鉄道敷設法の公布時に建設や計画が進んでいた路線
細線	その他の路線（現在のJR在来線）

鉄道敷設法の予定鉄道線路 33 路線の現状

番号	国鉄時代の線名	該当区間
①	中央本線	八王子～名古屋
②	篠ノ井線	塩尻～篠ノ井～(長野)
③	身延線	甲府～富士
④	高山本線	岐阜～富山
⑤	北陸本線	敦賀～富山
	七尾線	津幡～七尾
⑥	北陸本線	富山～直江津
⑦	信越本線	直江津(春日新田)～新潟(沼垂)[*1]
⑧	米坂線	米沢～坂町
	磐越西線	郡山～喜多方～新津
⑨	奥羽本線	福島～青森
	陸羽西線	新庄～余目～(酒田)
⑩	仙山線	仙台～羽前千歳～(山形)
	石巻線	小牛田～石巻
	陸羽東線	小牛田～新庄
⑪	北上線	北上～横手
⑫	山田線	盛岡～陸中山田
⑬	総武本線	錦糸町～銚子
	内房線	蘇我～木更津
⑭	常磐線	水戸～岩沼
⑮	関西本線	奈良～柘植
⑯	関西本線	(大阪)～天王寺～王寺[*2]
	和歌山線	王寺～高田～和歌山[*3]
⑰	奈良線	京都～木津～(奈良)
⑱	山陰本線	京都～園部～綾部
	舞鶴線	(福知山)～綾部～東舞鶴[*4]
⑲	山陽本線	三原～下関

番号	国鉄時代の線名	該当区間
⑳	呉線	海田市～呉
㉑	山陰本線	京都～益田
	山口線	新山口～益田
㉒	播但線	姫路～新井～和田山
	加古川線	加古川～谷川
㉓	姫新線	姫路～津山
	因美線	鳥取～用瀬～東津山～(津山)
	津山線	岡山～津山口～津山[*5]
	山陰本線	鳥取～米子
	境線	米子～境港
	伯備線	倉敷～伯耆大山～(米子)
㉔	可部線	横川～可部～(あき亀山)～三段峡[*6]
㉕	土讃本線	琴平～三縄～須崎
㉖	徳島本線	(徳島)～佐古～川田～佃～(阿波池田)
㉗	予讃本線	多度津～松山
㉘	長崎本線	佐賀～肥前山口
	佐世保線	肥前山口～早岐～佐世保
	大村線	早岐～諫早
	長崎本線	諫早～長崎
㉙	鹿児島本線	熊本～八代
	三角線	宇土～三角
	肥薩線	八代～人吉～吉松～隼人
	日豊本線	隼人～鹿児島
㉚	豊肥本線	大分～玉来～宮地～熊本
㉛	日豊本線	小倉～重岡～都城～隼人～鹿児島
㉜	筑豊本線	飯塚～桂川～原田

※ 33（久留米～山鹿～熊本）と 24 の三段峡～浜田間は未成。

※カッコ内は、列車が直通している路線の駅名。

＊1 春日新田と沼垂は現存しないため、最寄りの主要駅を記した。

＊2 天王寺～王寺間は、鉄道敷設法公布時には開通済み。

＊2 大阪～天王寺間は、現在の大阪環状線。

＊3 王寺～高田間は、鉄道敷設法公布時には開通済み。

＊4 福知山～綾部間は、現在の山陰本線。

＊5 現在の津山線は、岡山～津山間。

＊6 可部～三段峡間は、すでに廃止（可部～あき亀山間は再開業）。

★改正鉄道敷設法別表一覧

ここでは、改正鉄道敷設法別表一覧を列挙するとともに、予定線の結果についても、次の4つに区分して掲載しています。

開業：官設、私設を問わず、全区間で鉄道が開業したケース。
部分開業：官設、私設を問わず、一部区間で鉄道が開業したケース。
未成線：着工しながら、開業に至らなかったケース（第三セクターなどによって後に開業した路線も含む）。
未着工：着工に至らなかったケース。

なお、予定線の結果に示した線名は、当時の予定線が該当すると思われる国鉄時代の線路名称で記しましたが、区間と私鉄の線名は、原則として、現在の名称で記しました。また、漢字や仮名遣いが原文と異なるところもあり、結果の区分とその内容については、さまざまなとらえ方があるので、記載内容は、あくまで参考としてください。

本州の部

第１号　青森県田名部ヨリ大畑ヲ経テ大間ニ至ル鉄道
部分開業：大畑線（下北～大畑）※大畑線は、1985年に下北交通に転換したが、2001年に廃止。
未成線：大間線（大畑～大間）
着工（1937年）／工事中断（1943年）／後に中止

第２号　青森県青森ヨリ三厩、小泊ヲ経テ五所川原ニ至ル鉄道
部分開業：津軽線（青森～三厩）、津軽鉄道津軽鉄道線（津軽中里～津軽五所川原）

2号ノ2　青森県三厩附近ヨリ渡島国福島附近ニ至ル鉄道
開業：海峡線（中小国～木古内）

第3号　青森県弘前ヨリ田代ニ至ル鉄道
　未着工
第4号　青森県三戸ヨリ七戸ヲ経テ千曳ニ至ル鉄道
　部分開業：南部縦貫鉄道（七戸～千曳）※2002年に廃止。
第5号　青森県三戸ヨリ秋田県毛馬内ヲ経テ花輪ニ至ル鉄道
　部分開業：花輪線（十和田南～鹿角花輪）
第6号　岩手県久慈ヨリ小本ヲ経テ宮古ニ至ル鉄道
　開業：久慈線（久慈～普代）、三陸鉄道北リアス線（普代～田老）、宮古線（田老～宮古）
　※久慈線と宮古線は、1984年に三陸鉄道に転換。
第7号　岩手県山田ヨリ釜石ヲ経テ大船渡ニ至ル鉄道
　開業：山田線（陸中山田～釜石）、三陸鉄道南リアス線（釜石～盛）、大船渡線（盛～大船渡）
　※山田線の宮古～陸中山田～釜石間は、2019年に三陸鉄道に転換。
第8号　岩手県小鳥谷ヨリ葛巻ヲ経テ袰野附近ニ至ル鉄道及落合附近ヨリ分岐シテ茂市ニ至ル鉄道
　前段は未着工
　後段は開業：岩泉線（岩泉～茂市）※2014年に廃止。
8号ノ2　岩手県花巻ヨリ遠野ヲ経テ釜石ニ至ル鉄道
　開業：釜石線（花巻～釜石）
第9号　岩手県川井ヨリ遠野ヲ経テ高田ニ至ル鉄道
　未着工

第10号　岩手県一戸ヨリ荒屋ニ至ル鉄道
未着工
第11号　岩手県雫石ヨリ川尻ニ至ル鉄道
未着工
第12号　岩手県一ノ関ヨリ槻木附近ニ至ル鉄道
未着工
第13号　秋田県鷹ノ巣ヨリ阿仁合ヲ経テ角館ニ至ル鉄道
開業：阿仁合線（鷹ノ巣～比立内）、秋田内陸縦貫鉄道秋田内陸線（比立内～松葉）、角館線（松葉～角館）※角館線と阿仁合線は、1986年に秋田内陸縦貫鉄道に転換。
第14号　秋田県生保内ヨリ鳩ノ湯附近ニ至ル鉄道
未着工
第15号　秋田県本荘ヨリ矢島ヲ経テ院内ニ至ル鉄道
部分開業：矢島線（羽後本荘～矢島）※1985年に由利高原鉄道に転換。
第16号　秋田県十文字ヨリ檜山台附近ニ至ル鉄道
未着工
第17号　宮城県気仙沼ヨリ津谷、志津川ヲ経テ前谷地ニ至ル鉄道及津谷ヨリ分岐シ佐沼ヲ経テ田尻ニ至ル鉄道
前段は開業：気仙沼線（気仙沼～前谷地）
後段は部分開業：仙北鉄道登米線（登米～瀬峰）※1968年に廃止。
第18号　宮城県松島ヨリ石巻ヲ経テ女川ニ至ル鉄道

第19号　宮城県仙台ヨリ古川ニ至ル鉄道
開業：仙石線（松島海岸～石巻）、石巻線（石巻～女川）
未着工

第20号　宮城県仙台ヨリ山形県山寺ヲ経テ山形ニ至ル鉄道及宮城県川崎附近ヨリ分岐シテ山形県神町ニ至ル鉄道
前段は開業：仙山線（仙台～羽前千歳）
後段は未着工

第21号　宮城県長町ヨリ青根附近ニ至ル鉄道
部分開業：仙南交通秋保線（長町～秋保温泉）※1961年に廃止。

21号ノ2　宮城県槻木附近ヨリ丸森ニ至ル鉄道
開業：丸森線（槻木～丸森）※丸森線は、1986年に阿武隈急行に転換。

第22号　宮城県白石ヨリ山形県上ノ山ニ至ル鉄道
未着工

第23号　山形県鶴岡ヨリ大鳥ニ至ル鉄道
未着工

第24号　山形県楯岡ヨリ寒河江ニ至ル鉄道
未着工

第25号　山形県左沢ヨリ荒砥ニ至ル鉄道
未着工

第26号　山形県米沢ヨリ福島県喜多方ニ至ル鉄道

部分開業：日中線（熱塩〜喜多方）※1984年に廃止。

第27号　福島県福島ヨリ宮城県丸森ヲ経テ福島県中村ニ至ル鉄道及丸森ヨリ分岐シテ白石ニ至ル鉄道

前段は部分開業：阿武隈急行阿武隈急行線（福島〜丸森）

後段は未着工

第28号　福島県川俣ヨリ浪江ニ至ル鉄道

未着工

第29号　福島県柳津ヨリ只見ヲ経テ新潟県小出ニ至ル鉄道及只見ヨリ分岐シテ古町ニ至ル鉄道

前段は開業：只見線（会津柳津〜小出）

後段は未着工

第30号　福島県須賀川ヨリ長沼ニ至ル鉄道

未着工

第31号　福島県平ヨリ小名浜ニ至ル鉄道

未着工

第32号　福島県石川ヨリ植田ニ至ル鉄道

未着工

第33号　栃木県今市ヨリ高徳ヲ経テ福島県田島ニ至ル鉄道及高徳ヨリ分岐シテ矢板ニ至ル鉄道

前段は開業：東武鉄道鬼怒川線（下今市〜新藤原）、野岩鉄道会津鬼怒川線（新藤原〜会津高原尾瀬口）、会津線（会津滝ノ原〜会津田島）

※会津線の会津滝ノ原（現在の会津高原尾瀬口）〜会津田島間は、会津鉄道に転換（1987年）。

後段は開業：東武鉄道矢板線（新高徳～矢板）※1959年に廃止。

33号ノ2　栃木県上三依ヨリ西那須野ニ至ル鉄道
未着工

第34号　栃木県日光ヨリ足尾ニ至ル鉄道
未着工
※参考：後の東武日光軌道線（日光駅前～馬返）が1910年に開業したが、1968年に廃止。

第35号　栃木県鹿沼ヨリ栃木ヲ経テ茨城県古河ニ至ル鉄道
開業：東武鉄道日光線（新鹿沼～新古河）

第36号　栃木県茂木ヨリ烏山ヲ経テ茨城県大子ニ至ル鉄道及栃木県大桶附近ヨリ分岐シテ黒磯ニ至ル鉄道
未着工

第37号　栃木県市塙ヨリ宝積寺ニ至ル鉄道
未着工

第38号　茨城県水戸ヨリ阿野沢ヲ経テ東野附近ニ至ル鉄道及阿野沢ヨリ分岐シテ栃木県茂木ニ至ル鉄道
前段は部分開業：茨城交通茨城線（上水戸～御前山）※1971年に廃止。
後段は未着工

第39号　茨城県水戸ヨリ鉾田ヲ経テ鹿島ニ至ル鉄道
開業：鹿島臨海鉄道大洗鹿島線（水戸～鹿島サッカースタジアム）

39号ノ2　茨城県鹿島ヨリ千葉県佐原ニ至ル鉄道
開業：鹿島線（鹿島サッカースタジアム～香取）

第40号　茨城県常陸大宮ヨリ太田ヲ経テ大甕ニ至ル鉄道
部分開業：日立電鉄日立電鉄線（常北太田～大甕）※2005年に廃止。

第41号　茨城県勝田ヨリ上菅谷ニ至ル鉄道
未着工

第42号　茨城県高浜ヨリ玉造ヲ経テ延方ニ至ル鉄道及玉造ヨリ分岐シテ鉾田ニ至ル鉄道
前段は部分開業：鹿島鉄道鹿島鉄道線（石岡～玉造町）※2007年に廃止。
後段は開業：鹿島鉄道鹿島鉄道線（玉造町～鉾田）※2007年に廃止。

第43号　茨城県土浦ヨリ水海道、境、埼玉県久喜、鴻巣、坂戸ヲ経テ飯能ニ至ル鉄道及水海道ヨリ分岐シテ佐貫ニ至ル鉄道並境ヨリ分岐シテ古河ニ至ル鉄道
未着工

第44号　茨城県土浦ヨリ江戸崎ニ至ル鉄道
未着工

第45号　茨城県古河ヨリ栃木県佐野ニ至ル鉄道
未着工

第46号　千葉県佐原ヨリ小見川ヲ経テ松岸ニ至ル鉄道及小見川ヨリ分岐シテ八日市場ニ至ル鉄道
前段は開業：成田線（佐原～松岸）
後段は未着工

第47号　千葉県八幡宿ヨリ大多喜ヲ経テ小湊ニ至ル鉄道
部分開業：小湊鉄道小湊鉄道線（五井～上総中野）

第48号　千葉県木更津ヨリ久留里、大多喜ヲ経テ大原ニ至ル鉄道
部分開業：久留里線（木更津～上総亀山）、木原線（上総中野～大原）
※木原線は、1988年にいすみ鉄道に転換。

第49号　千葉県上総湊ヨリ鴨川ニ至ル鉄道
未着工

49号ノ2　千葉県船橋ヨリ小金ニ至ル鉄道
開業：武蔵野線（西船橋～新松戸）

第50号　千葉県船橋ヨリ佐倉ニ至ル鉄道
開業：京成電鉄本線（京成船橋～京成佐倉）

50号ノ2　千葉県我孫子ヨリ埼玉県大宮ニ至ル鉄道
開業：武蔵野線（新松戸～南浦和）

50号ノ3　埼玉県与野ヨリ東京府立川ニ至ル鉄道
開業：武蔵野線（南浦和～西国分寺）

50号ノ4　埼玉県大宮ヨリ川越ヲ経テ飯能附近ニ至ル鉄道
開業：川越線（大宮～高麗川）

50号ノ5　東京都国分寺附近ヨリ神奈川県小倉附近ニ至ル鉄道
開業：武蔵野線（西国分寺～府中本町～新鶴見信号場）

第51号　東京府八王子ヨリ埼玉県飯能ヲ経テ群馬県高崎ニ至ル鉄道
開業：八高線（八王子～倉賀野）

51号ノ2　東京都品川附近ヨリ千葉県木更津附近ニ至ル鉄道
未着工（東京外環状線計画が第53号ノ2に変更されたため）

第52号　東京府大崎ヨリ神奈川県長津田ヲ経テ松田ニ至ル鉄道
未着工
※参考：東京急行電鉄大井町線（大井町～二子玉川）、東京急行電鉄田園都市線（二子玉川～中央林間）、小田急電鉄江ノ島線（中央林間～相模大野）、小田急電鉄小田原線（相模大野～新松田）が該当。

52号ノ2　神奈川県桜木町ヨリ北鎌倉ニ至ル鉄道
開業：根岸線（桜木町～大船）

第53号　神奈川県横須賀ヨリ浦賀ニ至ル鉄道
開業：京浜急行電鉄本線（横須賀中央～浦賀）

53号ノ2　神奈川県塩浜附近ヨリ千葉県木更津附近ニ至ル鉄道
部分開業：東海道本線（川崎貨物～東京貨物ターミナル）、総武本線越中島支線（越中島貨物～新小岩信号所）、総武本線、外房線（新小岩信号所～蘇我）、京葉臨海鉄道（蘇我～京葉久保田）

第54号　群馬県渋川ヨリ中之条ヲ経テ長野原ニ至ル鉄道
開業：長野原線（現在の吾妻線／渋川～長野原）　※長野原は、現在の長野原草津口。

54号ノ2　群馬県長野原ヨリ嬬恋附近ニ至ル鉄道
開業：長野原線（現在の吾妻線／長野原～大前）　※長野原は、現在の長野原草津口。

54号ノ3　群馬県嬬恋ヨリ長野県豊野ニ至ル鉄道
未着工

第55号　新潟県来迎寺ヨリ小千谷ヲ経テ岩沢ニ至ル鉄道

部分開業：魚沼線（来迎寺〜西小千谷）※１９８４年に廃止。

55号ノ2　新潟県白山ヨリ新発田ニ至ル鉄道
開業：越後線（白山〜新潟）、白新線（新潟〜新発田）

55号ノ3　新潟県直江津ヨリ松代附近ヲ経テ六日町ニ至ル鉄道及松代附近ヨリ分岐シテ湯沢ニ至ル鉄道
前段は開業：北越急行ほくほく線（犀潟〜六日町）
後段は未着工

第56号　佐渡国夷ヨリ河原田ヲ経テ相川ニ至ル鉄道
未着工

第57号　長野県豊野ヨリ飯山ヲ経テ新潟県十日町ニ至ル鉄道及飯山ヨリ分岐シテ屋代ニ至ル鉄道
前段は開業：飯山線（豊野〜十日町）
後段は部分開業：河東鉄道（屋代〜木島）
※河東鉄道は、長野電鉄の前身。
※信州中野〜木島間は、２００２年に廃止、屋代〜須坂間は、２０１２年に廃止。

第58号　長野県小海附近ヨリ山梨県小淵沢ニ至ル鉄道
開業：小海線（小海〜小淵沢）※小諸〜小海間は、佐久鉄道により開業済み。

第59号　長野県松本ヨリ岐阜県高山ニ至ル鉄道
部分開業：松本電鉄上高地線（松本〜新島々）※現在の路線名は、アルピコ交通上高地線。

第60号　長野県辰野ヨリ飯田ヲ経テ静岡県浜松ニ至ル鉄道及飯田ヨリ分岐シテ三留野ニ至ル鉄道
前段は部分開業：飯田線（辰野〜中部天竜）、二俣線（遠江二俣〜西鹿島）、遠州鉄道鉄道線（西鹿島〜新浜松）※二俣線は、１９８７年に天竜浜名湖鉄道に転換。

前段の未成線：佐久間線（遠江二俣～中部天竜）
工事線（1962年）／工事凍結（1980年）
後段：第60号ノ2に変更

60号ノ2　長野県飯田ヨリ岐阜県中津川ニ至ル鉄道
未成線：中津川線（飯田～中津川）
工事線（1962年）／工事凍結（1980年）

第61号　静岡県熱海ヨリ下田、松崎ヲ経テ大仁ニ至ル鉄道
部分開業：伊東線（熱海～伊東）、伊豆急行伊豆急行線（伊東～伊豆急下田）

第62号　静岡県御殿場ヨリ山梨県吉田ヲ経テ静岡県大宮ニ至ル鉄道及吉田ヨリ分岐シテ大月ニ至ル鉄道
前段は部分開業：富士急行河口湖線（富士山～河口湖）
後段は開業：富士急行大月線（富士山～大月）

第63号　静岡県掛川ヨリ二俣、愛知県大野、静岡県浦川、愛知県武節ヲ経テ岐阜県大井ニ至ル鉄道及大野附近ヨリ分岐シテ愛知県長篠ニ至ル鉄道並ニ浦川附近ヨリ分岐シテ静岡県佐久間ニ至ル鉄道
前段は部分開業：二俣線（掛川～遠江二俣）、明知線（明知～恵那）
※二俣線は、1987年に天竜浜名湖鉄道に転換。明知線は、1980年に明知鉄道に転換。
中段は開業：飯田線（三河大野～本長篠）
後段は開業：飯田線（浦川～中部天竜）

63号ノ2　静岡県二俣ヨリ愛知県豊橋ニ至ル鉄道
開業：二俣線（遠江二俣～新所原）※二俣線は、1987年に天竜浜名湖鉄道に転換。

第64号　富山県猪谷ヨリ岐阜県船津ニ至ル鉄道
　開業：神岡線（猪谷～神岡）※神岡線は、1984年に神岡鉄道に転換したが、2006年に廃止。

第65号　富山県八尾ヨリ福光ヲ経テ石川県金沢附近ニ至ル鉄道
　未着工

第66号　富山県氷見ヨリ石川県羽咋ニ至ル鉄道
　未着工

第67号　石川県羽咋ヨリ高浜ヲ経テ三井附近ニ至ル鉄道
　部分開業：能登鉄道能登線（羽咋～三明）※1972年に廃止。能登鉄道は、北陸鉄道の前身。

第68号　石川県穴水ヨリ宇出津ヲ経テ飯田ニ至ル鉄道
　開業：能登線（穴水～蛸島）※能登線は、1988年にのと鉄道に転換したが、2005年に廃止。

第69号　愛知県千種ヨリ挙母ヲ経テ武節ニ至ル鉄道
　未着工

第70号　愛知県豊橋ヨリ伊良湖岬ニ至ル鉄道
　部分開業：豊橋鉄道渥美線（新豊橋～三河田原）

70号ノ2　愛知県岡崎ヨリ挙母ヲ経テ岐阜県多治見ニ至ル鉄道
　部分開業：岡多線（岡崎～新豊田）※1988年、愛知環状鉄道への転換と新豊田～高蔵寺間開業。

第71号　愛知県武豊ヨリ師崎ニ至ル鉄道
　部分開業：名古屋鉄道河和線（知多武豊～河和）、名古屋鉄道知多新線（富貴～内海）

第72号　愛知県名古屋ヨリ岐阜県太田ニ至ル鉄道

部分開業：名古屋鉄道名古屋本線・犬山線（名鉄名古屋～新鵜沼）

72号ノ2　愛知県瀬戸ヨリ稲沢ニ至ル鉄道

部分開業：愛知環状鉄道愛知環状線（瀬戸市～高蔵寺）、東海交通事業城北線（勝川～枇杷島）

※瀬戸市～高蔵寺間と勝川～枇杷島間は、瀬戸工事線を転用。

未成線：瀬戸線（貨物線／瀬戸市～稲沢）

着工（1976年）／工事凍結と計画変更（1984年）

第73号　岐阜県中津川ヨリ下呂附近ニ至ル鉄道

未成線：下呂線（中津川～下呂）

工事線（1962年）／工事凍結（1980年）※1978年、下呂線工事のため、北恵那鉄道（中津町～下付知）廃止。

第74号　岐阜県大垣ヨリ福井県大野ヲ経テ石川県金沢ニ至ル鉄道

部分開業：樽見線（大垣～美濃神海）

※樽見線は、1984年に樽見鉄道に転換し、1989年に神海～樽見間開業。

第75号　三重県四日市ヨリ岐阜県関ケ原ヲ経テ滋賀県木ノ本ニ至ル鉄道

部分開業：三岐鉄道三岐線（富田～西藤原）

75号ノ2　三重県四日市ヨリ津附近ニ至ル鉄道

開業：伊勢線（河原田～津）※1987年に伊勢鉄道に転換。

75号ノ3　三重県津附近ヨリ松阪ヲ経テ伊勢ニ至ル鉄道

未着工

75号ノ4　三重県伊勢ヨリ長島ニ至ル鉄道

未着工

第76号　滋賀県貴生川ヨリ京都府加茂ニ至ル鉄道
部分開業：信楽線（貴生川～信楽）※1987年に信楽高原鐵道に転換。

第77号（旧）滋賀県浜大津ヨリ高城ヲ経テ福井県三宅ニ至ル鉄道及高城ヨリ分岐シテ京都府二条ニ至ル鉄道
前段は部分開業：江若鉄道（浜大津～近江今津）※湖西線建設のため廃止（1969年）。
後段は未着工

第77号（新）京都府山科ヨリ滋賀県高城ヲ経テ福井県三宅ニ至ル鉄道及高城ヨリ分岐シテ京都府二条ニ至ル鉄道
前段は部分開業：湖西線（山科～近江今津）
後段は未着工

77号ノ2（旧）滋賀県今津ヨリ塩津ニ至ル鉄道
未着工

77号ノ2（新）滋賀県今津ヨリ沓掛附近ニ至ル鉄道
開業：湖西線（近江今津～近江塩津）

第78号　京都府園部ヨリ兵庫県篠山附近ニ至ル鉄道
部分開業：篠山線（福住～篠山口）※1972年に廃止。

第79号　京都府殿田附近ヨリ福井県小浜ニ至ル鉄道
未着工：小鶴線（殿田～小浜）
工事線となるも（1964年）、未着工／計画凍結（1980年）

79号ノ2（旧）京都府宮津ヨリ河守ニ至ル鉄道

未成線：宮守線（宮津～河守）
着工（1966年）／北丹鉄道廃止に伴い、宮福線計画に変更（1975年）
※1974年に北丹鉄道（福知山～河守）廃止。

79号ノ2（新）京都府宮津ヨリ福知山ニ至ル鉄道
未成線：宮福線（宮津～福知山）
計画変更（1975年）／工事線（1978年）／工事凍結（1980年）／宮福鉄道設立（1982年）／宮福鉄道の宮津～福知山間開業（1988年）
※宮福鉄道は、その後、北近畿タンゴ鉄道、京都丹後鉄道に、社名を変更。

第80号　京都府山田ヨリ兵庫県出石ヲ経テ豊岡ニ至ル鉄道
未着工　※参考：加悦鉄道（丹後山田～加悦）として1926年に開業したが、1985年に廃止。

80号ノ2　京都府広野ヨリ大阪府長尾ニ至ル鉄道
未着工

第81号　奈良県桜井ヨリ榛原、三重県名張ヲ経テ松阪ニ至ル鉄道及名張ヨリ分岐シテ伊賀上野附近ニ至ル鉄道並榛原ヨリ分岐シ松山ヲ経テ吉野ニ至ル鉄道
前段は開業：近畿日本鉄道大阪線（桜井～伊勢中川）、近畿日本鉄道山田線（伊勢中川～松阪）
中段は開業：伊賀鉄道伊賀線（伊賀神戸～伊賀上野）
後段は未着工

第82号　奈良県五條ヨリ和歌山県新宮ニ至ル鉄道
未成線：五新線（五條～新宮）

第83号　兵庫県谷川ヨリ西脇、北条ヲ経テ姫路附近ニ至ル鉄道
着工（1939年）／中断（1943年）／再開（1957年）／工事凍結（1982年）
部分開業：加古川線（谷川～加古川）、北条線（粟生～北条町）
※加古川線は、播但鉄道を買収（1943年）。北条線は、播但鉄道を買収し（1943年）、後に、北条鉄道に転換（1985年）。

第84号　兵庫県姫路ヨリ岡山県江見ヲ経テ津山ニ至ル鉄道
開業：姫新線（姫路～津山）

第85号　兵庫県上郡ヨリ佐用ヲ経テ鳥取県智頭ニ至ル鉄道
未成線：智頭線（上郡～智頭）
工事線（1962年）／着工（1966年）／工事凍結（1980年）／智頭急行設立（1986年）／智頭急行智頭線（上郡～智頭）開業（1994年）

第86号　兵庫県有年ヨリ岡山県伊部ヲ経テ西大寺附近ニ至ル鉄道及赤穂附近ヨリ分岐シテ那波附近ニ至ル鉄道
前段は部分開業：赤穂鉄道（有年～播州赤穂）、赤穂線（播州赤穂～西大寺～東岡山）
※赤穂鉄道は、1921年に開業したが、1951年に廃止。
後段は開業：赤穂線（播州赤穂～相生）

86号ノ2　兵庫県須磨附近ヨリ淡路国岩屋附近ニ至ル鉄道及福良ヨリ徳島県鳴門附近ニ至ル鉄道
未着工

第87号　淡路国岩屋ヨリ洲本ヲ経テ福良ニ至ル鉄道
部分開業：淡路鉄道（洲本～福良）※淡路鉄道は、1922年に開業したが、1966年に廃止。

第88号　鳥取県郡家附近ヨリ若桜ヲ経テ兵庫県八鹿附近ニ至ル鉄道

部分開業：若桜線（郡家～若桜）※若桜線は、若桜鉄道に転換（１９８７年）。

第89号　岡山県勝山ヨリ鳥取県倉吉ニ至ル鉄道
部分開業：倉吉線（山守～倉吉）※倉吉線は、１９８５年に廃止。

第90号　岡山県倉敷ヨリ茶屋町ニ至ル鉄道
未着工

90号ノ2　岡山県総社附近ヨリ広島県神辺ニ至ル鉄道
未成線：井原線（総社～神辺）
着工（１９６６年）／工事凍結（１９８０年）／井原鉄道設立（１９８６年）／工事再開（１９８７年）／井原鉄道井原線（総社～神辺）開業（１９９９年）

90号ノ3　岡山県宇野附近ヨリ香川県高松ニ至ル鉄道
未着工

第91号　広島県福山ヨリ府中、三次、島根県来島ヲ経テ出雲市ニ至ル鉄道及来島附近ヨリ分岐シテ木次ニ至ル鉄道
前段は部分開業：福塩線（福山～塩町）
後段は未着工

第92号　広島県吉田口附近ヨリ大朝附近ニ至ル鉄道
未着工

第93号　広島県三原ヨリ竹原ヲ経テ呉ニ至ル鉄道
開業：呉線（三原～呉）

第94号　広島県広島附近ヨリ加計ヲ経テ島根県浜田附近ニ至ル鉄道

部分開業：可部線（横川～三段峡）
可部～三段峡間廃止（2003年）／可部～あき亀山間再開業（2017年）
未成線：今福線（三段峡～下府）
着工（1974年）／工事凍結（1980年）

第95号　島根県滝原附近ヨリ大森ヲ経テ石見大田ニ至ル鉄道
未着工

第96号　山口県岩国ヨリ島根県日原ニ至ル鉄道
部分開業：岩日線（川西～錦町）※岩日線は、1987年に錦川鉄道に転換。
未成線：岩日北線（錦町～日原）
工事線（1964年）／着工（1965年）／工事凍結（1980年）

第97号　山口県岩国ヨリ玖珂ヲ経テ徳山ニ至ル鉄道
開業：山陽本線（岩国～櫛ケ浜）※山陽本線（岩国～櫛ケ浜）は、現在の岩徳線。

第98号　山口県徳佐ヨリ大井ニ至ル鉄道
未着工

第99号　山口県小郡ヨリ大田ヲ経テ萩ニ至ル鉄道及大田附近ヨリ分岐シテ於福ニ至ル鉄道
未着工

四国の部

第100号　香川県高松ヨリ琴平ニ至ル鉄道

第101号　未着工　※参考：1897年全通の讃岐鉄道（高松～多度津～琴平）が、山陽鉄道を経て、国有化。

愛媛県川之江ヨリ徳島県阿波池田附近ニ至ル鉄道
未着工

第102号　愛媛県松山附近ヨリ高知県越知ヲ経テ佐川ニ至ル鉄道
未着工

第103号　愛媛県八幡浜ヨリ卯之町、宮野下、宇和島ヲ経テ高知県中村ニ至ル鉄道及宮野下ヨリ分岐シテ高知県中村ニ至ル鉄道
前段は部分開業：予讃本線（八幡浜～卯之町／北宇和島～宇和島）、予土線（伊予宮野下～北宇和島）
前段の未成線：宿毛線（宇和島～中村）
宿毛～中村間工事線（1964年）／着工（1974年）／工事凍結（1981年）／土佐くろしお鉄道設立（1986年）／工事再開（1987年）土佐くろしお鉄道宿毛線（宿毛～中村）開業（1997年）※宇和島～宿毛間は、未着工のまま現在に至る。
後段は未着工

103号ノ2　愛媛県卯之町ヨリ吉田ヲ経テ宇和島ニ至ル鉄道
開業：予讃本線（卯之町～北宇和島）

第104号　愛媛県大洲附近ヨリ近永附近ニ至ル鉄道
未着工

104号ノ2　愛媛県伊予ヨリ内子ニ至ル鉄道
開業：予讃本線（向井原～内子）

第105号　高知県江川崎附近ヨリ窪川ヲ経テ崎山附近ニ至ル鉄道
部分開業：予土線（江川崎〜若井）、中村線（若井〜窪川）※中村線は、1988年に土佐くろしお鉄道に転換。

105号ノ2　高知県須崎ヨリ窪川ニ至ル鉄道
開業：土讃本線（須崎〜窪川）

105号ノ3　高知県窪川附近ヨリ中村ニ至ル鉄道
開業：中村線（窪川〜中村）※中村線は、1988年に土佐くろしお鉄道に転換。

第106号　高知県川内附近ヨリ高岡ヲ経テ宇佐ニ至ル鉄道
未着工

第107号　高知県後免ヨリ安芸、徳島県日和佐ヲ経テ古庄附近ニ至ル鉄道
部分開業：牟岐線（羽ノ浦〜牟岐〜海部）
未成線：阿佐線（牟岐〜後免）
阿佐東線（牟岐〜甲浦）
工事線（1959年）／牟岐〜海部間開業、牟岐線に編入（1972年）／海部〜甲浦間の工事凍結（1980年）／阿佐海岸鉄道設立（1988年）／阿佐海岸鉄道阿佐東線（海部〜甲浦）開業（1992年）
阿佐西線（後免〜甲浦）
工事線（1959年）／着工（1965年）／工事凍結（1981年）／土佐くろしお鉄道設立（1986年）／工事再開（1987年）／土佐くろしお鉄道阿佐線（後免〜奈半利）開業（2002年）※奈半利〜甲浦間は、未着工のまま現在に至る。

第108号　高知県山田ヨリ蕨野附近ニ至ル鉄道
未着工

九州の部

第109号　福岡県博多ヨリ佐賀県山本ニ至ル鉄道
開業：北九州鉄道（博多〜山本）※1937年の国有化により、筑肥線となる。

第110号　福岡県篠栗ヨリ長尾附近ニ至ル鉄道
開業：篠栗線（篠栗〜桂川）

110号ノ2　福岡県添田ヨリ大分県日田附近ニ至ル鉄道
開業：日田彦山線（添田〜夜明）

110号ノ3　福岡県油須原ヨリ上山田ヲ経テ漆生附近ニ至ル鉄道
未成線：油須原線（油須原〜漆生）
国鉄により着工（1957年）／鉄建公団が工事継承（1964年）／豊前川崎〜漆生間開業、豊前川崎〜下山田間は上山田線に編入、下山田〜漆生間は漆生線に編入、豊前川崎〜油須原間の工事中断（1966年）／工事中止（1970年）／工事再開（1974年）／工事凍結（1980年）※漆生線は、1986年に廃止。上山田線は、1988年に廃止。

110号ノ4　福岡県田野浦附近ヨリ曾根ニ至ル鉄道
未着工

第111号　福岡県久留米ヨリ熊本県山鹿ヲ経テ宮原附近ニ至ル鉄道

未着工

111号ノ2　福岡県羽犬塚ヨリ矢部ニ至ル鉄道
部分開業：矢部線（羽犬塚〜黒木）※1985年に廃止。

111号ノ3　佐賀県唐津ヨリ呼子ヲ経テ伊万里ニ至ル鉄道
未成線：呼子線（虹ノ松原〜呼子）
工事線（1964年）／着工（1968年）／虹ノ松原〜唐津間以外の工事凍結（1980年）

第112号　佐賀県岸嶽ヨリ伊万里ニ至ル鉄道
開業：北九州鉄道（山本〜伊万里）※1937年の国有化により、筑肥線となる。

112号ノ2　佐賀県基山ヨリ福岡県大刀洗ヲ経テ甘木ニ至ル鉄道
開業：甘木線（基山〜甘木）※甘木線は、1986年に甘木鉄道に転換。

第113号　佐賀県佐賀ヨリ福岡県矢部川、熊本県隈府ヲ経テ肥後大津ニ至ル鉄道及隈府ヨリ分岐シテ大分県森附近ニ至ル鉄道
前段は部分開業：佐賀線（佐賀〜瀬高）※1987年に廃止。
後段は部分開業：宮原線（恵良〜肥後小国）※1984年に廃止。

第114号　佐賀県肥前山口附近ヨリ鹿島ヲ経テ長崎県諫早ニ至ル鉄道
開業：長崎本線（肥前山口〜諫早）※旧線（肥前山口〜早岐〜諫早）は、佐世保線、大村線となる。

114号ノ2　長崎県喜々津ヨリ矢上ヲ経テ浦上ニ至ル鉄道
開業：長崎本線（喜々津〜浦上）※旧線（長与経由）と併用。

114号ノ3　長崎県志佐附近ヨリ吉井ニ至ル鉄道

未着工

第115号　大分県中津ヨリ日田ニ至ル鉄道

部分開業：大分交通耶馬渓線（中津〜守実温泉）※1975年に廃止。

第116号　大分県杵築ヨリ富来ヲ経テ宇佐附近ニ至ル鉄道

部分開業：大分交通国東線（杵築〜国東）、大分交通宇佐参宮線（豊後高田〜宇佐八幡）

※国東線は、1966年に廃止。宇佐参宮線は、1965年に廃止。

第117号　大分県幸崎ヨリ佐賀関ニ至ル鉄道

未着工

第118号　大分県臼杵ヨリ三重ニ至ル鉄道

未着工

第119号　熊本県高森ヨリ宮崎県三田井ヲ経テ延岡ニ至ル鉄道

部分開業：高千穂線（高千穂〜延岡）

※高千穂線は、1989年に高千穂鉄道に転換したが、2008年に廃止。高千穂〜高森間は、1973年に着工するも、1980年に工事凍結。

第120号　熊本県高森ヨリ滝水附近ニ至ル鉄道

未着工

第121号　熊本県宇土ヨリ浜町ヲ経テ宮崎県三田井附近ニ至ル鉄道

未着工

第122号　熊本県湯前ヨリ宮崎県杉安ニ至ル鉄道

未着工

第123号　宮崎県小林ヨリ宮崎ニ至ル鉄道
未着工

123号ノ2　宮崎県恒久ヨリ内海附近ニ至ル鉄道
開業：宮崎交通宮崎交通線（南宮崎〜内海）
※宮崎交通宮崎交通線は、日南線に路盤を譲るため、1962年に廃止。1963年に、日南線の南宮崎〜内海間が開業。

第124号　鹿児島県山野ヨリ熊本県水俣ニ至ル鉄道
開業：山野線（山野〜水俣）※1988年に廃止。

第125号　鹿児島県国分ヨリ宮崎県都城ニ至ル鉄道
開業：日豊本線（隼人〜都城）

第126号　鹿児島県国分ヨリ高須、志布志、宮崎県福島ヲ経テ内海附近ニ至ル鉄道及高須ヨリ分岐シテ鹿児島県川北附近ニ至ル鉄道
前段は開業：大隅線（国分〜志布志）、日南線（志布志〜内海）
※大隅線は、1972年に全通したものの、1987年に廃止。
後段は未着工

第127号　鹿児島県鹿児島附近ヨリ指宿、枕崎ヲ経テ加世田ニ至ル鉄道
開業：指宿枕崎線（鹿児島中央〜枕崎）、鹿児島交通枕崎線（枕崎〜加世田）
※鹿児島交通枕崎線は、1984年に廃止。

北海道の部

第128号　渡島国函館ヨリ戸井ニ至ル鉄道
未成線：戸井線（五稜郭～戸井）
着工（1937年）／戦局悪化のために工事中断（1943年）

第129号　渡島国上磯ヨリ木古内ヲ経テ江差ニ至ル鉄道及木古内ヨリ分岐シテ大島ニ至ル鉄道
前段は開業：江差線（上磯～江差）
※木古内～江差間は、2014年に廃止。五稜郭～木古内間は、2016年に道南いさりび鉄道に転換。
後段は開業：松前線（木古内～松前）※1988年に廃止。

第130号　胆振国八雲ヨリ後志国利別ニ至ル鉄道
未着工

130号ノ2　後志国黒松内ヨリ岩内附近ニ至ル鉄道
部分開業：寿都鉄道（黒松内～寿都）※1972年に廃止。

第131号　胆振国京極ヨリ喜茂別、壮瞥ヲ経テ紋別ニ至ル鉄道
開業：胆振縦貫鉄道（京極～伊達紋別）※国有化によって胆振線となるが、1986年に廃止。

第132号　胆振国京極ヨリ留寿都ヲ経テ壮瞥ニ至ル鉄道
未着工

第133号　胆振国苫小牧ヨリ鵡川、日高国浦川、十勝国広尾ヲ経テ帯広ニ至ル鉄道
部分開業：日高本線（苫小牧～様似）、広尾線（広尾～帯広）※広尾線は、1987年に廃止。

第134号　胆振国鵡川ヨリ石狩国金山ニ至ル鉄道及「ペンケオロロツプナイ」附近ヨリ分岐シテ石狩国登川ニ至ル鉄道
前段は部分開業：富内線（鵡川～富内）※1986年に廃止。
後段は開業：夕張線登川支線（紅葉山～登川）※1981年に廃止。

第135号　石狩国札幌ヨリ石狩ヲ経テ天塩国増毛ニ至ル鉄道
未着工

第136号　石狩国札幌ヨリ当別ヲ経テ沼田ニ至ル鉄道
開業：札沼線（桑園～石狩沼田）※新十津川～石狩沼田間は、1972年に廃止。

第137号　石狩国白石ヨリ胆振国広島ヲ経テ追分ニ至ル鉄道及広島ヨリ分岐シテ苫小牧ニ至ル鉄道
前段は開業：千歳線（白石～南千歳）、石勝線（南千歳～追分）
後段は開業：千歳線（南千歳～沼ノ端）、室蘭本線（沼ノ端～苫小牧）

137号ノ2　石狩国深川附近ヨリ芦別ニ至ル鉄道
未着工

第138号　石狩国比布ヨリ下愛別附近ニ至ル鉄道
未着工

第139号　石狩国「ルベシベ」ヨリ北見国滝ノ上ニ至ル鉄道
未着工

第140号　日高国高江附近ヨリ十勝国帯広ニ至ル鉄道
未着工

第141号　十勝国上士幌ヨリ石狩国「ルベシベ」ニ至ル鉄道
部分開業：士幌線（上士幌～十勝三股）※1987年に廃止。
第142号　十勝国芽室ヨリ「トムラウシ」附近ニ至ル鉄道
未着工
142号ノ2　十勝国御影附近ヨリ日高国右左府ヲ経テ胆振国辺富内ニ至ル鉄道
部分開業：石勝線（新得～占冠）、富内線（日高町～富内）※富内線は、1986年に廃止。
142号ノ3　新得ヨリ上士幌ヲ経テ足寄ニ至ル鉄道
部分開業：北海道拓殖鉄道（新得～上士幌）※1968年に全廃。
142号ノ4　落合ヨリ串内付近ニ至ル鉄道
開業：根室本線（落合～新得）
第143号　天塩国名寄ヨリ石狩国雨龍ヲ経テ天塩国羽幌ニ至ル鉄道
部分開業：名雨線（名寄～朱鞠内）※名雨線は、路線名を深名線に変更し、1995年に廃止。
未成線：名羽線（朱鞠内～羽幌）
着工（1962年）／工事凍結（1981年）
第144号　天塩国羽幌ヨリ天塩ヲ経テ下沙流別附近ニ至ル鉄道
開業：羽幌線（羽幌～幌延）、宗谷本線（幌延～豊富）※羽幌線は、1987年に廃止。
144号ノ2　天塩国美深ヨリ北見国枝幸ニ至ル鉄道
部分開業：美幸線（美深～仁宇布）
※未成区間の仁宇布～北見枝幸間は、1980年に工事凍結となり、美深～仁宇布間は、1985年に廃止。

第145号　北見国興部ヨリ幌別、枝幸ヲ経テ浜頓別ニ至ル鉄道及幌別ヨリ分岐シテ小頓別ニ至ル鉄道
前段は部分開業：興浜南線（興部～雄武）、興浜北線（北見枝幸～浜頓別）
※未成区間の雄武～北見枝幸間は、1980年に工事凍結となり、興部～雄武間、北見枝幸～浜頓別間とも、1985年に廃止。
後段は未着工
※参考：歌登殖民軌道枝幸線（小頓別～枝幸）として1930年に全通したが、1971年に廃止。

第146号　北見国中湧別ヨリ常呂ヲ経テ網走ニ至ル鉄道
開業：湧網線（中湧別～網走）※1987年に廃止。

第147号　北見国留辺蘂ヨリ伊頓武華ニ至ル鉄道
未着工

147号ノ2　釧路国白糠ヨリ十勝国足寄ニ至ル鉄道
部分開業：白糠線（白糠～北進）
※未成区間の北進～足寄間は、1980年に工事凍結となり、白糠～北進間は、1983年に廃止。

第148号　釧路国釧路ヨリ北見国相生ニ至ル鉄道
部分開業：雄別鉄道雄別本線（釧路～雄別炭山）※1970年に廃止。

第149号　根室国厚床附近ヨリ標津ヲ経テ北見国斜里ニ至ル鉄道
部分開業：標津線（厚床～中標津～根室標津）、根北線（越川～斜里）
※標津線は、1989年に廃止。根北線は、1970年に廃止。

第150号　根室国中標津ヨリ釧路国標茶ニ至ル鉄道
開業：標津線（中標津～標茶）※1989年に廃止。

会社名	線名	区間	キロ数
JR 東海	御殿場線	国府津～沼津	60.2
	身延線	富士～甲府	88.4
	飯田線	豊橋～辰野	195.7
	武豊線	大府～武豊	19.3
	高山本線	岐阜～猪谷	189.2
	中央本線	名古屋～塩尻	174.8
	太多線	多治見～美濃太田	17.8
	関西本線	名古屋～亀山	59.9
	紀勢本線	亀山～新宮	180.2
	名松線	松阪～伊勢奥津	43.5
	参宮線	多気～鳥羽	29.1
JR 西日本	東海道本線	米原～神戸	143.6
	湖西線	山科～近江塩津	74.1
	大阪環状線	天王寺～新今宮	20.7
	桜島線	西九条～桜島	4.1
	福知山線	尼崎～福知山	106.5
	北陸本線	米原～金沢	176.6
	小浜線	敦賀～東舞鶴	84.3
	越美北線	越前花堂～九頭竜湖	52.5
	七尾線	津幡～和倉温泉	59.5
	城端線	高岡～城端	29.9
	氷見線	高岡～氷見	16.5
	高山本線	猪谷～富山	36.6
	大糸線	南小谷～糸魚川	35.3
	山陽本線	神戸～下関	528.1
		兵庫～和田岬	2.7
	加古川線	加古川～谷川	48.5
	播但線	和田山～姫路	65.7
	姫新線	姫路～新見	158.1
	赤穂線	相生～東岡山	57.4
	津山線	津山～岡山	58.7
	吉備線	岡山～総社	20.4
	宇野線	岡山～宇野	32.8
	本四備讃線	茶屋町～児島	12.9
	伯備線	倉敷～伯耆大山	138.4
	芸備線	備中神代～広島	159.1
	福塩線	福山～塩町	78.0
	呉線	三原～海田市	87.0
	可部線	横川～あき亀山	15.6
	岩徳線	岩国～櫛ケ浜	43.7
	山口線	新山口～益田	93.9
	宇部線	新山口～宇部	33.2
	小野田線	小野田～居能	11.6
		雀田～長門本山	2.3
	美祢線	厚狭～長門市	46.0
	山陰本線	京都～幡生	673.8
		長門市～仙崎	2.2
	舞鶴線	東舞鶴～綾部	26.4
	因美線	東津山～鳥取	70.8
	境線	米子～境港	17.9

会社名	線名	区間	キロ数
JR 西日本	木次線	備後落合～宍道	81.9
	関西本線	亀山～ JR 難波	115.0
	草津線	柘植～草津	36.7
	奈良線	京都～木津	34.7
	桜井線	奈良～高田	29.4
	片町線	木津～京橋	44.8
	おおさか東線	新大阪～久宝寺	20.2
	阪和線	天王寺～和歌山	61.3
		鳳～東羽衣	1.7
	紀勢本線	新宮～和歌山市	204.0
	和歌山線	王寺～和歌山	87.5
	関西空港線	日根野～関西空港	11.1
	JR 東西線	京橋～尼崎	12.5
JR 四国	本四備讃線	児島～宇多津	18.1
	予讃線	高松～宇和島	297.6
		向井原～内子	23.5
		新谷～伊予大洲	5.9
	内子線	新谷～内子	5.3
	予土線	若井～北宇和島	76.3
	高徳線	高松～徳島	74.5
	土讃線	多度津～窪川	198.7
	鳴門線	池谷～鳴門	8.5
	徳島線	佐古～佃	67.5
	牟岐線	徳島～海部	79.3
JR 九州	山陽本線	下関～門司	6.3
	鹿児島本線	門司港～八代	232.3
		川内～鹿児島	49.3
	香椎線	西戸崎～宇美	25.4
	篠栗線	桂川～吉塚	25.1
	三角線	宇土～三角	25.6
	肥薩線	八代～隼人	124.2
	指宿枕崎線	鹿児島中央～枕崎	87.8
	長崎本線	鳥栖～長崎	125.3
		喜々津～浦上	23.5
	唐津線	久保田～西唐津	42.5
	筑肥線	姪浜～唐津	42.6
		山本～伊万里	25.7
	佐世保線	肥前山口～佐世保	48.8
	大村線	早岐～諫早	47.6
	久大本線	久留米～大分	141.5
	豊肥本線	熊本～大分	148.0
	日豊本線	小倉～鹿児島	462.6
	日田彦山線	城野～夜明	68.7
	日南線	南宮崎～志布志	88.9
	吉都線	都城～吉松	61.6
	筑豊本線	若松～原田	66.1
	後藤寺線	新飯塚～田川後藤寺	13.3
	宮崎空港線	田吉～宮崎空港	1.4

※貨物列車の運行が主体の路線など、一部の区間は省略した。

JR 在来線一覧

会社名	線名	区間	キロ数
JR 北海道	函館本線	函館～旭川	423.1
		大沼～渡島砂原～森	35.3
	札沼線	桑園～新十津川	76.5
	千歳線	沼ノ端～白石	56.6
		南千歳～新千歳空港	2.6
	石勝線	南千歳～新得	132.4
	室蘭本線	長万部～岩見沢	211.0
		東室蘭～室蘭	7.0
	日高本線	苫小牧～様似	146.5
	留萌本線	深川～留萌	50.1
	富良野線	旭川～富良野	54.8
	根室本線	滝川～根室	443.8
	宗谷本線	旭川～稚内	259.4
	石北本線	新旭川～網走	234.0
	釧網本線	東釧路～網走	166.2
	海峡線	中小国～木古内	87.8
JR 東日本	東海道本線	東京～熱海	104.6
		品川～新川崎～鶴見	17.8
	山手線	品川～田端	20.6
	赤羽線	池袋～赤羽	5.5
	南武線	川崎～立川	35.5
		尻手～浜川崎	4.1
	鶴見線	鶴見～扇町	7.0
		浅野～海芝浦	1.7
		武蔵白石～大川	1.0
	武蔵野線	府中本町～西船橋	71.8
	横浜線	東神奈川～八王子	42.6
	根岸線	横浜～大船	22.1
	横須賀線	大船～久里浜	23.9
	相模線	茅ケ崎～橋本	33.3
	伊東線	熱海～伊東	16.9
	中央本線	神田～代々木	8.3
		新宿～塩尻	211.8
		岡谷～辰野～塩尻	27.7
	青梅線	立川～奥多摩	37.2
	五日市線	拝島～武蔵五日市	11.1
	八高線	八王子～倉賀野	92.0
	小海線	小淵沢～小諸	78.9
	篠ノ井線	塩尻～篠ノ井	66.7
	大糸線	松本～南小谷	70.1
	東北本線	東京～盛岡	535.3
		日暮里～尾久～赤羽	7.6
		岩切～利府	4.2
		赤羽～武蔵浦和～大宮	18.0
	常磐線	日暮里～岩沼	343.7
	水郡線	水戸～安積永盛	137.5
		上菅谷～常陸太田	9.5
	川越線	大宮～高麗川	30.6
	高崎線	大宮～高崎	74.7
	上越線	高崎～宮内	162.6

会社名	線名	区間	キロ数
JR 東日本	吾妻線	渋川～大前	55.3
	両毛線	小山～新前橋	84.4
	水戸線	小山～友部	50.2
	日光線	宇都宮～日光	40.5
	烏山線	宝積寺～烏山	20.4
	仙山線	仙台～羽前千歳	58.0
	仙石線	あおば通～石巻	49.0
	石巻線	小牛田～女川	44.7
	気仙沼線	前谷地～気仙沼	72.8
	大船渡線	一ノ関～盛	105.7
	北上線	北上～横手	61.1
	釜石線	花巻～釜石	90.2
	田沢湖線	盛岡～大曲	75.6
	山田線	盛岡～宮古	102.1
	花輪線	好摩～大館	106.9
	八戸線	八戸～久慈	64.9
	大湊線	野辺地～大湊	58.4
	磐越東線	いわき～郡山	85.6
	磐越西線	郡山～新津	175.6
	只見線	会津若松～小出	135.2
	奥羽本線	福島～青森	484.5
	米坂線	米沢～坂町	90.7
	左沢線	北山形～左沢	24.3
	男鹿線	追分～男鹿	26.6
	五能線	東能代～川部	147.2
	津軽線	青森～三厩	55.8
	羽越本線	新津～秋田	271.7
	白新線	新潟～新発田	27.3
	陸羽東線	小牛田～新庄	94.1
	陸羽西線	新庄～余目	43.0
	信越本線	高崎～横川	29.7
		篠ノ井～長野	9.3
		直江津～新潟	136.3
	飯山線	豊野～越後川口	96.7
	越後線	柏崎～新潟	83.8
	弥彦線	弥彦～東三条	17.4
	総武本線	東京～銚子	120.5
		錦糸町～御茶ノ水	4.3
	外房線	千葉～安房鴨川	93.3
	内房線	蘇我～安房鴨川	119.4
	京葉線	東京～蘇我	43.0
		市川塩浜～西船橋～南船橋	11.3
	成田線	佐倉～松岸	75.4
		成田～我孫子	32.9
		成田～成田空港	10.8
	鹿島線	香取～鹿島神宮	14.2
	久留里線	木更津～上総亀山	32.2
	東金線	大網～成東	13.8
JR 東海	東海道本線	熱海～米原	341.3
		大垣～美濃赤坂	5.0

おわりに

松尾芭蕉の有名な一句として知られる「夏草や兵どもが夢の跡」は、時の流れのなかで、平安時代後期に東北地方を支配した奥州藤原氏の栄耀を一炊の夢のようなできごとであるとしながらも、夏草をとおして、生命が不滅であることを表しています。

連合国軍最高司令官として終戦後の日本に進駐したダグラス・マッカーサーが、退任演説で引用した「老兵は死なず。ただ消え去るのみ」は、生命は「死滅」するのではなく「消滅」するだけであるということを意味しています。これも、松尾芭蕉の一句と同じような死生観を表しているといえます。

両者に共通しているのは、すべての人や物事は、一時繁栄していても、必ずいつかは衰退する「諸行無常」というこの世の儚《はかな》さであり、これを一言で表わしたのが、本書の副題に用いた「栄枯盛衰」です。

1987（昭和62）年の国鉄分割・民営化から30年以上が経過し、国鉄という言葉は死語になりつつありますが、不思議なことに、「在来線」という括りは、今でも用いられています。その在来線は、モータリゼーションや技術革新よりも遥かに強敵である「都市一極集中と地方の過疎化」という社会構造の変化に伴い、事あるごとに、切り捨てられようとしています。

国鉄在来線が、地方を開発するために敷設され、開業後は、地方の生活・経済を支える柱として君臨してきた歴史を顧みると、それは何とも皮肉で、残念な結末のように思えます。しかし、「諸行無常」のこの世では、そうした繁栄と衰退も、長い目で見れば、一炊の夢のようなできごとなのでしょう。

こうした気持ちを込めて、本書の副題に「栄枯盛衰」という言葉を用いた次第です。ところで、最近、鉄道の魅力が薄れたという話をよく耳にしますが、果たして鉄道の魅力とは、何なのでしょうか。昨今、国鉄時代が「古き良き時代」として回顧されるのは、人々の汗や熱気、石炭や油の匂いが、鉄道から生き生きと伝わってくるからではないでしょうか。すなわち、国鉄在来線の歴史を紐解くことは、利便性と効率性のみを重視する無機質な現在の鉄道、そして、現代社会に対するアンチテーゼでもあるのです。

最後に、今回も、本書の趣旨に賛同してくださったエヌ・アンド・エス企画の稲葉茂勝社長、そして、出版の英断を下されたミネルヴァ書房の杉田啓三社長に、この場をお借りして、お礼の言葉を述べさせていただきます。

参考文献

『日本鉄道史 上・中・下』鉄道省篇、清文堂出版、1972年
『新日本鉄道史 上』川上幸義著、鉄道図書刊行会、1967年
『新日本鉄道史 下』川上幸義著、鉄道図書刊行会、1968年
『日本鉄道史 幕末明治篇』老川慶喜著、中央公論新社、2014年
『日本鉄道史 大正・昭和戦前篇』老川慶喜著、中央公論新社、2016年
『注解鉄道六法 平成29年版』国土交通省監修、第一法規出版、2017年
『日本国有鉄道百年史 復刻版』日本国有鉄道篇、成山堂書店、1997年
『鉄道敷設法予定線路一覧』鉄道省篇、鉄道省出版、1920年
『失われた国鉄ローカル線』結解善幸著、イカロス出版、2016年
『22私鉄「戦時買収」の経緯』中川浩一著（『鉄道ピクトリアルNo.616』）、1996年
「中央線開業の歴史過程」中川浩一著（『鉄道ピクトリアルNo.467』）、1986年
「笹子隧道貫通への途」中川浩一著（『鉄道ピクトリアルNo.674』）、1999年
『日本鉄道史 運輸省50年史から抜粋』国土交通省篇、国土交通省ホームページ、2012年更新
『身延町誌』身延町篇、デジタル配信、1970年

なお、執筆に際し、行政機関および関連企業・団体の公式ホームページ等を参照したことを付け加え、感謝申し上げます。

さくいん

あ行

か行

さ行

た行

な行

は行

ま行

や行

ら行

わ行

鉄道会社名・路線名等

あ行

か行

さ行

た行

な行

は行

ま行

や行

ら行

わ行

《著者紹介》

山崎　宏之（やまざき・ひろゆき）

1957年、東京生まれ。早稲田大学商学部卒業後に大手鉄道会社勤務。2016年に退社。2019年より埼玉女子短期大学非常勤講師。趣味は鉄道とカメラ。未だにフィルムカメラで白黒写真を撮っている。鉄道写真歴は40年以上に及ぶが、ここ20年は、山岳用電気機関車であるEF64だけを追いかけている。著書に、『シリーズ・ニッポン再発見⑧ 鉄道とトンネル』（ミネルヴァ書房）がある。

編集：こどもくらぶ（小林寛則）
制作：㈱エヌ・アンド・エス企画（石井友紀）
校正：渡邉郁夫

※この本に掲載された写真のなかで、写真提供等の記載がないものは著者および編集者が撮影しましたが、一部は、photolibraryやPIXTAなどの写真素材を活用しました。
※この本の情報は、2019年1月までに調べたものです。今後変更になる可能性がありますので、ご了承ください。

シリーズ・ニッポン再発見⑫
日本の鉄道路線
──国鉄在来線の栄枯盛衰──

2019年9月20日　初版第1刷発行　〈検印省略〉

定価はカバーに
表示しています

著　者　山崎宏之
発行者　杉田啓三
印刷者　和田和二

発行所　株式会社　ミネルヴァ書房
607-8494　京都市山科区日ノ岡堤谷町1
電話代表　(075)581-5191
振替口座　01020-0-8076

平河工業社

ISBN978-4-623-08755-6
Printed in Japan